职业教育“十三五”规划教材

职业教育
电子商务专业
实战型
规划教材

总主编　刘春青

电子商务基础与实务

主编◎唐滔

DIANZI SHANGWU
JICHU YU SHIWU

中国人民大学出版社
·北京·

图书在版编目（CIP）数据

电子商务基础与实务/唐滔主编．—北京：中国人民大学出版社，2018.8
职业教育电子商务专业实战型规划教材
ISBN 978-7-300-25934-5

Ⅰ．①电… Ⅱ．①唐… Ⅲ．①电子商务-职业教育-教材 Ⅳ．①F713.36

中国版本图书馆 CIP 数据核字（2018）第 135561 号

职业教育“十三五”规划教材
职业教育电子商务专业实战型规划教材
总主编 刘春青
电子商务基础与实务
主编 唐滔
Dianzi Shangwu Jichu yu Shiwu

出版发行	中国人民大学出版社		
社　　址	北京中关村大街 31 号	邮政编码	100080
电　　话	010－62511242（总编室）		010－62511770（质管部）
	010－82501766（邮购部）		010－62514148（门市部）
	010－62515195（发行公司）		010－62515275（盗版举报）
网　　址	http://www.crup.com.cn		
	http://www.ttrnet.com(人大教研网)		
经　　销	新华书店		
印　　刷	山东百润本色印刷有限公司		
规　　格	185 mm×260 mm　16 开本	版　　次	2018 年 8 月第 1 版
印　　张	16	印　　次	2020 年 9 月第 2 次印刷
字　　数	355 000	定　　价	38.00 元

前言

随着互联网的飞速发展，电子商务正在深刻改变着我们的生活和工作方式。电子商务已经走进寻常百姓家，交易的范围从城市延伸到农村，从国内扩大到国外，交易的工具由个人电脑转移到移动手机。互联网下的电子商务模式让我们的生活和工作变得更加方便、快捷、灵活。要么电子商务，要么无商可务。因此，作为21世纪的年轻人，我们有必要对电子商务领域的相关知识和基础技能进行全面的了解。

本书按照情境导入、项目目标、任务描述、知识窗、活动实施、项目总结、项目检测的体系结构编写，分别介绍了电子商务相关知识、电子商务支付、电子商务物流、电子商务交易安全、网络营销策划、电子商务客户、网上开店、新型电子商务模式等内容，在遵循一般电子商务交易流程的基础上略有变通。为了响应国家“大众创业、万众创新”的口号，突出了网上创业内容。通过知识的学习和任务操作，学生不仅能够掌握电子商务理论知识，而且能够初步掌握电子商务操作的方法，为进一步学习电子商务专业课程奠定基础。

本书具有以下特色：

1. 突出实用、实现“岗、证、课”三位一体

本书以培养实战型电子商务人才为宗旨，根据网实一体教学模式，坚持理论联系实践，突出电子商务专业就业岗位技能训练。以职业实践应用为导向，构建体现“岗、证、课”三位一体的专业课程体系。

2. 系统完整、内容前沿

本书内容着力凸显时代感与现代性，融入了最新的电子商务前沿内容，比如跨境电商、农村电商等，同时又不因此而影响知识的系统性和逻辑性。既有完整的电子商务知识体系，又十分注重对电子商务创业能力的培养。

3. 配套资源丰富

本书提供了配套的学习资源，不仅有PPT和活动实施的答案及习题答案，还有配套的素材。为了方便读者学习，开阔视野，本书增加了若干网络链接的二维码，读者扫描

二维码可方便查看引文原文、网络视频、相关网站或栏目等。

4. 受众广泛

本书内容浅显易懂，并且具有可实践操作的特性，读者可以通过对本书内容的学习全面认识电子商务，结合自身的专业实现网络创业。

本书由江苏财会职业学院唐滔主编，并由其负责修改与定稿。具体编写分工如下：江苏财会职业学院唐滔编写项目一、项目五的任务三、项目七，广州花都理工职业技术学校龚燕玲编写项目五的任务一和任务二以及项目八，江苏财会职业学院周欢编写项目二，珠海第一中等职业学校的庄楠编写项目三，宁波城市学院的李雪花编写项目四的任务一和任务二，连云港开放大学的宋金华编写项目四的任务三，广东省对外贸易职业技术学校王栋编写项目六。

本书在编写过程中，唐滔老师以及龚燕玲老师参与了中国人民大学出版社举办的“职业教育电子商务专业‘七巧板’教学模式暨实战型规划教材建设研讨会”。本书的顺利完成，特别要感谢广州番禺职业技术学校刘春青老师的指导，以及中国人民大学出版社的大力支持。

编写行动导向任务驱动型教材是一种新的探索，尽管编者为了提高教材的质量做了不少努力，但随着互联网技术的发展，网页更新速度很快，在出书后有的网页可能发生变化，但万变不离其宗，希望读者能够理解其中的思路，如有查找不到或不明白处，欢迎咨询。此外由于时间和水平有限，书中难免存在不足，恳请广大读者不吝赐教（作者邮箱：303396052@qq.com），以便今后进行修改与完善。

编者

目 录

项目一
走进电子商务

情境导入

李明是一个从农村来到大城市的大一新生，他发现周围很多同学经常在互联网上购物，这种以前在电视上见过的电子商务真真实实地就发生在自己的身边，李明也想体验一下网购的便捷。他尝试从互联网上购买学习用品和生活用品，特别是衣服和鞋，同样款式、质量的衣服在网上能便宜近一半，甚至缴费、购买火车票、订购外卖都能在互联网上完成。李明非常迫切地想了解电子商务并希望借助电子商务平台创业。

项目目标

知识目标

- 掌握电子商务的概念。
- 掌握电子商务的框架。
- 了解电子商务的特点和运用。
- 了解电子商务平台。
- 熟悉电子商务模式。
- 熟悉电子商务法律法规。

技能目标

- 能够举例表达电子商务的分类以及各类的应用情况。
- 能够清晰地描述电子商务在某一行业的应用情况。
- 能够熟练在 B2C 网上购物。
- 能够分析传统企业如何做电子商务。

情感目标

- 培养学生团体合作精神和协调能力。
- 塑造学生良好的工作意识。
- 提高自身处理问题的能力。

➢ 培养与人沟通的能力。
➢ 培养高效执行力。

任务一　电子商务行业认知

【任务描述】

看到如火如荼的电子商务，再看看周围那些刚毕业就失业的师哥师姐们，李明脑海里涌现出一个大胆想法——在电子商务领域创业。俗话说，“凡事预则立，不预则废”，李明非常迫切地想了解电子商务并融入电子商务。可是什么是电子商务？目前电子商务的现状和发展前景怎样？全球电子商务发展的现状和趋势，以及电子商务法律法规方面的知识等都是李明目前迫切需要知道的。他打算分三个活动进行：了解电子商务发展历程、熟悉电子商务法律法规、体验电子商务应用。

活动一　了解电子商务发展历程

知识窗

一、电子商务的定义

电子商务指的是利用微电脑技术和网络通信技术进行的商务活动。各国政府、学者、企业界人士根据自己所处的地位和对电子商务参与的角度及程度的不同，给出了许多不同的定义，但其关键依然是依靠电子设备和网络技术进行的商业模式。本书不对上述定义做详细介绍，只就电子商务的含义做一下说明。

电子商务的含义有广义与狭义之分。

广义上，电子商务一词源于 Electronic Business，就是通过电子手段进行的商业事务活动。通过使用互联网等电子工具，使公司内部、供应商、客户和合作伙伴之间，利用电子业务共享信息，实现企业间业务流程的电子化，配合企业内部的电子化生产管理系统，提高企业的生产、库存、流通和资金等各个环节的效率。

狭义上，电子商务（Electronic Commerce，EC）是指通过使用互联网等电子工具（这些工具包括电话、广播、电视、传真、计算机、计算机网络、移动通信等）在全球范围内进行的商务贸易活动。狭义上的电子商务是以商务活动为主体，以计算机网络为基础，以电子化方式为手段，在法律许可范围内所进行的商务活动交易过程，包括商品和服务的提供者、广告商、消费者、中介商等有关各方行为的总和，其意义集中于电子交易，强调企业与外部的交易与合作。人们一般理解的电子商务是指狭义上的电子商务。

二、电子商务的基本组成要素与基本框架

电子商务的基本组成要素有互联网、用户、认证中心、物流配送（配送中心）、银

行、商家等，其系统结构如图 1－1－1 所示。

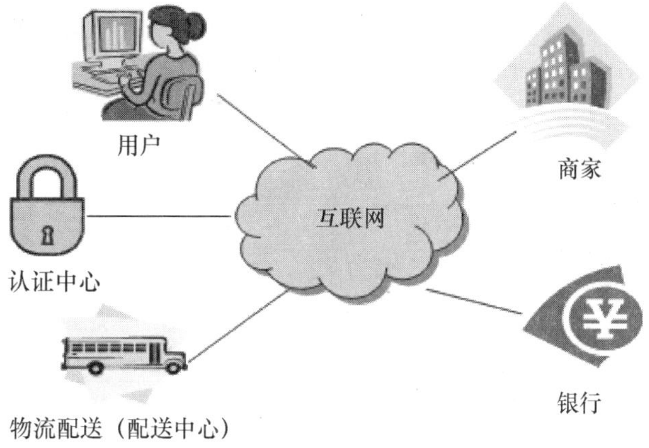

图 1－1－1　电子商务的基本组成要素图

企业电子商务的基本框架如图 1－1－2 所示。企业实体上游连接供应商，下游连接客户，因此，供应商管理与客户管理已成为企业管理不可缺少的内容。在虚拟商务中，交易安全问题是人们普遍关注的问题，因而需要相应的安全认证。物流配送是企业实施电子商务过程中物流的具体实现。支付结算则是企业中资金流的体现。网络技术、数据库技术、网站建设等是企业实现电子商务、进行信息化管理的基础。

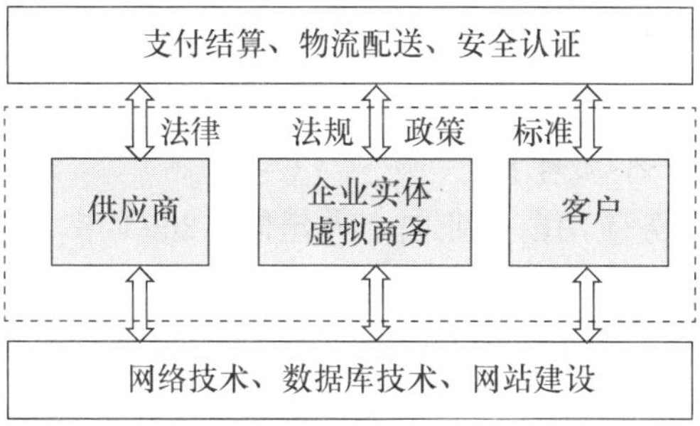

图 1－1－2　企业电子商务的基本框架

三、我国电子商务的四个发展阶段

电子商务从工具、渠道、基础设施到经济体的演进，不是简单的新旧替代的过程，而是不断进化、扩展和丰富的生态演进过程（如图 1－1－3 所示）。

1. 工具阶段（1995—2003 年）

工具阶段是互联网进入中国的探索期、启蒙期。中国电子商务以企业间电子商务模式探索和发展为主。刚开始时，应用电子商务的企业和个人主要把电子商务作为优化业务活动或商业流程的工具，如信息发布、信息搜寻和邮件沟通等，其应用仅局限于某个业务“点”。

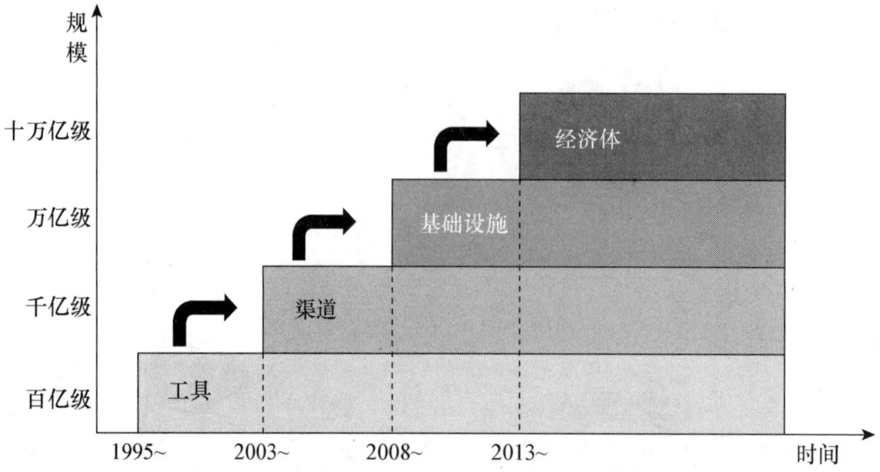

图 1-1-3　中国电子商务演进示意图

注：时间为大致范围，无严格界限，“1995～”表示 1995 年左右。

从 1995 年 5 月 9 日马云创办中国黄页成为中国最早为企业提供网页创建服务的互联网公司开始，到 1997 年垂直网站中国化工网的成立，再到 1999 年 8848、携程网、易趣网、阿里巴巴、当当网等一批电子商务网站的先后创立。1999 年年底，正是互联网高潮来临的时候，国内诞生了 370 多家从事 B2C 的网络公司，到 2000 年，变成了 700 家，但随着 2000 年互联网泡沫的破灭以及纳斯达克的急剧下挫，8848 等一批电子商务企业倒闭，2001 年，人们熟知的网络公司只剩下三四家。随后电子商务经历了一个比较漫长的“冰河时期”。

2. 渠道阶段（2003—2008 年）

在这个阶段，电子商务应用由企业向个人延伸。2003 年，“非典”的肆虐令许多行业在春天里感受到寒冬的冷意，但让电子商务时来运转。电子商务经历了一系列的重大事件，例如，2003 年 5 月，阿里巴巴集团成立淘宝网，进军 C2C 市场；2003 年 12 月，慧聪网香港创业板上市，成为国内 B2B 电子商务首家上市公司；2004 年 1 月，京东涉足电子商务领域；2007 年 11 月，阿里巴巴网络有限公司成功在香港主板上市。国家也出台了一系列重大文件为电子商务发展带来深远影响：2004 年 3 月，国务院常务会议审议通过《中华人民共和国电子签名法（草案）》；2005 年 1 月，国务院办公厅下发《关于加快电子商务发展的若干意见》（国办发〔2005〕2 号）（多称“二号文件”）；2007 年 6 月，国家发改委、国务院信息化工作办公室联合发布我国首部电子商务发展规划——《电子商务发展“十一五”规划》，我国首次提出发展电子商务服务业的战略任务；2007 年，商务部先后发布了《关于网上交易的指导意见（暂行）》《商务部关于促进电子商务规范发展的意见》，构筑了电子商务发展的政策生态。

同时，随着网民数量和电子商务交易的迅速增长，电子商务成为众多企业和个人新的交易渠道，如传统商店的网上商店、传统企业的电子商务部门和传统银行的网络银行等，越来越多的企业在线下渠道之外开辟了线上渠道。2007 年，我国网络零售交易规模达 561 亿元。网商随之崛起，并逐步将电子商务延伸至供应链环节，促进了物流快递和网上支付等电子商务支撑服务的兴起。

3. 基础设施阶段（2008—2013 年）

电子商务引发的经济变革使信息这一核心生产要素日益广泛地运用于经济活动，加快了信息在商业、工业和农业中的渗透速度，极大地改变了消费行为、企业形态和社会创造价值的方式，有效地降低了社会交易成本，促进了社会分工协作，引爆了社会创新，提高了社会资源的配置效率，深刻地影响着零售业、制造业和物流业等传统行业，成为信息经济重要的基础设施或新的商业基础设施。越来越多的企业和个人基于和通过以电子商务平台为核心的新商业基础设施降低交易成本、共享商业资源、创新商业服务，也极大地促进了电子商务的迅猛发展。

2008 年 7 月，中国成为全球“互联网人口”第一大国。中国互联网络信息中心（CNNIC）统计，截至 2008 年 6 月底，我国网民数量达到了 2.53 亿，互联网用户首次超过美国，跃居世界第一位。2010 年的政府工作报告中，明确提出要加强商贸流通体系等基础设施建设，积极发展电子商务，这也是我国首次在全国两会的政府工作报告中明确提出大力扶持电子商务。2010 年 10 月，麦考林登陆纳斯达克，成为中国内地首家 B2C 电子商务概念股，同年 12 月，当当网在美国纽约证券交易所挂牌上市。2011 年，团购网站迅猛发展，上演千团大战局面，中国团购用户数超 4 220 万。2012 年，淘宝商城更名为“天猫”开始独立运营，品牌折扣网站唯品会在纽交所挂牌交易，同年淘宝网和天猫网的交易额突破 10 000 亿元，“双 11”当天交易规模达 362 亿元。2013 年，阿里巴巴和银泰集团、复星集团、富春集团、顺丰速运等物流企业组建了“菜鸟”，计划在 8～10 年内建立一张能支撑日均 300 亿元网络零售额的智能物流骨干网络，让全中国任何一个地区都能实现 24 小时内送货必达。

4. 经济体阶段（2013 年以后）

2013 年，中国超越美国成为全球第一大网络零售市场，电子商务交易规模突破 10 万亿元大关，网络零售交易规模达 1.85 万亿元，相当于社会消费品零售总额的 7.8%。2014 年 2 月，中国就业促进会发布的《网络创业就业统计和社保研究项目报告》显示，全国网店直接就业总计 962 万人，间接就业超 120 万人，成为创业就业新的增长点。2014 年 6 月，我国网络购物用户规模达到 3.32 亿，网民使用网络购物的比例为 52.5%。2014 年 4 月，聚美优品在纽交所挂牌上市；5 月，京东集团在美国纳斯达克正式挂牌上市；9 月，阿里巴巴正式在纽交所挂牌交易，发行价为每股 68 美元，成为美国历史上融资规模最大的 IPO。2014 年，我国快递业务量接近 140 亿件，跃居世界第一，快递业务量已经连续 44 个月同比、累计增长平均增幅均超过 50%。2015 年 5 月，国务院印发了《关于大力发展电子商务加快培育经济新动力的意见》（国发〔2015〕24 号），进一步促进了电子商务在中国的创新发展。

四、未来电子商务发展趋势展望

未来几年，我国电子商务应用总体规模将保持高增长态势，预计到 2020 年将达到

43.8 万亿元。到 2020 年中国网络零售交易额将突破 10 万亿元，在社会消费品零售总额中的比重将达到 16.3%。

1. 全球化，买全球、卖全球

跨境电子商务是外贸发展的新模式，也是扩大海外营销渠道、实现外贸转型升级的有效途径。跨境电子商务冲破了国家间的障碍，使国际贸易走向无国界贸易，正在引发全球经济贸易的巨大变革。对正在面临转型升级困境中的“中国制造”来说，跨境电子商务构建的开放、高效、便利的贸易环境，极大地拓宽了进入国际市场的路径，优化了外贸产业链，为产品创新和品牌创立提供了便利的平台和宝贵的机遇。随着互联网和跨境电子商务的发展，成千上万的中小微企业涌入外贸市场，并将诞生更多国际品牌，这会彻底改变中国外贸格局，有利于帮助“中国制造”实现利润回归，让中国的消费者足不出户尽享全球优质商品，享受人民币汇率上升带来的“实惠”。

2. 个性化，C2B 让消费者成为中心

未来，生产与消费更加融合：信息（数据）作为一种柔性资源，缩短了迂回、低效的生产链条，促进了 C2B 方式的兴起，生产与消费将更加融合。信息时代的商业模式将会是以客户和消费者为中心、按需驱动、先消后产的大规模定制，乃至个性化定制。大规模定制的基石“柔性化生产”已经较为成熟；社会化的物流服务网络，在发达国家也已经成为普遍化的现实；互联网实现低成本、高效率的个性化营销，使得个性化定制模式在经济上成为可能，实现了个性化定制所需更高成本和群体采购所要求的低价格之间的平衡。

3. 数据化，数据将成为核心生产要素

伴随云计算能力的增强，无论是处理视频、图片、日志、网页等非结构化的数据，还是常常高达上百 TB 的离线数据，抑或是实时处理数千万乃至数亿条记录都将成为现实。与此相关的，数据将与资金、技术、土地、人力等一样成为零售企业的生产要素。

4. 移动化，指尖上的商务

我国移动电子商务呈现爆发性增长。2014 年，我国移动购物市场交易规模达到 8 956.85 亿元，年增长率达 234.3%。我国中西部、偏远地区的消费者跨越 PC 互联网支付，直接进入移动支付的世界。支付宝的数据显示，在 2014 年各省移动支付笔数占比的排名中，西藏、陕西、宁夏、内蒙古排名前 4。

未来，随着移动搜索、基于地理位置的服务（LBS）以及移动支付等业务的融合，本地服务市场将更加丰富。用户通过 LBS 自动识别地理位置后，可以及时发现周围的商店、酒店、影院等服务设施，更加便捷地获取有价值的信息，而且从预订到支付的各个环节都可以直接通过移动终端进行。移动电子商务让碎片化的需求、时间得到最大化利用。

活动实施

登录某个熟悉的电子商务网站，熟悉其购物流程，尝试在线购买。下面以京东网站为例进行介绍。

步骤 1：商品选择。进入京东网站首页，在主导航和分类栏中查找商品或者用搜索器来搜索商品，如图 1-1-4 所示。

图 1-1-4　商品选择

步骤 2：加入购物车。在商品新消息页面单击“加入购物车”，如图 1-1-5 所示，进入购物车，在此可修改商品或继续购物，确认所选商品后单击“去结算中心结账”。

图 1-1-5　加入购物车

步骤 3：登录注册。在网页上单击“立即注册”，如图 1-1-6 所示，根据提示完成注册信息，进入结算中心。

步骤 4：结算中心。填写收货人信息，选择支付方式、配送方式等，确认无误后提交订单，如图 1-1-7 所示。

图 1-1-6 登录注册

图 1-1-7 结算中心

想一想：1. 通过在线购物，思考电子商务的定义。

2. 购物网站提供了哪些功能?

做一做：比较传统商务和电子商务的区别，将内容填写在表 1-1-1 中。

表 1-1-1　　　　传统商务和电子商务的区别

项目	传统商务	电子商务
交易对象		
交易时间		
营销推动		
顾客购物方便度		
顾客需求把握		

续前表

项目	传统商务	电子商务
销售地点		
销售方式		
流通渠道		

活动二　熟悉电子商务法律法规

知识窗

一、电子商务法的概念

电子商务法是指以电子商务活动中所产生的各种社会关系为调整对象的法律规范的总和，它是一个新兴的综合法律领域。

调整对象是立法的核心问题，它揭示了立法调整的因特定主体所产生的特定社会关系，也是一个法律区别于另一个法律的基本标准。电子商务法的基本含义中，已经涉及了电子商务法的调整对象问题。电子商务法的调整对象应当是电子商务交易活动中发生的各种社会关系，而这类社会关系是在广泛采用新型信息技术并将这些技术应用到商业领域后才形成的特殊的社会关系，它交叉存在于虚拟社会和实体社会之间，有别于实体社会中的各种社会关系，且完全独立于现行法律的调整范围。

二、电子商务对法律的依赖

与传统的面对面的交易相比，电子商务的虚拟性、国际性等特点表现出对法律更大的依赖。这主要表现在以下一些方面。

(1) 电子商务常常是远程异地网上交易，代替了面对面、一手交钱一手付货的传统交易模式，对交易过程的安全和诚信提出了新的要求。

(2) 电子支付和认证信息取代传统的纸质现金和凭证，对信息安全技术、加密技术和交易各方身份的认证技术提出更高要求。

(3) 电子商务是通过互联网、网站服务器等组成的虚拟环境实现的，交易过程超越企业、地区甚至国家的范围，因此对征税等问题需要新的规则和新的技术支持。

(4) 电子商务规则的制定不能单靠一个企业或行业，而是需要全国乃至全世界各国的探讨和协调。

(5) 电子商务的技术推陈出新，会不断引发新的问题，因此会对法律提出新的挑战。

三、电子商务法律的基本问题

电子商务引发的新的法律问题很多，而且随着交易手段和技术的发展，新的法律问题还会不断出现。下面列举一些比较突出的问题。

1. 电子合同的有效性问题

电子合同与纸质合同相比，存在容易被修改、删除、复制和丢失的一些缺点，同时电子合同不能脱离特定的计算机等信息化工具。这就是如何保证电子合同的有效性的问题。

2. 电子商务平台出现故障时的法律效力问题

企业开展电子商务往往利用网站作为平台，完全依赖于网络和计算机的可靠性。互联网是一个完全开放式的网络，任何人都可以进入网站。无论是计算机硬件、软件的错误，还是黑客的攻击，都可能导致计算机出错。这就需要明确交易安全的责任和信息表达的正确性的法律效力问题。

3. 消费者权益的保护问题

由于网上购物是在虚拟的网络环境中完成的，购物者不仅看不到商家，也看不见、摸不着货物本身。这时，保证消费者能在网站承诺的时间内得到质量合格的商品，就需要有法律的保障。

4. 隐私权问题

在网上购物时，商家往往要求顾客必须首先注册，填写个人信息，其中包括姓名、住址、电话、电子邮箱、年龄、性别和受教育程度等，非常细致。在网上付款时还要输入个人信用卡账号等信息。顾客无法知晓是否有人正在世界的某个角落虎视眈眈地准备窃取自己的隐私。这就需要依靠法律来规范网络公司的行为，保护购物者的隐私不受侵犯。

5. 知识产权的保护问题

电子商务是以电子信息取代传统商务中信息的传递方式，给用户带来极大的方便。但由于电子信息的易传播和复制性，使得知识产权的保护在网上遇到了新的挑战。这里不仅包括传统知识形态的产权保护问题，还包括很多网上新的知识形态的产权保护。

6. 电子商务的税收问题

一些国家为了促进电子商务的发展，在网上交易新兴起时实行免税，但电子商务作为一种商务活动，理应向国家纳税。然而由于电子商务本身的虚拟性和国际性，实现网上交易纳税并不是一件容易的事。这里不仅涉及如何监管网上交易的数量、收入等问题，而且界定交易地点、税收管辖等问题也绝非易事。

活动实施

在电子商务迅速成长的背后暴露出各种各样的问题，侵权、盗版和假冒不仅危害社会，还给品牌和消费者造成经济损失。因此我们有必要了解与电子商务相关的规定。

步骤 1：了解电子商务中的交易纠纷。

（1）登录阿里巴巴网站服务中心（https://114.1688.com/），如图 1－1－8 所示，分别进入交易及维权服务中的“买家篇”和“卖家篇”，阅读相关文章。

（2）在“买家篇”中，包括常见纠纷问题预防、退款维权操作帮助、买家规则学习。常见纠纷问题预防包括卖家选择、交易下单、签收验货和售后服务。

（3）在“卖家篇”中，包括纠纷预防、交易维权帮助、纠纷处理及处罚规则。纠纷预防包括商品上架、交易接单、发货退款和售后服务。

图 1-1-8　阿里巴巴网站

（4）在“交易规则”中，常见的交易规则有：贸易争议处理规则；支付宝争议处理规则；支付宝交易核查处理规则；支付宝账户安全措施；支付宝超时规则；支付宝担保交易规则；虚拟物品交易纠纷处理规则；商品质量问题的判断规则；交易纠纷处理原则；等等。

（5）在“交易纠纷”中，了解常见的交易纠纷及处理方法，常见的交易纠纷有：通过支付宝担保交易，怎么处理收到的产品货不对版；诚信通会员收款不发货，怎样投诉；已付款，卖家没货我该如何拿回钱；交易前如何了解对方信誉度、保证付款安全性；作为卖家发货后，买家收货后拒绝付款怎么办；买卖双方交易中出现分歧时，已付至支付宝的货款该给谁；作为卖家发货后，买家收货后拒绝付款怎么办；等等。

在阿里巴巴网站中，详细了解阿里巴巴网站是如何建立诚信体系的，提供了哪些诚信措施和方法来保证电子商务交易的安全。

步骤 2：学习电子商务的相关法律法规。

（1）登录中国电子商务法律网（http://www.chinaeclaw.com），如图 1-1-9 所示。认真浏览“新闻时事”“案件追踪”“观点与报告”“立法动态”“电商法律百问”“应用研究”“法规释义”“本网动态”“案例”等相关内容。

（2）认真学习与电子签名、电子支付、电子合同、个人信息安全、知识产权、现代物流等相关的法律条款，学会运用相关的法律法规分析和解决电子商务中的一些交易纠纷问题。

（3）登录网上交易保障中心网（http://www.315online.com.cn），如图 1-1-10 所示。认真浏览网站中的各个栏目，对电子商务中的法律法规及相关的要求标准进行学习，阅读对相关交易案例的分析。

图 1-1-9　中国电子商务法律网

图 1-1-10　网上交易保障中心网

视野拓展

1. 美团涉不正当竞争被罚 52 万元

2. 顺风车出事故保险公司拒赔

活动三　体验电子商务应用

知识窗

一、电子商务的功能

电子商务可提供网上交易和管理等全过程的服务，因此它具有广告宣传、咨询洽谈、网上订购、网上支付、电子账户、服务传递、意见征询和交易管理等各项功能。

1. 广告宣传

电子商务可凭借企业的 Web 服务器和客户的浏览器，在互联网上发布各类商业信息。客户可借助网上的检索工具（Search）迅速找到所需的商品信息。而商家可利用网上主页（Homepage）和电子邮件（E-mail）在全球范围内做广告宣传。与以往的各类广告相比，互联网上的广告成本最为低廉，而给顾客的信息量却最为丰富。

2. 咨询洽谈

电子商务可借助非实时的电子邮件（E-mail）、新闻组（News Group）和实时的讨论组（Chat）来了解市场商品信息，洽谈交易事务，如有进一步的需求，还可用互联网上的白板会议（Whiteboard Conference）来交流即时的图形信息。网上的咨询和洽谈能超越人们面对面洽谈的限制、提供多种方便的异地交谈形式。

3. 网上订购

电子商务可借助 Web 中的邮件交互传送实现网上的订购。网上的订购通常都是在产品介绍的页面上提供十分友好的订购提示信息和订购交互格式框。当客户填完订购单后，通常系统会回复确认信息订单来保证订购信息的收悉。订购信息也可采用加密的支付使客户和上级的商业信息不会泄露。

4. 网上支付

网上支付是电子支付的一种形式，它是通过第三方提供的与银行之间的支付接口进行的即时支付方式，这种方式的好处在于可以直接把资金从用户的银行卡中转账到网站账户中，汇款马上到账，不需要人工确认。客户和商家之间可采用信用卡、电子钱包、电子支票和电子现金等多种电子支付方式进行网上支付，采用在网上电子支付的方式节省了交易的开销。

5. 电子账户

互联网上的支付必须有电子金融支持，即银行、信用卡公司、保险公司等金融单位为资金融通提供网上操作服务。电子账户管理是其基本的组成部分。信用卡号或银行账号都是电子账户的一种标志，而其可信度需配以必要技术措施来保证，如数字证书、数字签名、加密等手段的应用为操作电子账户提供了安全性。

6. 服务传递

对于已付了款的客户，应尽快将其订购的货物传递到他们的手中。而有些货物在本地，有些货物在异地，电子邮件则能在互联网中进行物流的调配。而最适合在互联网中直接传递的货物是信息产品，如软件、电子读物、信息服务等，都可以直接从电子仓库中将货物发到用户端。

7. 意见征询

电子商务能十分方便地采用网页上的“选择”和“填空”等格式文件来搜集用户对销售服务的反馈意见，这样使企业的市场运营形成了一个封闭的回路。客户的反馈意见不仅能提高售后服务的水平，还能使企业获得改进产品、发现市场的商业机会。

8. 交易管理

整个交易的管理将涉及人、财、物，以及企业和企业、企业和客户、企业内部等各方面的协调和管理。因此，交易管理是涉及商务活动全过程的管理。电子商务的发展将提供一个良好的交易管理网络环境和多种多样的应用服务系统，从而保障电子商务获得更广泛的应用。

二、电子商务流程

商务流程对于电子商务系统是十分重要的。商务流程是指具体从事一个商贸交易过程中的实际操作步骤和处理过程。商品流通过程是以物流为物质基础，以信息流贯穿始终，引导资金流正向流动的动态过程。电子商务流程基于传统商务流程，但与传统商务流程又有所不同。

1. 交易前的准备

交易前的准备阶段主要是指买卖双方和参加交易各方在签约前的准备活动，是网上商务信息交互活动。

2. 交易磋商和签订合同

交易磋商和签订合同阶段主要是指买卖双方借助网络等手段，对所有交易细节进行谈判，将双方磋商的结果以电子文件的形式确定下来，即主要或完全以电子文件形式通过网络签订贸易合同。

3. 交易合同的履行和索赔

交易合同的履行和索赔是从买卖双方办完所有手续之后开始的。卖方要备货、组货，同时进行报关、保险、取证、信用等，然后将商品交付跨运输公司包装、起运、发货。

活动实施

在电子商务蓬勃发展的情况下，各大著名企业纷纷建立了电子商务网站，开展电子商务业务。李明为了更好地效仿其他企业开展电子商务，浏览了各大著名电子商务企业网站，分析业务功能。

步骤 1：浏览著名电子商务网站。

（1）京东商城（https://www. jd. com）。

（2）亚马逊（http://www. amazon. cn）。

（3）阿里巴巴（http://www. alibaba. com. cn）。

（4）敦煌网（http://seller. dhgate. com）。

（5）中国惠农网（http://www. cnhnb. com）。

（6）戴尔公司（http://www. dell. com. cn）。

（7）苏宁易购（http://www. suning. com）。

（8）易趣网（http://www. eachnet. com）。

（9）淘宝网（https：//www. taobao. com）。

（10）首都电子商城（http://www.beijing.com.cn）。

（11）招商银行一网通商城（http://shop.cmbchina.com）。

步骤2：分析电子商务网站。

分析每个电子商务网站的类型、主题、栏目、业务和功能，从以下几个方面进行思考，并就某一网站进行讨论，总结后记录在表1-1-2中。

（1）建立网站的目的有哪些？

（2）电子商务交易的参与方有哪些？对于政务网站来说，网站服务的对象有哪些？

（3）通过什么渠道获得用来交易的商品？

（4）网站的盈利方式有哪些？

（5）交易的流程是怎样的？对于政务网站来说，举例说明办事流程。

表1-1-2　　电子商务网站业务分析

网站主题	
网站名称	
网站类型	
设置栏目	
业务	
功能	

视野拓展

1. ofo：从全民到全球　小黄车的高速成长之路　　2. 网红零食的发展之路

合作实训：浏览当当网、亚马逊、苏宁易购、全球速卖通等网站，回答以下问题。

1. 各网站的主要内容是什么？服务对象是谁？
2. 结合身边实例，以小组为单位，谈谈电子商务给我们生活带来的改变。

任务二　电商模式与平台认知

【任务描述】

看到如火如荼的电子商务，再看看国家出台的一个又一个创业政策，李明决定响应

“大众创业、万众创新”的号召，在电子商务行业创业。俗话说，“知己知彼，百战不殆”，想要在电子商务行业中分到一杯羹，得先学习别人成功的经验，吸取别人失败的教训。目前电子商务的模式很多，它们各自有什么特点，它们的盈利模式和核心竞争力又是什么，李明决定好好地分析，找到适合自己的创业模式。他打算分四个活动进行：体验 B2B 模式购物、体验 B2C 模式购物、C2C 模式分析、O2O 模式分析。

活动一 体验 B2B 模式购物

知识窗

一、B2B 电子商务的概念

B2B 电子商务即企业对企业的电子商务，它指的是企业间通过互联网、外联网、内联网或者私有网络，以电子化方式进行的交易。这种交易可能是在企业及其供应链成员间进行的，也可能是在企业间进行的。这里的企业可以指代任何组织，包括私人或者公共的、营利性的或者非营利性的。

二、B2B 电子商务的优势

B2B 电子商务通过互联网进行贸易，从贸易磋商、签订合同到支付等各环节均通过互联网完成，整个交易完全虚拟化。B2B 交易的优势具体表现在 5 个方面。

（1）交易成本大大降低，距离越远，互联网上进行信息传递的成本相对于信件、电话、传真的成本而言就越低。此外，时间的缩短和重复数据录入的减少也可降低信息成本。

（2）买卖双方通过互联网进行商务活动，无须中介者参与，可减少交易的有关环节。

（3）卖方可通过互联网进行产品介绍、宣传，由此省去在传统方式下做广告、发印刷品等的大量费用。

（4）电子商务实行“无纸贸易”，可减少文件处理费用。

（5）互联网使买卖双方能够即时沟通供需信息，使无库存生产和无库存销售成为可能，从而使库存成本显著降低。

总之，B2B 交易可减少交易环节，降低交易成本，缩短从发出订单到货物装运的时间，从而提高交易效率，使企业取得竞争优势。

活动实施

在阿里巴巴国内贸易平台上，请你分别作为采购商和供应商完成如下任务：作为采购商，实际采购时需要选择搜索出来的产品，了解产品信息和卖家的详细情况；作为供应商，在阿里巴巴国内贸易平台上发布和管理供应信息，掌握高质量供应信息评判标准和信息发布技巧；买卖双方使用阿里旺旺进行沟通交流，成功后，买方下订单，买卖双方完成正式交易。

步骤 1：会员注册与登记公司信息。

（1）会员注册。

（2）交易之前，进行公司登记。

步骤 2：卖方销售。

（1）登录“我的阿里”。

注册会员成功后，首先在阿里巴巴首页上单击“阿里助手”进入“我的阿里”，如图 1－2－1 所示。在“我的阿里”可以进行信息管理、旺铺管理、交易管理、生意参谋等。

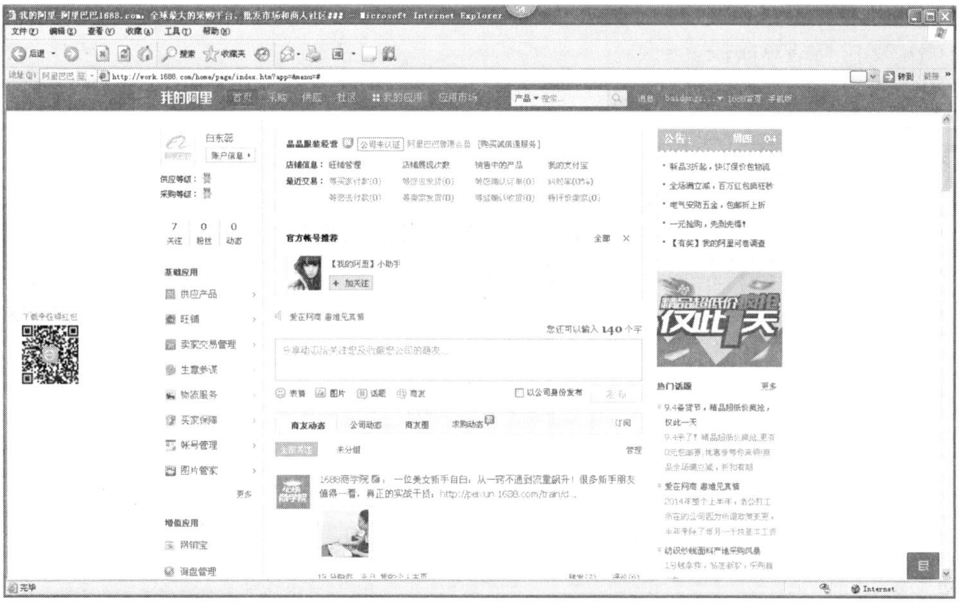

图 1－2－1　阿里巴巴首页

（2）发布供应信息。

1）单击“供应产品”选择“发布供求信息”栏目。阿里巴巴信息发布的类型有发布加工信息、发布服务信息、发布代理加盟信息、发布合作信息等。

2）选择和填写产品的信息。在“发布供求信息”页面中，系统要求用户选择确定产品的基本信息。

（3）信息发布成功。

在填写以上详细信息后，用户可选择预览这条信息，也可直接单击“同意服务条款，我要发布”，系统通知“恭喜，您的信息已发布成功并提交审核”。如果审核通过则表明信息发布成功。

步骤 3：买方采购。

（1）寻找商机。

（2）发布求购信息。

（3）基本信息管理。

在阿里助手首页单击“管理商业信息”。

步骤 4：交易谈判和合同签订阶段。

（1）阿里旺旺的使用。

1）单击“阿里旺旺”的“商业伙伴”选择其中的一个贸易伙伴进行洽谈。

2）单击“阿里旺旺”的“阿里助手”，在“阿里旺旺”可以进行一系列的操作，并且用阿里旺旺可以发布新的商业信息。

3）诚信通服务：申请诚信通服务每年需要 1 688 元或 3 688 元的会员费，可享有很多权益。

（2）电子合同的签订。

（3）支付与结算阶段。

（4）交易合同的履行阶段和售后服务阶段。

视野拓展

华采找鱼：从产地采购入手　如何实现 20 亿元交易额

活动二　体验 B2C 模式购物

知识窗

一、B2C 电子商务的概念

B2C 电子商务是企业通过互联网向个人消费者直接销售产品和提供服务的经营方式。B2C 电子商务可以分为两种：第一种是企业与个人消费者通过互联网进行产品销售和购买，是有形商品的交易；第二种是企业与个人消费者通过互联网提供服务和得到服务，是无形商品的交易。

二、B2C 电子商务的特点

B2C 电子商务以其完备的双向信息沟通、灵活的交易手段、快捷的物流配送、低成本高效益的运作方式等在各行各业展现了强大的生命力。B2C 电子商务的主要特点包括以下 9 个方面，如图 1－2－2 所示。

（1）可以没有实物商铺，有利于企业降低销售成本。

（2）用户数量巨大，所需要的身份认证、信息安全等方面的技术和管理办法成本低，易于大面积推广。

（3）支付或转账金额较低（小额支付）。

（4）互联网上传输的信息可能涉及个人机密，如账号和操作金额等。

（5）重视客户服务，较大的企业常设有呼叫中心，有较完善的客户服务体系。

（6）经常会出现“一次性客户”，即不注册、不连续使用，只希望在方便的时候使用 B2C 服务的客户。

（7）网上商店所销售的商品五花八门，从大米、啤酒等生活日用品，到家电、电脑、汽车、住房等，涵盖了人们生活的方方面面。

（8）投放的广告大多是单品广告，只用一个页面即可将产品描述得淋漓尽致，契合消费者心理；经常有线下推广资源的支持。

（9）大多数 B2C 电子商务企业依托于成熟的第三方物流专业企业，物流配送效率高、速度快。

图 1-2-2　B2C 电子商务模式的特点

三、B2C 电子商务的盈利模式

（1）产品租赁。提供租赁服务，如太阳玩具开展玩具租赁业务。

（2）拍卖。拍卖产品收取中间费用，如汉唐收藏网为收藏者提供拍卖服务。

（3）销售平台。接收客户在线订单，收取交易中介费，如九州通医药网、书生之家。

（4）特许加盟。运用该模式，一方面可以迅速扩大规模，另一方面可以收取一定加盟费，如当当网、京东商城、亚马逊、苏宁易购等。

（5）会员。收取注册会员的会费，大多数电子商务企业都把收取会员费作为一种主要的盈利模式。

（6）上网服务。为行业内企业提供相关服务，如中国服装网、中华服装信息网。

（7）信息发布。发布供求信息、企业咨询等，如中国药网、中国服装网、中国玩具网等。

（8）广告。为企业发布广告，目前广告收益几乎是所有电子商务企业的主要盈利来源。这种模式成功与否的关键是其网页能否吸引大量的广告客户、能否吸引广大消费者的注意。

活动实施

浏览网站并分析说明 B2C 电子商务模式。

步骤 1：找到并浏览 5 家 B2C 电子商务网站，了解各电子商务网站的服务种类、网站特色、盈利模式等，并进行比较，完成表 1－2－1。

表 1－2－1　B2C 电子商务网站对比

序号	网站名称	域名	服务种类	网站特色	市场规模	发展趋势	盈利模式	其他
1								
2								
3								
4								
5								
结论								

步骤 2：找到经营图书的 5 家 B2C 电子商务网站，购买同一种商品并进行对比，完成表 1－2－2。

表 1－2－2　图书 B2C 电子商务网站产品的对比

序号	网站名称	市场地位	企业规模	同类产品名称	产品价格	客户评价	选择该产品的原因
1							
2							
3							
4							
5							
结论							

做一做：分别进入天猫网、京东商城、凡客诚品、苏宁易购、钻石小鸟网站，分析这些网站经营模式的异同点和每个网站的营销特色。

视野拓展

醉鹅娘：做 20 元价位的平价红酒，能征服市场吗？

活动三　C2C 模式分析

知识窗

一、C2C 电子商务的概念

C2C 电子商务指消费者与消费者通过互联网进行交互的个人交易，即消费者与消费者之间通过互联网进行产品或服务的经营活动。C2C 交易平台是为买卖双方提供的在线交易的平台，在该平台的支持下，卖方可以自行提供商品上网展示销售，而买方可以自行选择商品拍下付款或以竞价方式在线完成交易支付。目前国内的大型 C2C 交易平台主要有淘宝网（www. taobao. com）、易趣网（www. ecahnet. com）、拍拍网（www. paipai. com）。

二、C2C 电子商务的特点

C2C 电子商务最能够体现互联网的精神和优势，数量巨大、地域不同的买方和卖方通过交易平台找到合适的对象进行交易，在传统领域要实现这样的工程几乎是不可想象的。C2C 电子商务主要有如下特点。

（1）用户数量大、分散，既可以是买方，也可以是卖方。

（2）买卖双方在第三方交易平台上交易，由第三方交易平台负责技术支持及相关的服务。

（3）没有自己的物流体系，依赖第三方物流体系。

（4）单笔交易的交易额小，相当一部分交易采用货到付款的支付形式。

（5）个人网店平均寿命短，绝大多数网店寿命不到一年。

（6）交易中如果发生纠纷，很难解决。

三、C2C 电子商务的主要模式

1. 拍卖平台运作模式

拍卖平台运作模式是企业为买卖双方搭建网络拍卖平台从而实现交易的一种模式。网络拍卖指网络服务商利用互联网通信传输技术，向商品所有者或某些权益所有人提供有偿或无偿使用的互联网技术平台，让商品所有者或某些权益所有人在平台上独立开展竞价、议价在线交易。

网络拍卖的主体大致分为以下两种。

（1）拍卖公司。拍卖公司的网站一般用于宣传和发布信息，属于销售型网站。

（2）网络公司。网络公司在网络拍卖中提供交易平台服务和交易程序，为众多买家和卖家构筑网络交易市场，其本身并不介入买卖双方的交易。

2. 网上商城模式

在这种模式下，由电子商务企业提供平台，以方便个人开设店铺，以会员制的方式收费，也可通过广告或提供其他服务收费。卖方入驻网上商城开设网店可以依托网上商城的基本功能和服务，由于客户主要是网上商城的访问者，因此平台的选择非常重要。卖方在选择网上商城时往往面临一定的决策风险，尤其是初次在网上开店时，由于经验不足以及对网上商城了解较少等原因，可能带有很大的盲目性。

不同的个人可能对网上销售有不同的要求，选择适合的网上商城需要花费不少精力，完成对网上商城的选择确认需要几小时甚至几天的时间。不过，前期调研的时间投入是值得的，可以降低盲目性，增加成功的可能性。

不同网上商城的功能、服务、操作方式和管理水平相差较大，理想的网上商城应具有以下基本特征。

（1）有良好的品牌形象、简单快捷的申请手续、稳定的技术后台、快速周到的客户服务、完善的支付体系、必要的配送服务，以及有效的售后服务保证措施等。

（2）有较高的访问量，具备完善的网店维护和管理、订单管理等基本功能，并且可以提供一些高级服务，如网店推广、网店访问流量分析等。

活动实施

以淘宝网（www. taobao. com）为例，说明 C2C 电子商务模式。

步骤 1：浏览淘宝网（https://vip. taobao. com/new. htm），用文字流程图的方式描述 C2C 平台的具体购物流程，如图 1-2-3 所示。

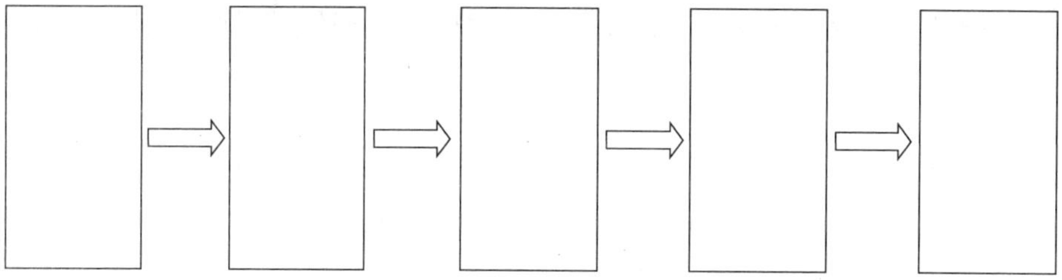

图 1-2-3　购物流程图

步骤 2：登录 C2C 平台，用自己的淘宝账户登录，查看对方信用评价，鉴别商品的可靠性，对每个界面进行截图，见表 1-2-3。

表 1-2-3　买家体验

序号	动作	截图
1	进入 C2C 平台	
2	用户名登录	
3	搜索商品	
4	选择卖家	
5	查看卖家信用评价	
6	鉴别商品可靠性	
感想或结论		

步骤3：注册支付宝，使用网银向支付宝充值，选择一个产品并购买，通过支付宝完成支付，对每个界面进行截图，完成表1-2-4。

表1-2-4　支付体验

序号	动作	截图
1	注册支付宝账户	
2	开通网银	
3	支付宝充值	
4	支付宝完成支付	
感想或结论		

步骤4：使用自己的淘宝账号进行卖家注册，尝试发布商品，开通网店，完成表1-2-5。

表1-2-5　卖家体验

序号	动作	截图
1	注册卖家身份	
2	商品类别选择	
3	商品信息发布	
4	商品描述	
5	选择品类	
6	C2C网店开设流程	
感想或结论		

步骤5：比较网上商店与实体商店，进一步认识C2C模式，完成表1-2-6。

表1-2-6　网上商店与实体商店比较

项目		网上商店	实体商店
基本组成	商店名称		
	商店地址		
	商店装修		
	商品更新		
	货币结算		
	商品送达用户		
服务特点	营业时间		
	服务对象		
	个性化服务		
	销售成本		

做一做：和其他电子商务网站相比，淘宝网是怎么盈利的？它有什么独到之处？C2C模式创业需要什么条件？

视野拓展

1. 森马：重开C店找回窍门

2. 新零售：马云力挺，国美求变

活动四　O2O模式分析

知识窗

一、O2O电子商务的概念

O2O电子商务交易模式即线上线下共同交易模式。O2O是一种新兴的电子商务模式，即将线下商务的机会与互联网结合在一起，让互联网成为线下交易的前台，这样线下服务就可以在互联网上寻找消费者，然后将他们带到线下的商店。它是支付模式和为店主创造客流量的一种结合，实现了线上的购买和线下的服务。它本质上是可计量的，因为每一笔交易（或者是预约）都发生在线上。应该说这种模式更偏向于线下，更利于消费者，让消费者感觉消费得较踏实。

二、O2O模式的特点

O2O模式的主要特点是：订单在线上产生，每笔交易可追踪，展开推广效果透明度高，让消费者在线上选择心仪的服务再到线下享受服务。

O2O营销模式的优势如下。

（1）对于消费者而言：O2O模式使其能够在线便捷地获取更丰富、更全面的商家服务信息；能够在线预购并获得相比线下更为便宜的价格。

（2）对于电子商务网站经营者（即O2O平台）而言：O2O模式利用网络快速便捷的特性，既能为消费者带来其所需的优惠信息，同时也可以为商家快速聚集大量的高黏性线上用户。

（3）对于实体供应商而言：1）O2O模式利用互联网传输速度快、用户众多的特性，通过在线营销使实体店经销商能够获得更多的宣传、展示机会，从而吸引更多新客户到店消费；2）O2O模式通过在线有效预订等方式合理地降低了实体店对地理位置的依赖和租金的支出，为线下实体店面降低了营销成本，增加了争取客源的渠道，有利于实体店面优化经营，提高自身的竞争力；3）O2O模式支持在线预付的方式，有利于实体商家掌握用户数据，跟踪统计在线推广效果和销售额，更好地了解用户心理，从而大大提升针对老客户的维护效率与营销效果。

活动实施

基于电子商务产业的快速发展，电子商务模式除了原有的 B2B、B2C、C2C 商业模式之外，一种新型的消费模式 O2O 已快速在市场上发展起来。

步骤 1：浏览下列网站。

（1）聚划算（https://ju. taobao. com）。

（2）拉手网（http://beijing. lashou. com）。

（3）大众点评网（https://www. dianping. com/citylist）。

（4）美团网（https:// meituan. com）。

（5）饿了么（https://www. ele. me/home）。

步骤 2：分析各网站的商务模式，完成表 1-2-7。

表 1-2-7　　电子商务网站商务模式分析

网站名称	网站定位及特色	主要功能	盈利点	存在问题
聚划算				
拉手网				
大众点评网				
美团网				
饿了么				

视野拓展

苏宁云商：彻底变革+差异化 O2O

合作实训：除了本书中提到的 4 种电子商务模式以外，目前还存在哪些新型的电子商务模式？请各小组列举找到的新型电子商务模式，并对其运营特点和盈利方式进行讨论，形成报告，然后在班上做一次演讲。

任务三　电商职业岗位认知

【任务描述】

李明在电商领域创业后，经营规模越来越大，名气也越来越大。他开办了电子商务公司，需要招聘更多的员工。他住的小区旁边就是一所职业院校，现在订单培养非常流行。他决定与学校洽谈合作项目，为学生提供实习机会，表现优秀的，可以直接被公司录用。学生为了能够被录用，需要分两个活动进行：了解电子商务职业岗位、进行职业规划。

活动一　了解电子商务职业岗位

知识窗

一、电子商务应用型人才结构特征

电子商务是一门集商务技术、信息技术和管理技术于一体的新兴的交叉学科，是信息化社会的商务模式。同时，电子商务系统也是现代高科技的结晶，要保证系统软硬件安全可靠地运行，没有一批高技术人才是办不到的。

电子商务的实施是一项系统工程，涉及信息技术、数据标准化建设和处理、网络互联、贸易过程等各个环节，需要商务管理、商务理论与现代信息技术的有机结合。从电子商务目标的规划、扩展，到组织结构和规章制度的确定，都需要在相应的历史环境、科学技术、文化背景下由各方面（包括政府、行业协会、管理机构等）的人员来共同完成，离开了电子商务的目标、组织、规划的制定者，或者缺乏相应的技术人才，电子商务都难以顺利实施。因此，电子商务的管理与实施，需要掌握商务理论和现代信息技术应用的复合型人才。

由于电子商务几乎涉及人类经济生活的所有方面、所有层次，而不同方面和层次又各有其自身的特殊性，这就使得企业、社会对于电子商务人才的需求呈现多元化特征。根据现阶段企业的需求特点，电子商务人才可分为技术操作型、商务应用型、战略规划管理型三类。这三类人才分别要求具有不同层次的知识、能力和素质结构，也分别对应着不同的就业岗位。

1. 技术操作型人才

（1）知识、能力和素质结构。技术操作型电子商务人才是基础性人才，要求精通电子商务技术，同时具备足够的现代商务知识和很强的电子商务业务操作能力，善于理解商务需求，懂得“如何做”电子商务，并能够以最有效的技术手段予以实施和满足。

（2）主要就业岗位。技术型人才应着眼于电子商务技术的掌握，为电子商务应用提供技术支持。目前企业对这类人才的需求量约占电子商务人才总体需求量的25%～35%，其主要就业岗位如下。

1）电子商务美术设计：主要从事平台颜色处理、文字处理、图像处理、视频处理等工作。代表性岗位：网站美工人员。

2）电子商务网站设计：主要从事电子商务网页设计、数据库建设、程序设计、站点管理与技术维护等工作。代表性岗位：网站设计/开发人员。

3）电子商务平台设计：主要从事电子商务平台规划、网络编程、安全设计等工作。

代表性岗位：系统管理/软件开发人员。

2. 商务应用型人才

（1）知识、能力和素质结构。商务应用型人才是电子商务人才的主体，要求精通现代商务业务，具备足够的电子商务技术知识，懂得电子商务“能做什么”，能够充分理解商务需求，并善于将各种实际的商务需求迅速转化为电子商务应用。

（2）主要就业岗位。商务型人才应着眼于电子商务的具体操作应用，利用电子商务进行商贸活动。目前企业对这类人才的需求量约占电子商务人才总体需求量的60%～70%，其主要就业岗位如下。

1）企业网络营销业务：主要是利用网站为企业开拓网上业务、进行网络品牌管理、做好客户服务等。代表性岗位：网络营销人员。

2）网上国际贸易：利用网络平台开发国际市场，进行国际贸易。代表性岗位：外贸电子商务人员。

3）新型网络服务商的内容服务：频道规划、信息管理、频道推广、客户管理等。代表性岗位：网站运营人员/主管。

4）电子商务支持系统的推广：负责销售电子商务系统和提供电子商务支持服务、客户管理等。代表性岗位：网站推广人员。

5）电子商务创业：借助电子商务这个平台，利用虚拟市场提供产品和服务，又可以直接为虚拟市场提供服务。代表性岗位：淘宝店长。

3. 战略规划管理型人才

（1）知识、能力和素质结构。战略规划管理型电子商务人才是能够综合解决电子商务应用问题的高层次人才，要求通晓电子商务全局，具有前瞻性思维，懂得“为什么要做”电子商务，熟知至少一个行业或一种模式的电子商务理论与应用，能够从商务战略的高度分析和把握其发展特点与趋势，并能提出可行的电子商务应用与实施方案。

（2）主要就业岗位。战略规划管理型人才应着眼于电子商务的建设，利用电子商务改善企业经营管理。目前企业对这类人才的需求量约占电子商务人才总体需求量的5%～15%，而且呈上升趋势，其主要就业岗位如下。

1）电子商务平台综合规划管理：这类人才既要对计算机、网络和社会经济有深刻的认识，还要具备项目管理能力。代表性岗位：电子商务项目经理。

2）企业电子商务战略综合规划管理：主要从事企业电子商务整体规划、建设、运营和管理等工作。代表性岗位：电子商务部门经理。

活动实施

王宇参观了李明的电子商务公司，他向李明详细请教了关于公司的组织结构、电商运营流程、岗位结构等。王宇决定回去跟学生好好讨论讨论。

步骤1：上网搜索电商行业相关岗位。

步骤2：查找每个岗位的工作描述和工作任务，填写表1-3-1。

表 1-3-1　　电子商务岗位

岗位群	常见岗位	核心工作	核心总结	能力模型

步骤 3：分组讨论，根据自己的兴趣和爱好选择适合自己的工作方向。

活动二　进行职业规划

知识窗

一、电子商务职业标准与相关认证

电子商务是一个新兴的行业，各国的标准并不统一。我国从 2002 年由人力资源和社会保障部制定了电子商务师的国家职业标准，这一标准的产生标志着电子商务师成为国家的正式职业，并为职业教育与培训提供了科学的规范与统一，认证的统一时间一般为每年的 5 月、6 月和 10 月、11 月各一次。2009 年，电子商务师职业资格全国统一认证时间分为上半年和下半年，具体为 5 月 16、17 日和 11 月 21、22 日。

二、职业定义与等级标准

电子商务师是指利用计算机技术、网络技术，通过专业的网络商务平台等现代信息技术，帮助商家与顾客或商家与商家之间从事各类商务活动或相关工作的人员。其职业功能包括网络操作、调研、营销等，工作内容则以网络操作、物流配送、电子支付、数据采集处理等为主。作为一名合格的电子商务师，要求具备电子商务、计算机、现代经济管理、网络营销等方面的知识，能熟练运用电子商务技术、信息技术现代管理方法，从事电子商务系统的规划、开发、管理和评价等工作。

国际电子商务师资格考试认证体系由国际电子商务师认证办公室在设计国际电子商务师（CIECS）时，广泛征询了专家、相关企业和专业人员的需求，对现行的国际与国内的资格认证体系进行了借鉴，保证了该认证体系既能体现出当今国际电子商务师专业资格认证的国际水平，又符合当今国际经济社会发展的需要，具有高度的实用性和可操作性。

认证主要针对企业的中级、高级电子商务管理人员或相关经营管理者，以及有志于从事电子商务管理或相关经营管理岗位的人员，同时包括大中专院校电子商务专业（或相关专业，包括但不限于管理信息系统、市场营销、工商管理、国际贸易、物流管理等专业）的学生。

本职业体系共设 4 个等级，分别为：电子商务员（国家职业资格四级）、助理电子商务师（国家职业资格三级）、电子商务师（国家职业资格二级）、高级电子商务师（国家职业资格一级）。

三、认证报考相关条件

1. 电子商务员（具备以下条件之一）

（1）在本职业连续工作 1 年以上。

（2）具有以中级技能为培养目标的技工学校和中等职业学校本专业毕业证书。

（3）经本职业电子商务员正规培训达到规定标准学时数，并取得结业证书。

2. 助理电子商务师（具备以下条件之一）

（1）连续从事本职业工作满 6 年。

（2）具有以高级技能为培养目标的技工学校、技师学院和职业学院本专业或相关专业毕业证书。

（3）取得本职业电子商务员职业资格证书后，连续从事本职业工作 4 年以上。

（4）取得本职业电子商务员职业资格证书后，连续从事本职业工作 3 年以上。经本职业助理电子商务师正规培训达规定标准学时数，并取得结业证书。

（5）具有本专业大学专科及以上学历证书。

（6）具有非本专业大学专科及以上学历证书，连续从事本职业工作 1 年以上。

（7）具有非本专业大学专科及以上学历证书，经本职业助理电子商务师正规培训达规定标准学时数，并取得结业证书。

3. 电子商务师（具备以下条件之一）

（1）在本职业连续工作 3 年以上。

（2）取得本职业三级职业资格证书后，连续从事本职业工作 5 年以上。

（3）取得本职业三级职业资格证书后，连续从事本职业工作 4 年以上，经本职业电子商务师正规培训达规定标准学时数，并取得结业证书。

（4）具有本专业大学本科学历，取得本职业三级职业资格证书后，连续从事本职业工作 4 年以上。

（5）具有本专业大学本科学历，取得本职业三级职业资格证书后，连续从事本职业工作 3 年以上，经本职业电子商务师正规培训达规定标准学时数，并取得结业证书。

（6）具有非本专业大学本科学历，取得本职业三级职业资格证书后，连续从事本职业工作 4 年以上，经本职业电子商务师正规培训达规定标准学时数，并取得结业证书。

（7）具有硕士研究生及以上学历，连续从事本职业工作 2 年以上。

4. 高级电子商务师（具备以下条件之一）

（1）在本职业连续工作 19 年以上。

（2）取得本职业电子商务师职业资格证书后，连续从事本职业工作 4 年以上。

（3）取得本职业电子商务师职业资格证书后，连续从事本职业工作 3 年以上，经本职业高级电子商务师正规培训达规定标准学时数，并取得结业证书。

（4）本科生毕业 13 年以上，硕士、博士研究生毕业 8 年以上。

活动实施

你在“互联网+”时代的理想职业是什么？是出任 CEO 创业奋斗，还是成为程序员在背后默默付出。了解电商相关的职业，选择适合自己的岗位。

步骤 1：打开博导网下的页面（http://www.ibodao.com/Occupation/ls.html），查看 4 个类型的电商岗位方向。

步骤 2：写出你对这 4 个电商岗位的理解，并写出你最感兴趣的岗位方向，说明原因。

步骤 3：制订考取相关职业资格证书的计划。

步骤 4：以小组为单位进行汇报。

视野拓展

马云的职业规划之路

合作实训： 推出不到一年，阿里巴巴全球速卖通平台（http://seller.aliexpress.com/）已成为全球流量最高的 B2B 国际网上交易平台。阿里巴巴 CEO 武卫在 2011 年 3 月 17 日的财报分析师会上表示，全球速卖通产品类别、产品数目和交易额等方面都处于市场领先地位。请以小组为单位，从发展、盈利模式、核心竞争力等方面对全球速卖通写不少于 1 000 字的案例分析。

项目总结

本章主要讲述了最基本的电子商务理论知识。从电子商务的基本概念、电子商务的产生和发展入手，分析了传统商务与电子商务的区别，接着介绍了电子商务的交易模式和营销平台，最后针对这一新兴行业给出了目前国家在此行业中的相关技术认证标准，以供学生了解学习电子商务专业对自身技能认证方面的证书需求。学习的重点在于对电子商务的概念与分类、电子商务交易模式的理解与认识。

项目检测

一、单选题

1. B2B 是指企业与企业之间通过互联网等进行数据信息的交换、传递，并开展交易活动的商业模式。下列属于 B2B 模式的网站是（　　）。

A. 淘宝网　　B. 阿里巴巴　　C. 美团网　　D. 京东商城

2. 每一个网站都有自己的组成部分，下列不属于 B2C 电子商务网站基本组成部分的是（　　）。

A. 为顾客提供在线购物场所的商场网站

B. 负责为顾客所购商品进行配送的配送系统

C. 负责顾客身份的确认及货款结算的银行及认证系统

D. 为顾客提供法律咨询的咨询顾问

3. B2C 电子商务网站的盈利模式主要有（　　）。

A. 收取广告费　　B. 收取服务费　　C. 扩大销售额　　D. 会员制

4. 不适合电子商务的业务是（　　）。

A. 软件、音像制品的购销　　B. 时装和易腐食品的购销

C. 旅游服务的促销　　D. 出版业务

5. 在商务活动的四种基本流中，（　　）最为重要。

A. 物流　　B. 商流　　C. 资金流　　D. 信息流

6. 下列关于电子商务的说法正确的是（　　）。

A. 电子商务的本质是技术　　B. 电子商务就是建网站

C. 电子商务是泡沫　　D. 电子商务的本质是商务

7. 在商务活动的四种基本流中，（　　）是唯一不能在互联网上完成的。

A. 物流　　B. 商流　　C. 资金流　　D. 信息流

8. 商家要开展电子商务活动，应该用（　　）作为其主要的生意平台。

A. BBS　　B. 电子邮件　　C. 在线商店　　D. 电话订购

9. 在 B2B 电子商务中，（　　）的水平决定了电子商务实现的水平。

A. 物流　　B. 信息流　　C. 资金流　　D. 技术流

10. 卓越网属于（　　）类型的 B2C 电子商务企业。

A. 经营着离线商店的零售商　　B. 没有离线商店的虚拟零售企业

C. 商品制造商　　D. 网络交易服务公司

二、多选题

1. 电子商务是以商务活动为主体，以计算机网络为基础，以电子化方式为手段，在法律许可范围内所进行的商务活动交易过程。那么，电子商务中的四要素指的是（　　）。

A. 产品　　B. 商城

C. 消费者　　D. 物流

E. 线上　　F. 企业

2. 下列属于电子商务的经营模式有（　　）。

A. C2C 模式（消费者与消费者）　　B. B2B 模式（企业与消费者）

C. B2C 模式（企业与企业）　　D. O2O 模式（线上与线下）

3. 与传统商务相比，电子商务交易的特点是（　　）。

A. 交易效率高　　B. 交易虚拟化

C. 交易成本高　　D. 交易透明化

4. 随着电商 O2O 模式的发展，现在不管是吃饭、健身，还是看电影、美容美发，

很多人都喜欢团购。你觉得这种交易模式的特点是（　　）。

A. 交易是在线上进行的　　B. 消费服务是在线下进行

C. 营销效果是可监测的　　D. 交易之后可随意更改

5. B2B交易大大降低了交易成本，具体表现在（　　）。

A. 信息传递成本降低　　B. 中间环节减少

C. 文件处理费用减少　　D. 广告费用减少

E. 库存成本降低

三、判断题

1. 在电子商务中，通过互联网可以使生产商与最终用户直接联系，中间商的重要性因此有所降低。（　　）

2. 开展电子商务存在风险，而传统商务活动则没有风险。（　　）

3. 开展电子商务必须保证信息技术基础设施一步到位。（　　）

4. 淘宝网属于B2C模式。（　　）

5. 电子商务模式只有3种。（　　）

四、简答题

1. 请用你自己的话说说电子商务的基本概念。结合电子商务在你身边的发展，谈谈你对电子商务的感受。

2. 要进行个人电子商务（如网上购物）应该做哪些准备工作？

3. 请你写一份考取电子商务相关认证证书的计划。

五、趣味挑战

请你尝试在淘宝网上开店，并发布5件商品。

六、案例分析

登录亚马逊中国网站（https://www.amazon.cn/），查看亚马逊中国的介绍，回答下列问题。

1. 亚马逊中国成功的主要原因是什么？

2. 亚马逊中国给中国的零售业带来了什么启示？

项目二
体验电子商务支付

情境导入

小王上大学前领到一个信封，信封里有一张工商银行卡，学校要求学生报到前把学费和住宿费全部打进卡里。报到之后，小王用这张卡可以在学校超市刷卡消费，也可以和校园卡绑定。小王跟着同学开通了这张卡的网上支付功能，不仅可以在网上购物，还可以通过手持式读卡设备支付物流费。后来小王又开通了手机银行功能，用手机银行App就可以查看交易记录和转账。满眼望去，商铺门面到处都贴有支付宝、微信的二维码，用手机扫码付款实在是太方便了。

项目目标

知识目标

- 掌握网上银行的概念及优点。
- 掌握第三方支付的概念及分类。
- 掌握移动支付的概念及分类。
- 了解网上银行的发展。
- 了解不同的第三方支付平台的应用。
- 了解移动支付的安全问题。

技能目标

- 掌握开通个人网上银行技巧，并学会使用网上银行的各种功能。
- 学会使用第三方支付平台完成电子商务支付交易流程。
- 学会移动支付的基本操作。

情感目标

- 不断学习新知识、新技术，有一定创新意识。

➢ 保证网上支付过程的安全和合法。

任务一 网上银行支付

【任务描述】

随着银行卡受理环境的不断改变，银行卡作为我国居民使用得最广泛的非现金支付工具，其发卡量一直保持增长趋势。小张手里有多张银行卡，有发工资的借记卡，有还房贷的借记卡。作为一家之主，他要给儿子付学费，要给远在老家的父母汇钱。于是，小张决定通过网上银行转账完成这些操作，他想选择一张银行卡来满足资金周转的需要。他打算分两个活动进行：了解网上银行、开通工商银行个人网上银行。

活动一 了解网上银行

知识窗

一、网上银行的概念

网上银行又称网络银行、在线银行，是指银行利用互联网技术，通过互联网向客户提供开户、查询、对账、行内转账、跨行转账、信贷、网上证券、投资理财等传统服务项目，使客户可以足不出户就能够安全便捷地管理活期和定期存款、支票、信用卡及个人投资等。

网上银行突破了时间、空间的限制，是一种可以在任何时间、任何地点，以任何方式提供金融服务的全天候银行。网络银行通过互联网的提交渠道接受客户办理业务的申请，打破了传统商业银行的结构和运行模式。网上银行几乎囊括了现有银行的所有金融业务，代表了整个银行金融业未来的发展方向。

二、网上银行产生的原因

网上银行是由于信息社会不断发展所带来的一种全新的银行模式，是为了适应网络经济的需要而产生的。它依托于迅猛发展的计算机网络技术与通信技术，利用互联网，实现对传统银行模式的新突破。

1. 网上银行是电子商务发展的需要

银行是电子商务活动的参与者，它被买卖双方通过电子技术手段连接在相应的电子网络之中。买卖双方在电子商务中拥有自主权，银行则是买卖双方完成商务活动的服务机构，买卖双方需要依靠银行来完成货币资金的清算与支付两大功能。离开了银行，一切电子商务活动都无法实现。电子商务对银行的影响与要求主要表现在以下几个方面。

（1）提供便捷快速的支付服务。电子商务的交易时间不存在固定工作日的限制，它要求的是全天候的服务。这就要求银行必须建立完善的全天候的服务，避免因为银行的休息而影响电子商务的交易，而资金的传递速度是提高电子商务信息处理速度的关键，银行加快资金的支付与周转，减少资金在途时间，就提高了资金的时间价值。

（2）提供安全可靠的支付服务。由于电子商务是通过互联网完成交易的，买卖双方都处在一种虚拟空间之中。他们分别位于互联网的两个节点。尽管有各种软件和硬件设施可以防止无关组织加入电子商务系统，但是虚拟空间看不见、摸不着的特殊性也带来了资金消失、蒸发的潜在危险。因此要求银行提供万无一失的安全性支付服务，以免造成买卖双方资金的流失，给交易双方带来损失。

（3）提供符合要求的标准化信息服务。由于电子商务中各种信息的传递必须以特定的格式进行传输与交换，各种电子商务标准的产生体现了信息格式化传递的发展趋势。这就要求银行在提供信息服务时，需逐步采取国际通用的标准化电子商务模式，减少信息服务不规范可能带来的混乱与错误。

2. 网上银行也是银行业自身发展的需要

目前，原有的各种传统产业无一例外地受到了快速发展的信息产业的冲击，银行业这一古老的产业也不例外。例如，银行员工工资成本越来越高，支出较大，而银行业之间的竞争在不断加剧，造成了银行利润的相对减少。而且，传统的手工操作方式也带来了易出现差错、重复劳动、效率低下等弊端。面对现实，银行业只有扩大服务范围，提高服务质量，才能在激烈的竞争中立于不败之地。而迅速发展的电子商务不仅给银行业带来了压力，更给银行业带来了机遇。因此，银行业从自身生存与发展来考虑，也必须拓展网上银行业务，人们有理由相信，网上银行代表了人类社会未来银行的最终归属。

三、网上银行的分类

按照不同的标准，网上银行可以分为不同的类型。

1. 按服务对象，网上银行可以分为企业网上银行和个人网上银行

（1）企业网上银行：主要针对企业与政府部门等企事业组织客户。企事业组织可以通过企业网上银行服务实时了解企业财务运作情况，及时在组织内部调配资金，轻松处理大批量的网上支付和工资发放业务，并可处理信用证相关业务。

（2）个人网上银行：主要适用于个人与家庭消费支付与转账。客户可以通过个人网上银行服务，完成实时查询、转账、网络支付和汇款功能。

2. 按经营组织形式，网上银行可以分为分支型网上银行和纯网上银行

（1）分支型网上银行：主要指现有的传统银行将互联网作为新的服务手段，建立银行站点、提供在线服务而设立的网上银行。

（2）纯网上银行：又称为虚拟银行，起源于美国1995年开业的安全第一网络银行。纯网上银行是专门提供在线银行服务而成立的独立银行，因此也被称为“只有一个站点的银行”。

四、网上银行的特点

相对于传统银行，网上银行在运行机制和服务功能方面都具有不同的特点。

1. 虚拟化、智能化

网上银行通过互联网这一虚拟化的空间开展业务，客户无须银行工作人员的帮助，真正实现了能在任何时间、任何地方以任何方式为客户提供超越时空的、智能化服务，因此也被称为“3A银行”。

2. 运营成本低

网上银行的建立，使得银行可以通过网络提供服务，大大节约了运营成本。传统模式中大量的分支机构和营业网点被计算机网络、计算机服务器、网络终端的个人计算机所取代，可以节省巨额的场地租金、室内装修、照明及水电费用。而且网上银行只需雇用少量人员，人工成本也随之迅速下降。

3. 创新性

随着经济的发展，个性化的消费需求日益凸显。为了满足不同客户的需求，网上银行利用其成本低廉和互联网信息资源丰富的优势，推出了许多金融创新性服务，提高服务、信息的附加价值，如手机银行、微信银行、超级网银、互联网金融理财等。

4. 个性化

网上银行可以突破地域和时间的限制，提供个性化的金融服务产品。网上银行将“以户为中心”的思想融入银行经营的全过程，在低成本条件下实现高质量的个性化服务。

目前，我国网上银行发展势头强劲，市场规模不断扩大，同时不断推出各种创新性的产品和服务，传统银行的大部分业务被网上银行所取代。随着移动互联网的发展，未来商业银行将形成以网银支付为基础，移动支付为主力，电话支付、自助终端、微信银行等多种电子渠道为辅助的电子银行业务结构。

活动实施

与国际发达国家和地区相比，我国网上银行起步较晚。招商银行于1996年建立了自己的网站，成为我国第一家网上银行。在此之后，中国银行、工商银行、建设银行等各大银行纷纷推出了网上银行业务。以工商银行为例，我们来浏览一下网上银行的界面。

步骤1：在浏览器地址栏输入工商银行网站网址（http://www.icbc.com.cn）并打开。

步骤2：浏览工商银行网站界面，如图2-1-1所示，用户登录入口有________个，分别是________和________。

步骤3：在导航栏里单击个人业务，如图2-1-2所示，这里包含的个人业务有____。

图 2-1-1 工商银行网上银行首页

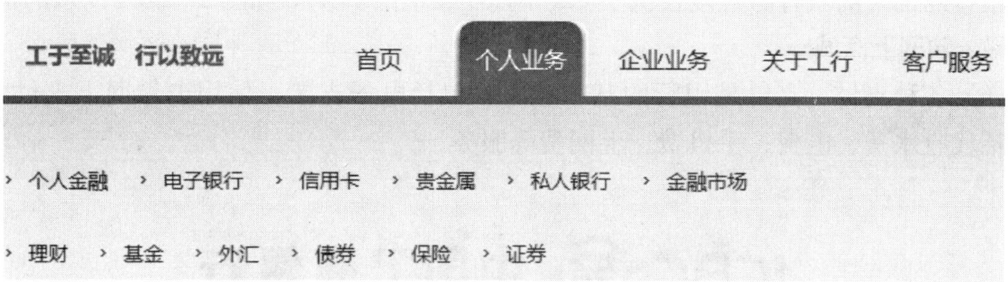

图 2-1-2 工商银行提供的个人业务

步骤 4：如果个人在使用工商银行网上银行的过程中有疑问，如何与网站客服在线联系？

步骤 5：了解网站针对转账的范围和费用的说明。

活动二 开通工商银行个人网上银行

知识窗

网上银行的功能如下：

自 1995 年世界上第一家网上银行——美国安全第一网络银行诞生以来，网上银行的发展始终保持着强劲的势头。近年来，随着网上银行业务的增加，网上银行在银行业中的地位与日俱增，对社会发展起到了积极作用。

网上银行提供的服务可以分为三大类：第一，是即时资讯。如查询结存的余额、外币的买卖价格、贵金属交易价格、存款的利率资料等。第二，是办理银行一般业务。如客户往来、储蓄、定期账户间的转账、定期存款及更改存款的到期时间、申请支票簿等。第三，是为网上交易的买卖双方办理交割手续。具体的服务项目有以下几种。

（1）个人账户管理。网上银行为个人提供的服务包括在线查询账户余额、交易记录、下载数据、投资理财、信用卡还款、电子转账和网上支付等。

（2）企业账户管理，又称为对公业务，包括查询本企业或下属企业的账户余额和历史业务记录、代发员工工资、划转企业内部各单位之间的资金、为企业提供金融报告和报表、企业资金托管等。

（3）信用卡服务。信用卡业务是目前各大银行争夺的焦点，网上银行的信用卡业务包括通过互联网申办、开启、挂失信用卡，信用卡账户查询、清算等功能。如美国安全第一网络银行发行的维萨（Visa）卡，分为普通卡和金卡两种。

（4）投资理财业务。银行为客户提供全面的金融分析服务，及时向客户提供各种市场信息和新闻，包括股票、基金、外汇、黄金、期货、保险等金融产品的即时信息发布，以便客户了解外汇汇率的变动情况和股票、期货、黄金市场的行情。

（5）网上商城。银行在电子商务迅猛发展的今天，不再局限于担当支付的角色，也开始积极拓展自己的业务领域，最常见的做法是建立网上商城，根据调查显示，顾客对网上银行的网络商城青睐程度仅次于C2C网站。如图2-1-3和图2-1-4所示的是工商银行融e购网上商城。

（6）各种支付。支付是银行的基本业务，包括电子支票、信用卡等网上支付方式，还包括代收水费、电费、手机费、上网费等服务。

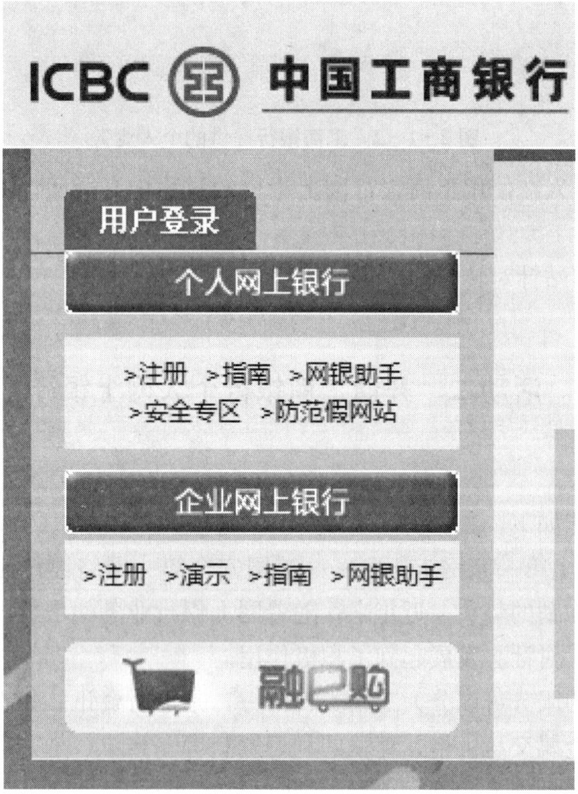

图2-1-3　工商银行融e购网上商城入口

图 2-1-4 工商银行融 e 购网上商城

活动实施

工商银行的融 e 行网上银行是对传统网上银行的全面升级和改造，新版网银秉持大气、稳重、以客户为中心的设计理念和极致简约、扁平化、智能化、可视化的功能体验，对传统网银账户查询、转账汇款、投资理财、生活缴费等功能服务进行了全面优化，为人们打造更智慧、更优惠、更开放、更安全的综合金融服务平台。

步骤 1：登录工商银行官方网站（http://www.icbc.com.cn），单击“个人网上银行”—“注册”，如图 2-1-5 和图 2-1-6 所示。

图 2-1-5 个人网上银行注册入口

步骤 2：输入个人基本信息，安装验证码处的控件，单击“下一步”，进入“我的网银”主界面，可以查看到主要业务范围，如图 2-1-7 所示。

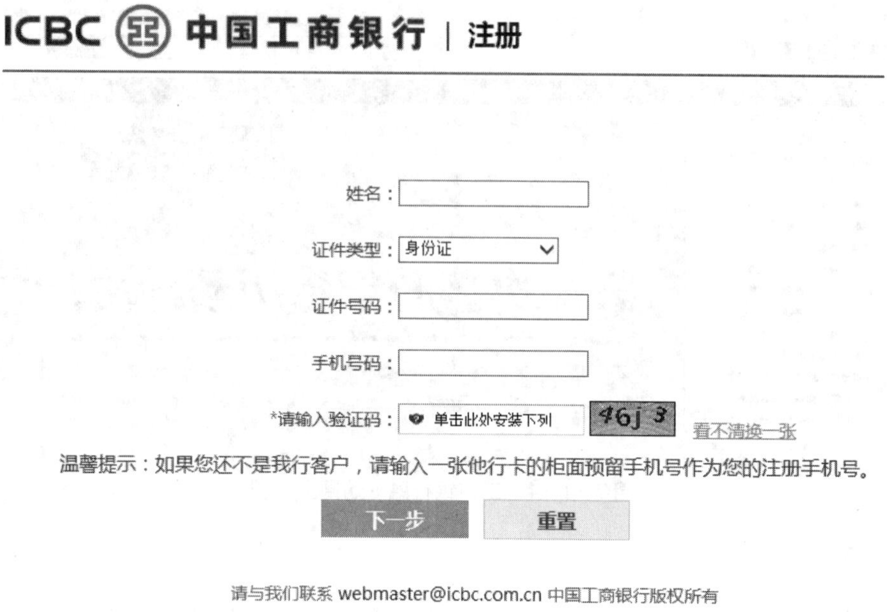

图 2-1-6　个人网上银行注册页面

图 2-1-7　个人网上银行业务范围

步骤 3：查看个人账户基本情况，包括余额、交易明细等，如图 2-1-8 所示。提示：个人网银如果需要进行转账等涉及交易金额的操作业务，必须在柜台办理安全保障设备，如 U 盾、电子银行口令卡等，如图 2-1-9 所示。

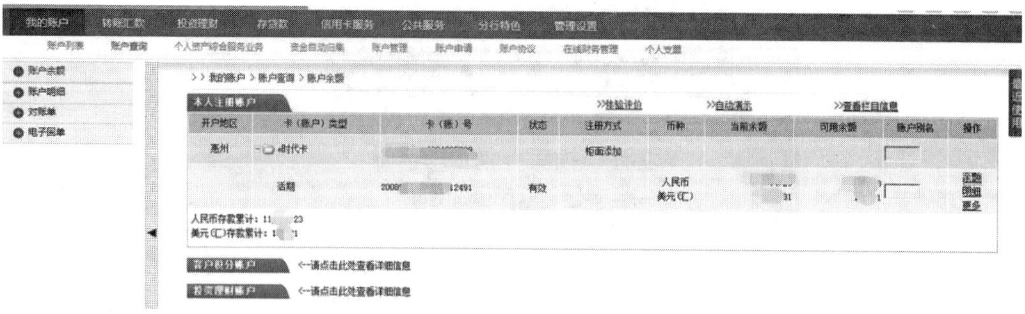

图 2-1-8　个人网银账户基本情况

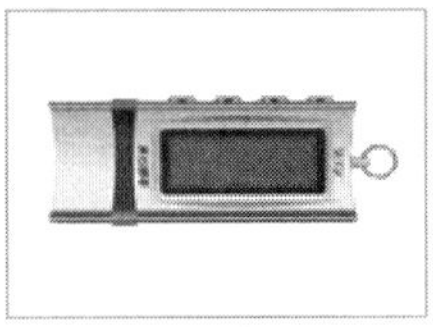

保障个人网银安全的最佳选择—U盾

U盾是我行推出的通过数字证书进行电子银行客户身份认证的安全工具。该产品已获得国家专利，是目前电子银行安全级别最高的身份认证工具。

[详细]

多渠道的电子银行安全产品—工银电子密码器

工银电子密码器是一款全新的电子银行安全产品，具有内置电源和密码生成芯片、外带显示屏和数字键盘，无须安装任何程序即可在电子银行等多渠道使用。

[详细]

新型电子银行安全工具—电子银行口令卡

电子银行口令卡是我行为了满足广大电子银行用户的要求，综合考虑安全性与成本因素而推出的一款全新的电子银行安全工具。

[详细]

图 2-1-9　工商银行网站介绍的安全保障设备

视野拓展

国内各大银行都有官方网站，同学们可以去其他银行浏览，按照了解工商银行的步骤去了解和分析其他银行的网站。

农业银行（http://www.abchina.com/cn）　　中国银行（http://www.boc.cn）

合作实训： 2 名学生一组，登录到 4 个银行的网站，对网站进行对比分析，完成表 2-1-1。

表 2-1-1　对比不同银行的网上银行

对比项	农业银行	建设银行	中国银行	交通银行
网站色调				
网页布局				
申请流程				
客户服务				
转账范围				
转账费用				

任务二　第三方支付

【任务描述】

小张确定选择工商银行的银行卡办理日常事务，并开通了网上银行功能。小张利用这张卡完成了日常所需，不过，小张在使用网银的过程中感到了不便，使用网银必须要有电脑，还要插上U盾，操作复杂，浪费时间和精力。小张想借助一个可靠的第三方平台，方便自己完成各种支付，既节省时间也不用随身带U盾等安全设备。他打算分两个活动进行：了解第三方支付及第三方支付平台、申请和使用支付宝平台。

活动一　了解第三方支付及第三方支付平台

知识窗

一、第三方支付的概念

第三方支付是指具备一定实力和信誉保障的独立机构，采用与各大银行签约的方式，提供与银行支付结算系统接口的交易支付平台的网络支付模式。

第三方是除了银行以外的具有良好信誉和技术支持能力的某个机构，支付通过第三方在持卡人或者客户和银行之间进行。持卡人首先和第三方以替代银行账号的某种电子数据的形式（如邮件）传递账户信息，避免了持卡人将银行信息直接透露给商家，另外也可以不必登录不同的网上银行界面，取而代之的是每次登录时，都能看到相对熟悉和简单的第三方机构的界面。

二、第三方支付产生的原因

传统的支付方式往往是简单的即时性直接付转，一步支付。在虚拟的无形市场，交易双方互不认识，不知根底，卖家不愿先发货，怕货发出后不能收回货款；买家不愿先支付，担心支付后拿不到商品或商品质量得不到保证。博弈的结果是双方都不愿意先冒险，网上购物无法进行。为迎合同步交换的市场需求，第三方支付应运而生。第三方是买卖双方在缺乏信用保障或法律支持的情况下的资金支付“中间平台”，买方将货款付给买卖双方之外的第三方，第三方提供安全交易服务。

三、第三方支付的特点

1. 在线支付更快捷、方便

第三方支付平台提供一系列的应用接口程序，将多种银行卡支付方式整合到一个界面上，负责在交易结算中与银行的对接，使网上购物更加快捷、便利。消费者和商家不需要在不同的银行开设不同的账户，可以帮助消费者降低网上购物的成本，帮助商家降低运营成本；同时，还可以帮助银行节省网关开发费用，并为银行带来一定的潜在利润。

第三方支付解决了终端设备的制约性，从设备上解放了消费者，客户可以随时、随地、以多种方式完成支付，不但节约了时间成本，也免去了 U 盾等安全设备带来的不便。

2. 在线支付更安全

在第三方支付交易流程中，商家看不到客户的信用卡信息，可避免信用卡信息在网络上多次公开传输而导致被窃，保障了用卡人的账号安全。

3. 较高的公信度

第三方支付平台作为中立的一方，具有较高的公信度。一旦发生纠纷，会对商户和消费者采取双向保护政策，在交易双方之间进行公平、公正的协调处理。

四、第三方支付的经营模式

1. 支付网关模式

支付网关模式是指第三方支付平台完全独立于电子商务网站，不负有担保功能，与银行密切合作实现多家银行数十种银行卡的直通服务，仅仅为用户提供支付产品和支付系统解决方案，只是充当消费者和商户之间第三方的银行支付网关。以快钱、易宝支付、汇付天下、拉卡拉等为典型代表。

2. 信用中介模式

以支付宝、财付通为首的依托于自有 B2C、C2C 电子商务网站提供担保功能的第三方支付模式。货款暂由平台托管并由平台通知卖方货款到达、进行发货；在此类支付模式中，买方在电商网站选购商品后，使用第三方平台提供的账户进行货款支付，待买方检验物品进行确认后，就可以通知平台付款给卖方，这时第三方支付平台再将款项转至卖方账户。

五、第三方支付的流程

在通过第三方支付平台进行的交易中，买方选购商品后，使用第三方平台提供的账户进行货款支付，由第三方通知卖方货款到达、进行发货；买方检验物品后，就可以通知付款给卖方，第三方再将款项转至卖方账户。

第三方支付实质上是一种支付托管行为，是买卖双方在缺乏信用保障或法律支持的情况下的资金支付“中间平台”，其运作实质是在收付款人之间设立中间过渡账户，使汇转款项实现可控性停顿，只有双方意见达成一致才能决定资金去向。

活动实施

目前国内第三方支付平台有很多，根据《中国人民银行法》等法律法规，中国人民银行制定了《非金融机构支付服务管理办法》，要求第三方支付平台须获得支付业务许可证，即目前市场所称的“第三方支付牌照”，如此，才能合法让消费者等使用支付平台，截至 2015 年 3 月 30 日，中国人民银行共发放了 270 张牌照。这么多第三方支付平台让消费者如何选择呢？下面介绍一个排名网站，可以帮助小张寻找国内比较知名的第三方支付平台。

步骤 1：在浏览器地址栏输入十大品牌网的网址（http://www.china-10.com）并打开。

步骤 2：浏览十大品牌网首页，如图 2-2-1 所示，根据左侧导航找寻合适的分类，第三方支付平台属于________栏目里的________行业。

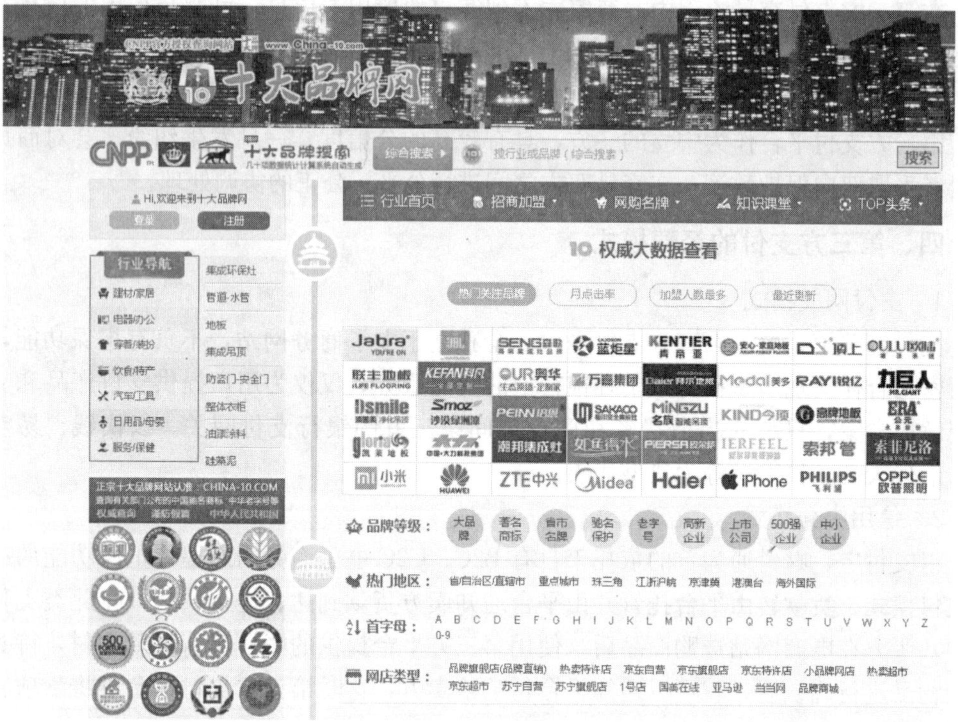

图 2-2-1 十大品牌网首页

步骤 3：单击关于“第三方支付”的相关排名，可查看我国十大第三方支付平台的基本情况，见表 2-2-1。

表 2-2-1 国内十大第三方支付平台

序号	第三方支付平台名称	第三方支付平台简介
1	支付宝 ALIPAY	集支付和生活应用为一体的电子支付软件，国内领先的第三方支付平台，浙江蚂蚁小微金融服务集团有限公司 http://www.alipay.com/
2	微信支付	腾讯旗下，微信联合知名第三方支付平台财付通推出的极具成长力的移动端支付服务，财付通支付科技有限公司 http://pay.weixin.qq.com/

续前表

序号	第三方支付平台名称	第三方支付平台简介
3	银联商务 ChinaUMS	国内非金融支付行业综合支付的知名企业，国内较大的银行卡收单专业化服务机构，中国银联旗下，银联商务有限公司 http://www.chinaums.com/
4	银联在线	中国银联打造的互联网业务综合商务平台，第三方支付的领先者，中国银联控股上海银联电子支付服务有限公司 http://www.chinapay.com/
5	快钱 99Bill.com	万达集团旗下，国内首家基于 E-mail 和手机号码的大型综合支付平台，领先的互联网金融平台，快钱支付清算信息有限公司 http://www.99bill.com/
6	壹钱包	中国平安旗下平安付推出的移动支付客户端，提供互联网支付/移动支付等多元化的第三方支付的个人创新互联网金融及消费服务 http://www.yqb.com/
7	拉卡拉	第三方移动支付的知名企业，国内率先开发出的电子账单服务平台，知名便民金融服务平台，拉卡拉支付股份有限公司 http://www.lakala.com/
8	汇付天下	国内第三方支付行业领先企业，首家获得证监会批准开展网上基金销售支付结算业务的企业，汇付天下有限公司 http://www.chinapnr.com/
9	易宝支付 YEEPAY.COM	中国行业支付的开创者，国内互联网金融行业领先型企业，中国较具成长价值的电子支付品牌，易宝支付有限公司 http://www.yeepay.com/
10	京东支付	京东金融旗下网银在线开发，专注于提供综合电子支付服务，国内知名电子支付解决方案提供商，网银在线（北京）科技有限公司 http://www.jdpay.com/

步骤 4：除了这十大第三方支付平台外，还有以下其他第三方支付平台，如图 2-2-2 所示。

联动优势UMP　通联支付ALLINPAY　连连支付LianLianPay

易付宝　百度钱包　翼支付

图 2-2-2 国内其他第三方支付平台

步骤 5：登录各大第三方支付平台的网站，分析其功能。下面以支付宝的登录方式为例，希望同学们能举一反三。

（1）在排名页面单击图 2－2－3 中的带框部分，可直接链接到支付宝网站的首页。其他网站的进入方法可能会多一个单击步骤，单击新打开页面提示的网址即可。

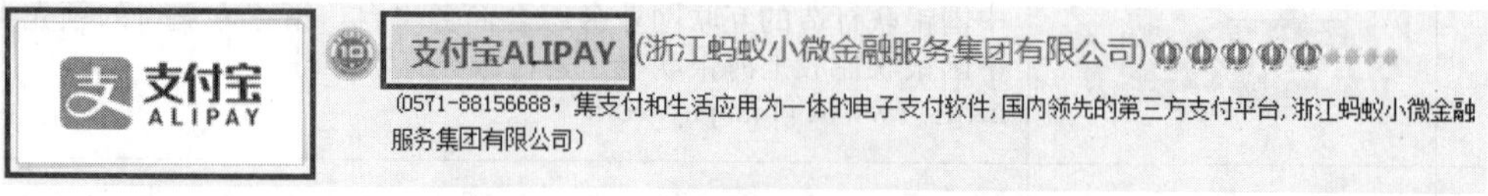

图 2－2－3　进入支付宝页面的提示

（2）进入支付宝首页，单击“我是个人用户”就可以注册登录了，如图 2－2－4 所示。

图 2－2－4　支付宝官网首页

活动二　申请和使用支付宝平台

知识窗

一、支付宝简介

支付宝网站（http://www.alipay.com）是国内领先的第三方支付平台，由阿里巴巴公司创办，是支付宝公司针对互联网交易而特别推出的安全付款服务，其运作的实质是以支付宝为信用中介，在买家确认收到商品前，由支付宝替买卖双方暂时保管货款的一种增值服务。

支付宝公司从2004年建立开始，始终以“信任”作为产品和服务的核心，旗下有“支付宝”与“支付宝钱包”两个独立品牌。2014年第二季度支付宝公司成为全球最大的移动支付厂商。

二、支付宝交易流程

第一步，客户在电子商务网站上选购商品，最后决定购买，买卖双方达成交易意向。

第二步，客户选择利用第三方作为交易中介，客户用信用卡将货款划到第三方账户。

第三步，第三方支付平台将客户已经付款的消息通知商家，并要求商家在规定时间内发货。

第四步，商家收到通知后按照订单发货。

第五步，客户收到货物并验证后通知第三方。

第六步，第三方将其账户上的货款划入商家账户中，交易完成。

支付宝交易流程的效果如图2-2-5所示。

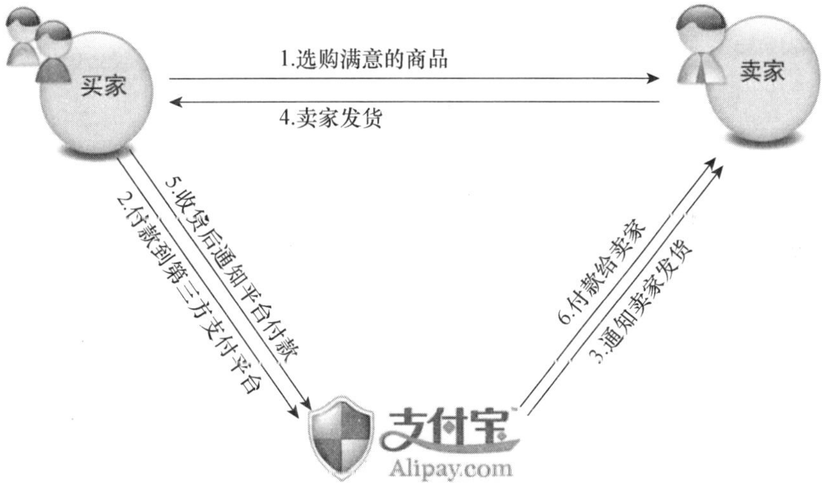

图2-2-5 支付宝交易流程图

活动实施

注册支付宝，了解并运用支付宝的各种功能（以充值话费为例）。

步骤1：在浏览器中输入支付宝网站的网址，进入首页，单击“我是个人用户”进行注册（默认用手机注册，也可以选择邮箱注册），按照要求填写个人信息，需要用手机验证，如图2-2-6所示。

步骤2：单击“下一步”，继续按要求填写如图2-2-7所示的信息，单击“确定”。

步骤3：进入图2-2-8所示的页面，继续填写信息，绑定银行卡号。

图 2-2-6　支付宝注册页面

图 2-2-7　支付宝注册中间页面

图 2-2-8　支付宝注册绑定银行卡页面

步骤 4：提交，注册成功，如图 2-2-9 所示。

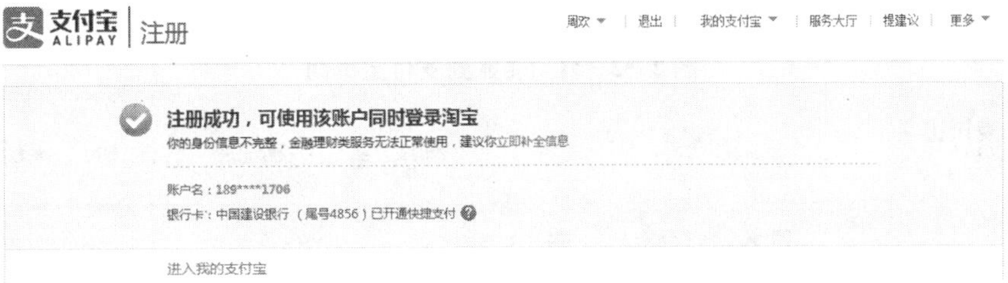

图 2-2-9　支付宝注册成功页面

步骤 5：登录支付宝个人账户，查看支付宝的主要功能，如图 2-2-10 所示。

图 2-2-10　支付宝个人账户页面

步骤 6：用支付宝转账，并思考这与用网银转账的不同之处。

（1）进入支付宝个人账户页面，单击“转账”，进入转账页面，如图 2－2－11 和图 2－2－12 所示。可以用两种方式给对方转账。

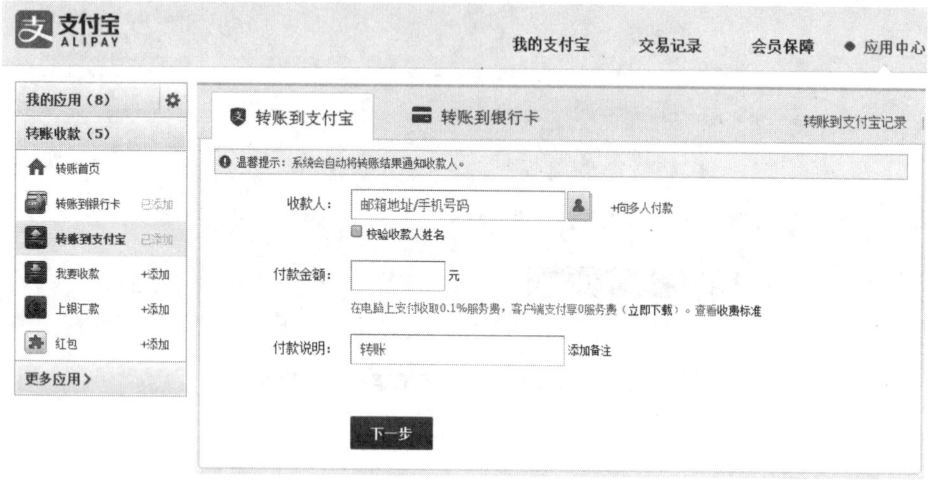

图 2－2－11 转账到支付宝页面

图 2－2－12 转账到银行卡页面

（2）选择“转账到支付宝”（可以试一试“转账到银行卡”的操作），填写对方支付宝账户和金额，单击“下一步”，进入如图 2－2－13 所示的页面，选择“电脑付款”，要注意转账的收费问题。

图 2－2－13　转账信息页面

（3）按照网页要求进行验证，然后单击“确认信息并付款”，进入如图 2－2－14 所示的页面。

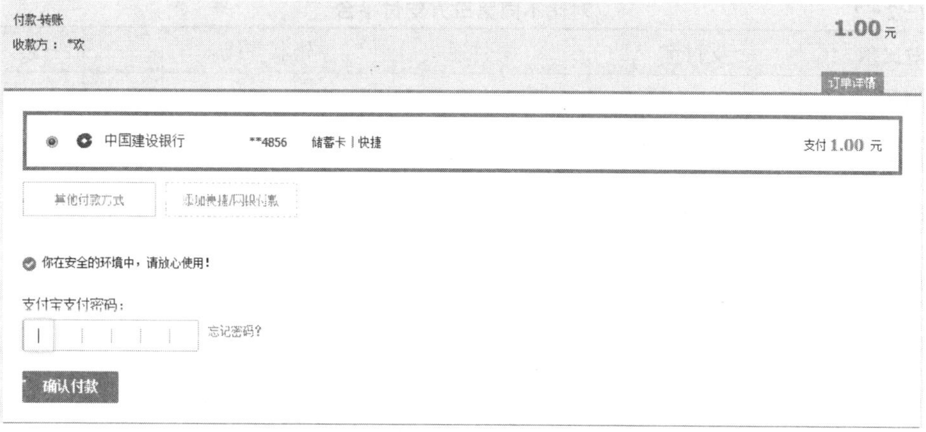

图 2－2－14　付款页面

（4）输入支付宝支付密码，单击“确认付款”，支付完成，弹出页面如图 2－2－15 所示。

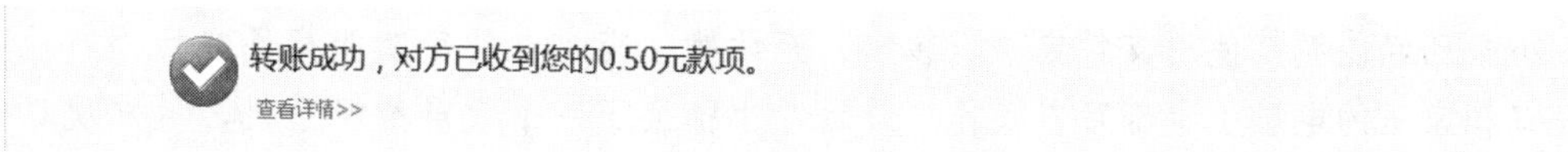

图 2－2－15　转账成功页面

视野拓展

1. 从4.1%到20.0%，微信支付到底是怎么崛起的

2. 央行内部曝光第三方支付漏洞及安全风险案例

3. 评测：谁有机会和支付宝、微信争夺用户

合作实训： 2名学生一组，对以下几个第三方支付平台进行比较，填写表2-2-2。

表2-2-2　对比不同第三方支付平台

对比项	支付宝	财付通	银联在线	快钱
公司背景				
成立时间				
用户类型				
转账费用				
合作银行				

任务三　移动支付

【任务描述】

小张已经能熟练使用支付宝了，转账、充话费、交水电费等功能都不在话下，他在办公室和家里的电脑上也都可以操作。最近，小张换了一个大屏智能手机，他发现银行和第三方支付平台都有自己的App软件。他觉得如果在手机上也能实现这些功能那就更方便了，可以随时随地完成支付。小张的想法也是大部分人的想法，毕竟手机操作比电

脑操作更方便快捷。他打算分两个活动进行：了解移动支付、用微信发红包。

活动一　了解移动支付

知识窗

一、移动支付的概念

移动支付也称为手机支付，就是允许用户使用其移动终端（通常是手机）对所消费的商品或服务进行账务支付的一种服务方式。我国用户上网习惯已经从计算机端逐渐迁移至移动端，同时支付场景的不断拓展也使用户已经开始习惯使用移动支付工具，移动支付市场发展前景良好。

二、移动支付的类型

随着移动终端的不断创新，以及电子商务的爆发性增长，人们对移动支付的需求已经越来越大。移动支付领域的竞争很激烈，由阿里巴巴、腾讯两家互联网巨头企业为代表的线上支付机构，与线下支付霸主的中国银联展开了惨烈的“肉搏战”。

按完成支付所依托的技术条件，可以分为近场支付和远程支付。

1. 近场支付

近场支付是指通过具有近距离无线通信技术的移动终端实现本地化通信，从而进行资金转移的支付方式，主要的技术包括 NFC、RFID、FeliCa IC、红外、蓝牙等近距离通信技术。

下面从产品技术、使用流程等几个方面，对 Apple Pay、支付宝、云闪付进行比较，见表 2－3－1。

表 2－3－1　近场移动支付类型的比较

对比项	Apple Pay	支付宝	云闪付
介质	手机	App	云闪付卡
机构	苹果	阿里巴巴	中国银联
产品技术	NFC＋Tokenization	二维码/条码＋Tokenization	NFC＋Tokenization
使用方法	靠近支持 NFC 的 POS 机	手机扫描	靠近具有“闪付”标志的 POS 机，亮屏即可
使用流程	（1）绑定银行卡 （2）支持 NFC 的 POS 机	（1）绑定银行卡 （2）支持扫码的 POS 机	（1）绑定银行卡 （2）具有“闪付”标志的 POS 机
收费对象	银行	商户	商户

2. 远程支付

远程支付指通过移动网络，利用短信、GPRS 等空中接口，与后台支付系统建立连接，从而实现各种转账、消费等支付功能。

三、移动支付的特征

1. 账户管理的方便性

这是移动支付区别于传统的银行卡支付很重要的特点。智能手机逐渐成为业界的主流，用户可以方便地通过手机使用移动互联网管理自己的移动支付账户，如随时随地查询账户余额、交易记录，实时转账，修改密码等，还可以进行空中充值，减少了去营业厅或者充值点的麻烦，充分体现了移动支付方便时尚的特点。

2. 资金账户的安全性

移动设备用户对隐私性的要求远高于计算机用户，这就不同于互联网公开、透明、开放的特点。在互联网上，计算机用户信息是可以被搜集的；而移动设备用户显然不需要让他人知道甚至共享自己设备上的信息，移动设备的隐私性保障了支付的安全。用户设置的密码类型比计算机更复杂，有人脸识别、指纹识别等。

3. 可移动性

除了用户睡眠时间，移动设备一般伴随在用户身边，其使用时间远多于计算机。用户只要申请了移动支付功能，便可足不出户随时随地地完成整个支付与结算过程。交易时间成本低，减少往返银行的交通时间和支付处理时间。

4. 服务的综合性

移动支付为用户提供了移动电子商务的远程支付功能，同时也可以满足用户对公交、食堂等小额支付的需要，还可以提供门禁、考勤等服务。

四、移动支付的安全问题

1. 软件病毒感染

大量手机支付类病毒猖獗爆发，包括伪装淘宝客户端窃取用户账号密码隐私的“伪淘宝”病毒、盗取 20 多家手机银行账号隐私的“银行窃贼”以及感染建设银行 App 的“洛克蛔虫”等系列高危风险的手机支付病毒。病毒还会通过联网功能将用户手机上的隐私信息，包括手机网银、支付相关的账号密码等内容上传至指定位置，导致用户隐私泄露和财产风险。针对移动支付类软件的典型病毒，又分为电商类 App 典型病毒、第三方支付类 App 典型病毒、理财类 App 典型病毒、团购类 App 典型病毒和银行类 App 典型病毒。

2. 手机漏洞

手机由于 ROOT 和不正规刷机导致出现系统漏洞，也是移动支付出现安全问题的根源。

3. 诈骗电话及短信

诈骗电话及短信也造成了一定的手机支付风险。诈骗分子除了通过诈骗骚扰电话诱导手机用户进行银行转账之外，主要还是通过发送带钓鱼网址或恶意木马程序下载链接的诈骗短信。这些恶意钓鱼网址往往会诱导用户登录恶意诈骗网址等，引导用户进行购物支付，诈骗已呈现多发趋势。重点诈骗有三类，网银升级或 U 盾失效类诈骗、社保诈骗和热门节目中奖诈骗。

活动实施

小张通过学习了解了移动支付到底是怎么一回事，那么手机里需要的支付软件从哪里下载比较安全呢，我们一起去寻找可靠的平台。

步骤 1：寻找相关银行的手机软件。

（1）直接去银行官网首页查看，网页一般都会有关于手机银行软件的二维码，用手机扫一扫即可下载软件，如图 2－3－1 所示。

图 2－3－1　几大银行手机银行的二维码

（2）去可靠的第三方手机应用市场下载手机银行软件，如进入 360 手机助手，单击“软件”，选择“理财”分类中的“银行”，如图 2－3－2 所示。

图 2－3－2　360 手机助手中的银行软件

步骤 2：寻找第三方支付平台的手机软件，方法同电子银行软件的寻找办法。

步骤 3：使用手机支付宝进行支付、转账等操作。

（1）下载支付宝手机软件并安装。

（2）登录手机支付宝，用之前注册的账号和密码即可，进入手机支付宝页面，如图2－3－3所示。

图2－3－3　360手机支付宝页面

（3）单击“转账”按钮，进入选择转账方式页面，如图2－3－4所示。之后的操作同第三方支付章节所讲的步骤一致，于此不再赘述。

图2－3－4　手机支付宝转账页面

视野拓展

十个移动支付的坏习惯

活动二　用微信发红包

知识窗

一、微信支付

微信支付是腾讯公司支付业务的品牌，是微信联合第三方支付平台财付通推出的极具成长力的移动端支付服务。财付通于2011年5月获得第三方支付牌照，是第一批获得央行支付牌照的企业。微信支付以绑定银行卡的快捷支付为基础，向用户提供安全、快捷、高效的支付服务。

二、微信支付的流程

用户只需在微信中关联一张银行卡，并完成身份认证，即可将装有微信App的智能手机变成一个全能钱包，之后即可购买合作商户的商品及服务。用户在支付时只需在自己的智能手机上输入密码，无须任何刷卡步骤即可完成支付，整个过程简便流畅。

活动实施

要想参与微信发红包，小张手机里必须先安装微信软件，然后成功注册，接着绑定银行卡，最后才能发红包。

步骤1：打开手机里的微信图标。

步骤2：打开微信页面，可以用手机号、QQ号、微信号直接登录，或者点击“注册”按钮用手机号注册，如图2-3-5所示。

步骤3：注册过程按照提示进行，如图2-3-6所示。

步骤4：注册成功后进入微信主页面，点击下方“我”，找到“钱包”所在，如图2-3-7所示。

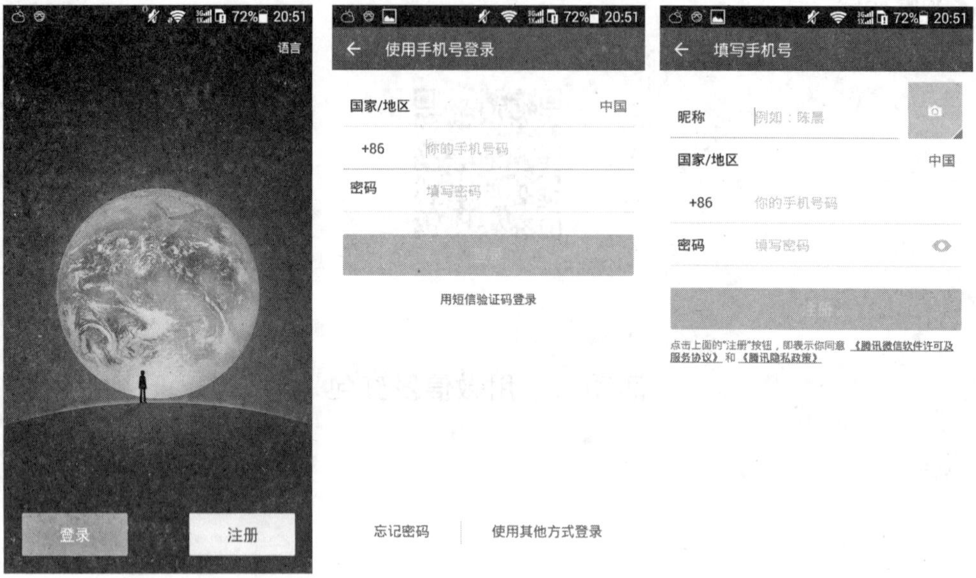

图 2-3-5 微信的登录与注册

图 2-3-6 微信注册过程

图 2-3-7　微信钱包

步骤 5：点击“钱包”，绑定银行卡并设置支付密码，如图 2-3-8 所示。

图 2-3-8　微信绑定银行卡页面

步骤 6：发红包。

（1）选中某个联系人或者进入某个群，点击右下角的加号，找到“红包”功能，如图 2-3-9 所示。

（2）点击“红包”，进入如图 2-3-10 所示页面，输入金额，点击“塞钱进红包”。

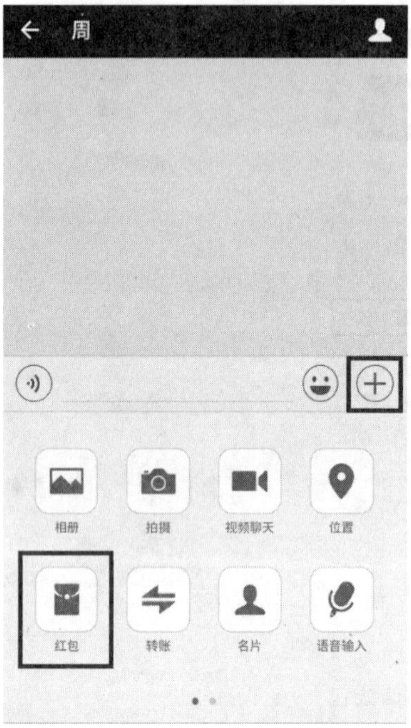

图 2-3-9　寻找微信红包入口

图 2-3-10　发红包页面

（3）进入如图 2-3-11 所示的页面，输入支付密码。

（4）红包发送成功，对方就可以收红包了，如图 2-3-12 所示。对方收到的钱就直接存进了微信钱包。

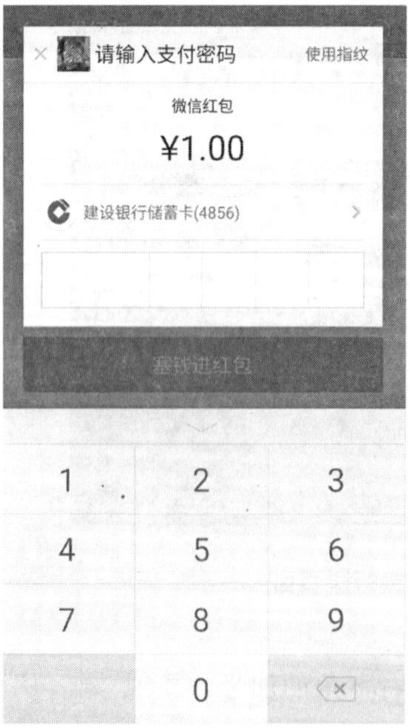

图 2-3-11　输入红包支付密码

图 2-3-12　红包发送成功

视野拓展

红包经济：从社交走向消费

合作实训：2 人一组，打开手机支付宝和手机微信，对比它们支付功能的异同，填写表 2-3-2。

表 2-3-2 手机支付宝和手机微信的对比

对比项	手机支付宝	手机微信
所属公司		
成立时间		
申请步骤		
转账费用		
合作银行		
所有功能		

项目总结

电子商务支付是电子商务发展不可缺少的环节，随着网络技术的不断进步，电子商务支付也在不断发展。掌握电子商务支付的相关知识，是电子商务领域不可缺少的。网银支付、第三方支付和移动支付是目前最主要的电子商务支付方式。

通过本项目的学习，学生能掌握网上银行支付、第三方支付和移动支付的基本概念，并认识网上银行产生的原因、国内知名的十大第三方支付平台，以及移动支付会出现哪些安全问题。学生通过动手操作，掌握了网上银行支付、第三方支付和移动支付的主要功能并运用在生活中，会在涉及资金流转的相关生活情境中选择适合自己的最佳方案。学生要时常关注电子商务支付的新动态、新模式，相信电子商务支付的发展前景会越来越广阔。

项目检测

一、单选题

1. 中国农业银行的“K 宝”、中国工商银行的“U 盾”、中国建设银行的“网银盾”属于网上银行的（　　）类安全技术措施。

A. 动态口令卡　　B. 数据加密协议　　C. 数字证书　　D. 安全控件

2. 下列不是网上银行特点的是（　　）。

A. 开放性　　B. 虚拟化　　C. 智能化　　D. 运营成本高

3. 下列不属于移动支付近场支付技术的是（　　）。

A. 短消息　　B. NFC　　C. RFID　　D. 蓝牙

4. 目前国内第三方支付公司中，下述（　　）的用户规模最大。

A. 支付宝　　B. 银联　　C. 翼支付　　D. 易宝

5. 下列不是支付网关模式的第三方平台是（　　）。

A. 支付宝　　B. 拉卡拉　　C. 快钱　　D. 易宝支付

6. 无线局域网使用的技术主要是（　　）。

A. Wi-Fi　　B. WCDMA　　C. GPRS　　D. 以上都不对

7. 下列不属于移动应用行为的是（　　）。

A. 使用蓝牙耳机拨打手机　　B. 用台式计算机在家上网下载程序

C. 用手机在室外上网收发邮件　　D. 用笔记本计算机在火车上看电子小说

8. 相对于笔记本而言，智能手机的优势是（　　）。

A. 计算速度快　　B. 界面友好，易操作

C. 携带方便，接入灵活　　D. 外设接口种类多

二、多选题

1. 网上银行按服务对象可以分为（　　）。

A. 个人银行　　B. 零售银行　　C. 企业银行　　D. 批发银行

2. 网上银行的 3A 特点是指（　　）。

A. Anytime　　B. Anyhow　　C. Anybody　　D. Anywhere

3. 第三方支付的经营模式有（　　）。

A. 支付网关模式　　B. 信用中介模式

C. 信用卡模式　　D. 电子钱包模式

4. 下列属于第三方支付平台的是（　　）。

A. 新浪　　B. 微信支付　　C. 京东钱包　　D. 翼支付

5. 网上银行的特点有（　　）。

A. 智能化　　B. 运营成本低　　C. 个性化　　D. 无分支机构

6. 关于我国网上银行的说法正确的是（　　）。

A. 纯网上银行　　B. 分支型网上银行

C. 从传统银行发展而来　　D. 以上都不是

三、判断题

1. 电子支付是电子商务中最为核心和复杂的环节，所以需要根据电子商务交易的实际情况选择支付方式。（　　）

2. 网上银行按照不同的标准可以分为不同的类型，按经营组织方式分为分支型网上银行和纯网上银行。（　　）

3. 第三方支付平台仅仅能为个人客户提供支付结算服务，对于企业客户只能完成查询，而不能进行支付结算。(　　)

4. 第三方支付平台是第三方支付这种支付方式得以实现所必需的媒介。(　　)

四、简述题

1. 简要说明网上银行较传统银行有哪些优势。

2. 什么是第三方支付平台？它有几种模式？

五、趣味挑战

1. 用微信红包给自己的小组成员每人发一分钱。

2. 说说你用移动支付实现了生活中哪些场景的支付。

六、案例分析

关注支付安全，慎设账户密码

李先生接到银行客服的交易核实电话，称其名下的卡片发生了多笔大额消费，而李先生并未操作这些交易，他立即报了案。警方根据交易资金流向的线索破案后发现，不法分子是通过黑客技术入侵了某网站，窃取了李先生在该网站的用户名和密码，随后不法分子尝试进行网络支付，由于李先生在支付网站也设置了相同的用户名和密码，因此其名下银行卡被盗刷。

问题：

1. 李先生的银行卡被盗刷主要问题出在哪里？

2. 想要避免发生类似李先生这样的事件，平时在支付方面应该注意哪几点？

提示：

1. 对于支付账户的登录密码、消费密码应与一般网站登录密码区别设置，并养成定期更改密码的习惯，防止因其他网站信息泄露而造成支付账户的资金损失。

2. 网络支付相对于通过 POS 机消费等传统用卡渠道，存在交易场景虚拟化、验证强度相对较弱等特点，因此主要定位于小额支付。建议用户根据自身情况设置合理的单笔与单日交易限额，防止发生大额盗刷。

3. 开通短信提醒服务可及时掌握账户动态信息，避免发生连续盗刷。

项目三 认识电子商务物流

情境导入

唯美小家电有限公司凭借精致、创新、健康的小家电产品享誉千万家庭，其产品以新颖独特的设计、强大的实用功能与良好的体验得到了用户的广泛青睐，已成为中国“创意小家电”领导品牌。据了解，唯美小家电目前主要商业模式是通过第三方电子商务平台进行商品销售，对接平台包括天猫、京东等。自从全线进军O2O以来，已经在全国30多个城市推出了自营的线下体验店，实现了“线上销售＋线下体验”的营销模式。

目前，唯美小家电有限公司的仓储和配送都是外包给全国知名的第三方物流企业——路通速运有限公司。路通速运有限公司是一家覆盖快递、快运、仓储与供应链等多元化业务的综合性物流供应商。截至2016年年底，该公司服务网络遍及全国，自有运输车辆8 000余台，全国配送中心总面积超过100万平方米。

李明通过某职业院校的推荐，进入唯美小家电顶岗实习。他先在物流部培训、实习了一个月，后又被分配到路通速运有限公司的某个配送中心驻点。短短的三个月过去，上进、好问、爱思考的李明就学到了很多关于电子商务物流的知识和技能。他坚信，只要自己再接再厉，一定能在顶岗实习结束后取得优异的成绩，争取顺利留在公司。

项目目标

知识目标

- 掌握四种电子商务物流模式的概念、优缺点。
- 掌握影响电子商务物流模式选择的几个因素。
- 了解条码的概念、条码对于电子商务的好处，掌握物流领域常用的条码类型。
- 了解射频识别技术的概念、优点。
- 了解GPS、GIS技术的概念及在电子商务物流行业中的应用。
- 了解电商最后一公里模式的发展与创新。

技能目标

- 熟悉各大电商公司采用的电子商务物流模式。
- 熟悉各大电商公司采用的最后一公里模式。
- 能识别、制作、应用不同类型的条码。
- 能熟练利用 RFID 手持终端完成仓库作业。
- 熟练运用互联网、搜索引擎搜集、整理信息。

情感目标

- 培养自主探究能力。
- 能够与时俱进，时刻关注电子商务物流的新科技、新动态。

任务一　电子商务物流模式选择

【任务描述】

唯美小家电有限公司在发展初期，由于业务量较小、资金不足，无论是仓储还是运输配送，均采取物流外包模式。在企业逐步进入稳健期后，考虑到物流的重要性，该公司打算成立自己的物流公司，在北京、上海、广州、深圳租用仓库，所有货物由这些仓库就近发货，并组建一批物流队伍，负责一线城市的最后一公里配送，而二、三线城市的物流配送还是以外包给第三方物流公司为主。物流部经理要求李明等实习生结合公司的实际情况，分析比较几大电商公司所采用的电子商务物流模式，提出好的建议。李明打算分三个活动进行：了解电子商务物流模式、了解阿里旗下电商平台的物流模式、选择合适的电子商务物流模式。

活动一　了解电子商务物流模式

知识窗

电子商务物流模式主要指获取系统总效益最优化的适应现代社会经济发展的物流模式。根据电子商务的发展情况和电子商务条件下物流的特点，结合国外发达国家的经验，我国企业在电子商务条件下可采取的物流模式主要有以下几种。

一、企业自营物流模式

电子商务企业借助自身的物质条件，自行经营物流业务，组建全资或控股的子公司完成物流配送业务，称为自营物流。

采取自营物流模式的电子商务企业主要有两类：一类是资金实力雄厚而且业务规模较大的电子商务企业；一类是传统的大型制造企业或批发企业经营的电子商务网站。

自营物流的优点：（1）可以有效控制物流业务的运作。（2）能够降低交易成本，避免商业秘密的泄露。（3）可以使服务更加快速灵活。（4）可以加强客户沟通，提升企业形象。

自营物流的缺点：（1）一次性固定投入较高。（2）对物流管理能力要求高。（3）很难满足企业地域扩张的需要。

二、第三方物流模式

第三方物流（Third Party Logistics，TPL）是指接收客户委托为其提供专项或全面物流系统设计和系统运营的物流服务模式，也称为合同物流、契约物流。

在当今竞争日趋激烈和社会分工日益细化的大的社会背景下，电子商务企业选择第三方物流有明显的优越性，具体表现在：（1）有利于企业集中精力在核心业务。（2）减少固定资产投资，降低投资风险。（3）充分发挥专业化管理和规模优势。（4）为顾客提供更高水平的服务。

当然，与自营物流相比较，第三方物流在为企业提供上述便利的同时，也给企业带来诸多的不利。其主要包括：（1）企业不能直接控制物流。（2）不能保证供货的准确和及时。（3）不能保证为顾客服务的质量，不利于维护与顾客的长期关系。（4）企业将放弃对物流专业技术的开发。

三、物流一体化

物流一体化是以物流系统为核心，由生产企业经由物流企业、销售企业直至消费者供应链的整体化和系统化。它是在第三方物流基础上发展起来的新的物流模式。在这种模式下，物流企业通过与生产企业建立广泛的代理或买断关系，与销售企业形成较为稳定的契约关系，从而将生产企业的商品或信息进行统一处理后，按部门订单要求配送到店铺。这种模式还表现为用户之间广泛交流供应信息，从而起到调剂余缺、合理利用、共享资源的作用。在电子商务时代，这是一种比较完整意义上的物流配送模式，国内海尔集团的物流配送模式基本上达到了物流一体化模式的标准。

四、物流联盟模式

物流联盟（Logistics Alliance）是指两个或两个以上的经济组织为实现特定的物流目标而采取的长期联合与合作，其目的是实现联盟参与方的“共赢”。物流联盟具有相互依赖、核心专业化和强调合作的特点，是一种介于自营和外包之间的物流模式，可以降低前两种模式的风险。物流联盟是为了达到比单独从事物流活动更好的效果而使企业间形成相互信任、共担风险、共享收益的物流伙伴关系。企业之间不完全采取导致自身利益最大化的行为，也不完全采取导致共同利益最大化的行为，只是在物流方面通过契约形式形成优势互补、要素双向或多向流动的中间组织。联盟是动态的，只要合同结束，双方又变成追求自身利益最大化的单独个体。

活动实施

京东已成长为中国最大的自营式电商企业（B2C），是中国收入规模最大的互联网企业。2017 年 7 月，京东再次入榜《财富》全球 500 强，位列第 261 位，成为排名最高的中国互联网企业，位列全球互联网企业第三。截至目前，京东物流在全国范围内拥有超过 500 个大型仓库，运营了 13 个大型智能化物流中心“亚洲一号”，大件和中小件物流网络实现大陆行政区县 100%覆盖，自营配送覆盖了全国 99%的人口，将商品流通成本降低了 70%，物流的运营效率提升了 2 倍以上。

步骤 1：登录京东商城（http://www.jd.com），搜索几种自营商品和第三方卖家商品，查看其物流服务说明，回答下列问题。

（1）自营商品的物流服务主要由__________配送。

（2）第三方卖家商品的物流服务由__________配送。

（3）京东国内电商的物流模式属于__________为主，__________为辅。

步骤 2：登录京东商城（http://www.jd.com），单击页面底部的“京东自营覆盖区县”，如图 3-1-1 所示，选择您要配送到的地址，可以查看该地址支持的配送服务和时间。

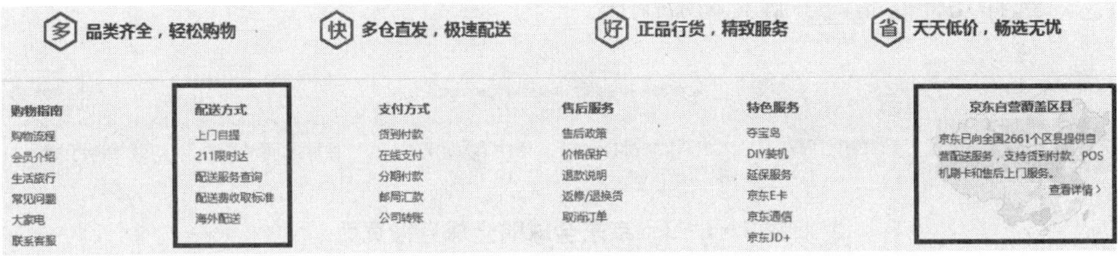

图 3-1-1　京东商城首页底部

步骤 3：单击图 3-1-1 中的“配送方式”，了解京东的配送服务说明，回答下列问题。

（1）211 限时达是指____。

（2）上门自提是指____。

步骤 4：2016 年 11 月 23 日，京东集团在北京宣布推出“京东物流”的全新品牌标识，并正式宣布京东物流将以品牌化运营的方式全面对社会开放。登录京东物流官网（http://www.jdwl.com），如图 3-1-2 所示，了解京东物流的服务项目和服务特色。回答下列问题。

图 3-1-2　京东物流首页

（1）京东物流提供的仓配一体服务，是指包含仓储、运输、配送、____________的一站式服务。

（2）京东物流提供的时效产品有哪七种？

答：____。

（3）京东物流除了为京东自营商品和入驻商家提供物流配送服务，还面向社会开放，它有哪些优势？

答：____。

步骤5：京东全球购采用的也是“自营＋平台”的模式。其中，自营模式是京东自主采购，由保税区内专业服务企业提供支持服务；而平台模式则是通过跨境电商模式引入海外品牌商品，销售的主体直接就是海外的公司。

登录京东全球购官网（http://www.jd.hk），下拉页面至“全球直采”，如图3-1-3所示，单击“全球购自营”，进入新的页面，如图3-1-4所示，了解全球购自营概念，选择几种商品，了解其物流配送。

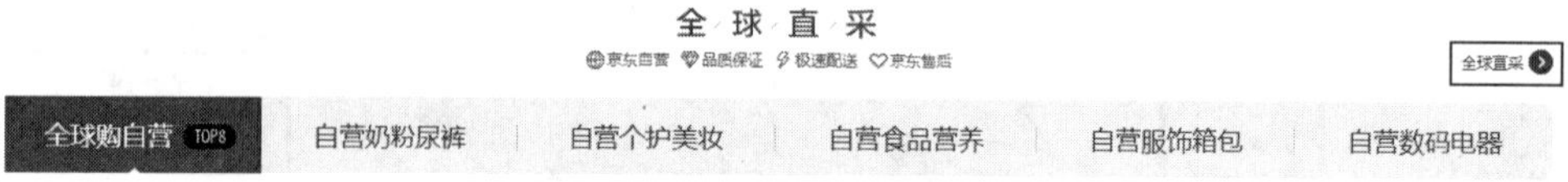

图3-1-3　京东全球购全球直采页面

图3-1-4　京东全球购自营页面

登录京东全球购官网，下拉页面至“全球名店”，如图3-1-5所示，选择一两个第三方海外卖家，了解其商品的物流配送情况。

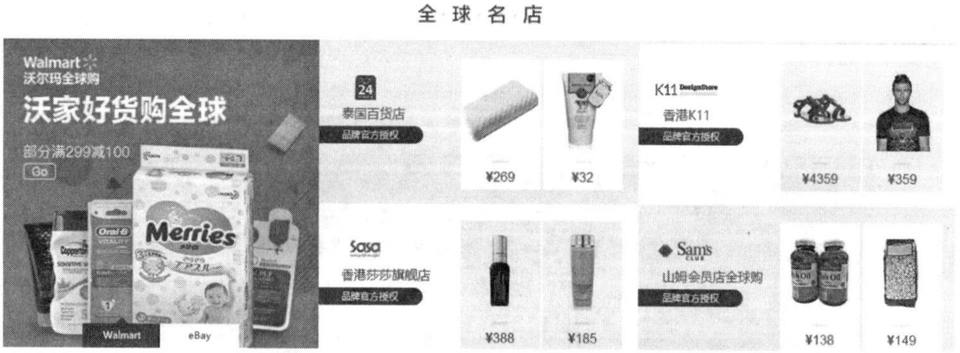

图3-1-5　京东全球购全球名店页面

登录京东全球购官网，单击页面右上角的“帮助中心”，单击“常见问题”，单击“物流配送”，如图3-1-6所示，了解京东全球购的物流配送说明。

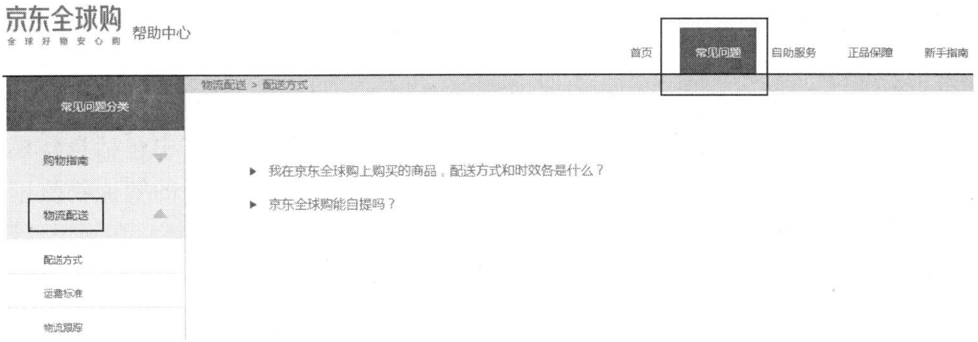

图 3-1-6　京东全球购常见问题—物流配送

回答下列问题。

（1）京东全球购自营商品主要由____________配送。

（2）京东全球购第三方卖家商品主要由____________配送。

（3）京东跨境电商的物流模式属于____________为主，____________为辅。

视野拓展

除了以电子商务为主营业务的公司外，越来越多的传统公司也在尝试拥抱互联网，转型做电子商务。它们不但纷纷建立电商平台，还基于原有的线下实体店优势，形成线上线下的虚实融合。例如，原有的苏宁电器，基于线上线下多渠道融合、全品类经营、开放平台服务的业务形态，转型为苏宁云商，提出“电商＋店商＋零售服务商”的云商新模式；海尔集团从传统家电产品制造企业转型为互联网企业，建立了全系列家电一站式销售服务平台——海尔商城，打造虚实融合模式。它们的电子商务物流模式与纯电商公司有所不同，推荐同学们课外关注这些电商平台，了解其电子商务物流模式。

活动二　了解阿里旗下电商平台的物流模式

知识窗

2013 年 5 月底，阿里巴巴集团牵头银泰集团、复星集团、富春集团、顺丰集团、申通集团、圆通集团、中通集团、韵达集团组建了一个新物流公司，名为“菜鸟网络科技有限公司”（简称菜鸟网络）。菜鸟网络注册资金 50 亿元，阿里为大股东，公司注册地在深圳。菜鸟网络计划在 5～8 年内建立一张能支撑日均 300 亿元网络零售额的智能物流骨干网络，简称 CSN。

在菜鸟网络之前，阿里巴巴集团就推出过物流信息管理系统“物流宝”。物流宝本质上也是一个物流信息调配平台，阿里巴巴集团将第三方快递、仓储的信息接入进来，面向淘宝卖家提供入库、发货、上门揽件等服务。物流宝归属于阿里巴巴集团的物流事业部，简称阿里物流。

物流宝与 CSN 的区别在于，物流宝的核心是物流仓储资源的数据化分析和管理能力，调配第三方物流资源。而 CSN 主要在于建设仓储设施网络，其中包括自建模式。不难看出，如果菜鸟网络希望将 CSN 打造成一个资源能够优化配置的智能物流网络，精确的数据分析必不可少。而数据分析能力正是阿里物流的关键和优势。在阿里巴巴集团内部，物流宝的代号是“天网”，CSN 的代号为“地网”。

阿里巴巴集团表示，整合物流事业部与菜鸟网络，是阿里巴巴集团加大在物流方面的投入，推进大物流战略的重要一步。阿里巴巴集团希望通过有效的整合，用数据化的平台助力整个物流行业的发展，共同提速“中国智能骨干网”的建设。

活动实施

菜鸟网络成立于 2013 年 5 月 28 日，由阿里巴巴集团、银泰集团、复星集团、富春集团、顺丰集团、申通集团、圆通集团、中通集团、韵达集团等共同组建。“菜鸟”小名字大志向，其目标是通过 5～8 年的努力打造一个开放的社会化物流大平台，在全国任意一个地区都可以做到 24 小时送达。

步骤 1：登录阿里巴巴官网（http://www.alibabagroup.com/cn/global/home），如图 3－1－7 所示，单击“公司简介”，了解其企业介绍，单击“业务范畴”，了解其电商和物流业务。

步骤 2：登录菜鸟网络官网（https://www.cainiao.com），将页面拉至底端，如图 3－1－8 所示，单击“关于菜鸟”，了解其企业介绍以及菜鸟网络中接入的物流、快递企业。回答下列问题。

（1）上网搜索资料，完成表 3－1－1。

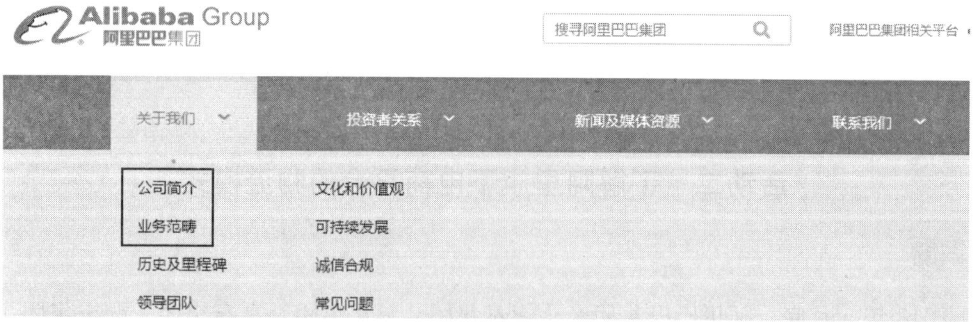

图 3－1－7　阿里巴巴首页

图 3－1－8　菜鸟网络首页底部

表 3-1-1　　阿里巴巴旗下电商平台简介

平台名称	网址	平台定位	电商模式
淘宝网			
天猫			
全球速卖通			
1688			
阿里巴巴国际			

(2) 菜鸟网络以数据为核心，通过社会化协同，打造了覆盖跨境、快递、仓配、农村、末端配送的全网物流链路，属于第__________方物流。

(3) 阿里旗下电商平台的物流模式属于__________。

(4) 请简单介绍下菜鸟联盟。

答：____

步骤 3：登录菜鸟网络官网，如图 3-1-9 所示，单击“快递平台”，了解其面向商家提供的服务，如电子面单等。用手机下载菜鸟裹裹 App，了解其功能。

图 3-1-9　菜鸟网络首页

回答下列问题。

(1) 什么是菜鸟电子面单？相比于快递电子面单，它有哪些优势？

答：____

____

(2) 请简单介绍菜鸟裹裹的功能。

答：____

____

____

步骤 4：登录天猫国际网站（https://www.tmall.hk），体验跨境购物。然后登录菜鸟网络官网，单击“跨境网络”，如图 3-1-9 所示，了解菜鸟网络的跨境物流服务资源和能力。

步骤 5：登录农村淘宝网站（https://cun.taobao.com），将页面拉至底端，如图 3-1-10 所示，单击“了解村淘”，了解农村淘宝合伙人、农村淘宝故事，体验时令特产购物。然后登录菜鸟网络官网，如图 3-1-9 所示，单击“菜鸟乡村”，了解菜鸟网络的菜鸟乡村项目。

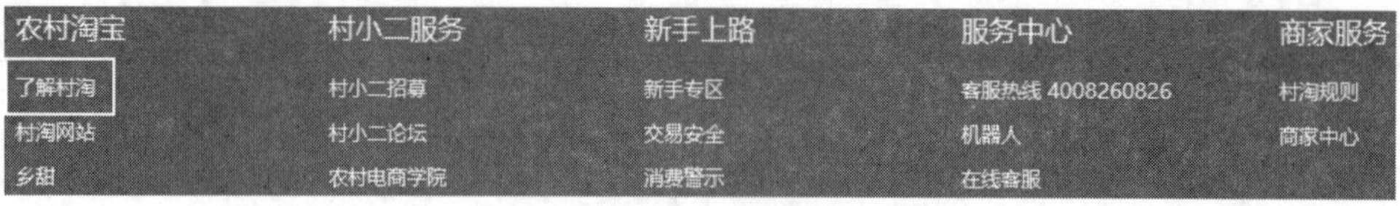

图 3－1－10　农村淘宝首页底部

回答下列问题。

(1) 请简单介绍菜鸟网络的跨境网络能力。

答：______________________________

____

____

(2) 请简单介绍农村淘宝。

答：______________________________

____

____

视野拓展

1. 菜鸟网络打造中国最大机器人仓库

2. 解读菜鸟品牌升级和新战略

活动三　选择合适的电子商务物流模式

知识窗

一、影响电子商务物流模式选择的因素

电子商务物流模式的选择是一项战略决策，应从物流对企业的战略重要性出发，在考虑物流管理能力的基础上，对企业规模和实力、系统成本及第三方物流的服务能力等影响因素进行综合评价。

1. 物流对于企业的战略重要性

如果物流是企业的核心能力、对企业成功有关键影响，则可以进一步考虑自营物流的条件，否则，需直接考虑物流联盟和第三方物流模式。

2. 物流系统的成本

从订单开始到订单配送到客户手中整个过程，如果自营物流的成本低于选择第三方物流，那可以选择自营；相反，就选择外包给第三方物流。一般来说，电子商务企业刚开始成立时，企业规模较小、订单量较少，如果自营物流，在成本上是没有优势的，最好选择外包给第三方物流商。

3. 企业对物流的管理能力

一般而言，在其他条件相同的情况下，如果企业在物流管理方面具有很强的能力，自营物流比较可取。而在企业对物流的管理能力较差的情况下，如果物流子系统在战略上处于重要地位，则应该寻找合适的物流伙伴建立物流联盟；反之，采用第三方物流较为合适。

4. 企业的规模和资金实力

一般来说，大中型企业由于实力较雄厚，通常有能力建立自己的物流系统，制订合适的物流需求计划，保证物流服务的质量。另外，还可以利用过剩的物流网络资源拓展外部业务（为别的企业提供物流服务）。而中小型企业则受人员、资金和管理资源的限制，难以提高物流管理效率。此时，企业为把资源集中在核心业务上，就应该把物流交给第三方物流公司负责。

5. 第三方物流的服务能力

随着现代物流业的发展，以中国邮政、顺丰速运、“四通一达”为首的第三方物流公司在物流网络布局、成本控制、服务能力等方面都得到了很大的提升。如果企业的物流需求能通过这些第三方物流公司得到很好的满足，则可以考虑第三方物流模式或物流联盟模式。如果企业经营的商品在仓储和运输等物流作业中需要专业的设施设备，如生鲜食品、医药用品等，第三方物流企业无法满足其需求，或无法提供专业的物流服务，那么只能选择自营模式或物流一体化模式。

以上四种物流模式的划分并不具有很严格的界限，实际的企业情况往往是介于某几种模式之间，企业可以根据自身的实际情况选择一两种物流模式混用。例如，自营物流的企业，企业的物流基础设施的供应能力在满足本企业的需求外还有剩余，可将其物流资源向其他企业开放，即在保证本企业物流需求的前提下，也承担其他企业的物流，从而发挥商品物流的规模效益，提高物流资源的利用率。

二、SWOT 分析法

SWOT 分析法是用来确定企业自身的竞争优势、竞争劣势、机会和威胁，从而将公司的战略与公司内部资源、外部环境有机地结合起来的一种科学的分析方法。

SWOT 矩阵运用各种调查研究方法，分析公司所处的各种因素，即外部环境因素和内部能力因素，如图 3－1－11 所示。外部环境因素包括机会因素和威胁因素，它们是外部环境对公司的发展直接有影响的有利和不利因素，属于客观因素。内部能力因素包括优势因素和劣势因素，它们是公司在其发展中自身存在的积极和消极因素，属主观因素。在调查分析这些因素时，不仅要考虑到历史与现状，更要考虑未来发展的问题。

图 3-1-11　SWOT 矩阵

活动实施

李明深入地认识到电商公司的物流模式选择不是一成不变的，尝试着利用 SWOT 分析法来思考本公司的物流模式。

步骤 1：教师布置任务，各小组进行分工。

步骤 2：小组选择要分析的电商平台，进行购物体验和网络资料搜索。

步骤 3：小组利用 SWOT 分析法，讨论分析其选择目前的物流模式的原因，并画出 SWOT 矩阵。

步骤 4：小组将结果汇总，制作成 PPT。

步骤 5：小组汇报展示，其他小组和教师共同评分，填写评分表，见表 3-1-2。

表 3-1-2　评分表

汇报人组号			评分人组号	
评分点	数据和相关资料充分、翔实	内容符合逻辑、条理清晰	PPT 样式精美	声音洪亮，语言表达流畅、自然
分值	20 分	40 分	20 分	20 分
他评（别组）				
教师评分				
总计（他评×60%＋教师评分×40%）				

视野拓展

京东商城物流模式

合作实训：6人为一组，分别登录以下电商平台网站，对其物流模式进行对比分析，完成表3-1-3。

表3-1-3　电商平台物流模式分析

网站名称	电商模式	物流模式	特色物流服务
亚马逊中国			
唯品会			
海尔商城			
国美在线			
苏宁易购			
当当网			
华为商城			

任务二　电子商务物流信息技术应用

【任务描述】

目前，唯美小家电的仓储和配送都是外包给全国知名的第三方物流企业——路通速运有限公司。为了双方更好地信息沟通、更有效地控制本公司的物流成本，唯美小家电派遣了几十名员工到路通速运的各大配送中心驻点，一方面做好双方的信息沟通，一方面也希望他们能学习第三方物流公司的专业管理经验和物流信息技术，为本公司自营仓储业务做好人员储备。计算机基础稍好的李明分配到的任务是学习电子商务常用的物流信息技术。他打算分三个活动进行：了解条形码技术、了解射频识别技术、了解GPS/GIS技术。

活动一　了解条形码技术

知识窗

一、条形码的概念

条形码（Bar Code），简称条码，是由一组按一定编码规则排列的条、空符号，用以表达一定的字符、数字及符号组成的信息。“条”指对光线反射率较低的部分，“空”指对光线反射率较高的部分，这些条和空组成的数据表达一定的信息，如图 3-2-1 所示。

6 931987 042704

图 3-2-1　条形码示例

二、商品条形码给电商带来的好处

如图 3-2-2 所示，商品条形码作为商品在全球流通的唯一“身份证”，集编码、印刷、识别、数据采集和处理于一身。它的诞生极大地方便了商品的准确、高效、快捷、安全的流通，也为电子商务健康发展提供了强有力的标准技术支撑。通过扫描商品条形码，可以实现对商品及其相关信息的自动采集与数据传递，如产品的生产商、规格、数量、价格、生产日期、防伪等信息。

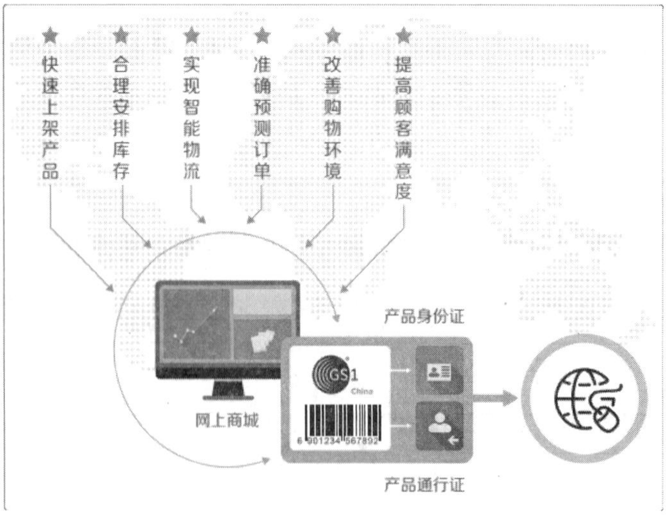

图 3-2-2　商品条形码的作用

商品条形码作为商品在全球贸易流通中的“身份证”和“通行证”，具有全球通用性、输入速度快、可靠性高、采集信息量大、灵活实用、成本低廉等特点和优势，是电子商务实现产品自动识别、信息系统互联互通的基本前提。在大数据时代，商品有了全球唯一的标识代码，就可以在供应链全过程中进行有效识别，有效链接实物流、信息流和资金流。

三、物流领域常用条形码

物流领域中，零售商品、储运包装商品、物流单元常用的条形码类型见表 3-2-1。

表 3-2-1　　物流领域常用条形码类型

对比项	零售商品	储运包装商品	物流单元
商品包装形式示意			
商品流通方式	零售业中，根据预先定义的特征而进行定价、订购或交易结算的任意一项产品或服务	由一个或若干个零售商品组成的用于订货、批发、配送及仓储等活动的各种包装的商品	物流单元是为了便于运输或仓储而建立的临时性组合包装
常用条码及符号表示	EAN-13 条码 6 901234 567892	ITF-14 条码 1 54 00141 28876 3	EAN-128 条码
	EAN-8 条码 6901 2341	EAN-13 条码 6 901234 567892	SSCC-18 条码 (00)006141411251267890
	UPCA 条码 0 89600 12456 9	EAN-128 条码	PDF-417 条码
	UPCE 条码 0 896000 7		

四、商品条形码的构成

通用商品条形码是用于识别国际通用的商品代码的一种模块组合型条码，分为标准版商品条码（EAN-13）和缩短版商品条码（EAN-8）。

EAN-13 码是国际物品编码协会（GS1）在全球推广应用的一种商品条码，它是一种定长、无含义的条码，使用 0～9 共 13 个字符。它一般由前缀码、厂商识别代码、商品项目代码和校验码组成，如图 3－2－3 所示。

图 3－2－3　EAN-13 码

（1）前缀码：用来标识国家或地区的代码，由国际物品编码协会统一管理和分配，以保证其在全球范围内的唯一性。例如，分配给中国内地（大陆）地区的前缀码为 690～699，分配给中国香港地区的前缀码为 489，分配给中国台湾地区的前缀码为 471，分配给日本的前缀码为 450～459、490～499，分配给美国的前缀码为 000～019、030～039、060～139。

（2）厂商识别代码：由 7～9 位数字组成，是厂商的唯一标识，在中国由国家物品编码中心赋予。

（3）商品项目代码：由 3～5 位数字组成，由厂商自行编码，但要保证商品项目与其标识代码一一对应，即一个商品项目代码只有一个代码，一个代码只标识一个商品项目。

（4）校验码：用于校验厂商识别代码、商品项目代码的正确性。

EAN-8 码是 EAN-13 码的压缩版，由 8 位数字组成，如图 3－2－4 所示，用于包装面积较小的商品上。与 EAN-13 码相比，EAN-8 码没有制造厂商代码，仅有前缀码、商品项目代码和校验码。

图 3－2－4　EAN-8 码

五、条码扫描设备

条码扫描器，又称为条码阅读器、条码扫描枪、条形码扫描器和条形码阅读器，是用于读取条码所包含信息的阅读设备。它利用光学原理，把条形码的内容解码后通过数据线或者无线的方式传输到电脑或者别的设备，广泛应用于超市、物流快递、图书馆等。

条码扫描设备从原理上可分为光笔、CCD 和激光三类，从形式上有手持式和固定式两种。几种常见的条码扫描器分别如图 3－2－5、图 3－2－6、图 3－2－7、图 3－2－8 所示。

图 3－2－5　手持式条码扫描器

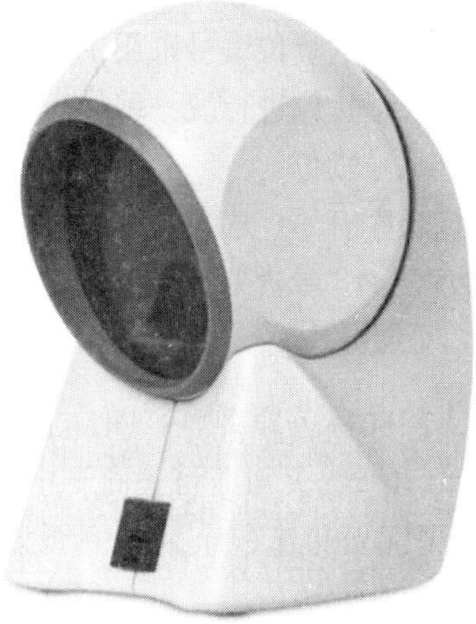

图 3－2－6　台式条码扫描器

图 3－2－7　便携式条码扫描器

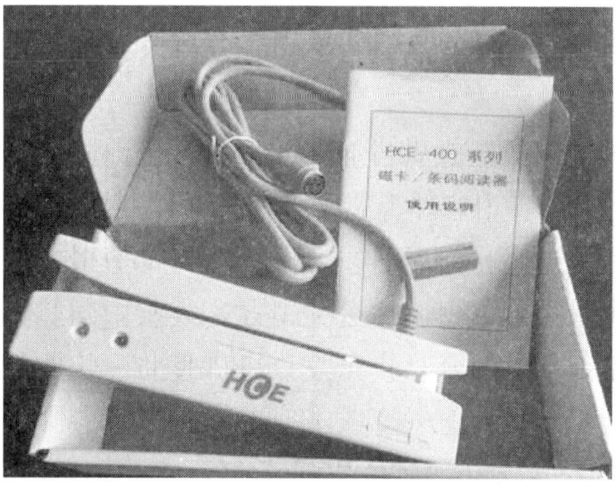

图 3－2－8　卡式条码阅读器

活动实施

李明和其他几个同事一起参观了路通速运的某个仓库，了解仓库布局、条形码规则等。李明注意到：货架、托盘、商品包装箱、周转箱等侧面都有贴条形码。他知道，在超市购物结账时，收银员拿着扫描枪扫一下商品的条形码，这个商品的品名、价格、生产商等信息就会出现在 POS 系统上，非常便捷。可是没想到，除了商品上有条形码，仓库也有很多各样的条形码。他决定弄明白，商品上的条形码和仓库里的这些条形码有什么区别。正在思考时，李明接到了一个新的任务：路通速运新增了一些货架，公司要求他们按照原先的仓库货架条形码规则，制作并打印出新的条形码。

步骤 1：确定路通速运仓库中的货位条码规则。

该仓库的货位编号采用的是“四号定位”法，即采用 4 个数字分别对应库房、货架、层次、货位进行统一编号。例如，“05—03—02—11”即指 5 号库房、3 号货架、第 2 层、11 号货位。

该仓库有 A、B、C、D 四个库房，以 A 库房的货位条码为例，“A—03—02—11”指 A 库房、3 号货架、第 2 层、11 号货位。新添置的货架在 D 库房，共 12 组，每组有 3 层，每层共 16 个货位。按照四号定位法，“D—10—01—08”指 D 库房、10 号货架、第 1 层、8 号货位。

步骤 2：确定货位条码使用的条码类型。

想一想：该仓库的货位条码可以使用________________条码。

步骤 3：利用 BarTender 软件制作并打印条码。

（1）打开 BarTender 软件，新建空白标签模板，单击菜单“创建”—“条形码”，鼠标在空白标签模板上单击，就出现一个条码，如图 3－2－9 所示。

图 3－2－9　新建空白标签

（2）选中该条码，右键单击，选择“属性”，出现“修改所选条形码对象”对话框，单击“条形码”选项卡，在“符号体系”内选择需要的条码类型。以“EAN-128条码”为例，选择“Code 128”，然后勾选“GS1-128（UCC/EAN-128）”，如图3-2-10所示。

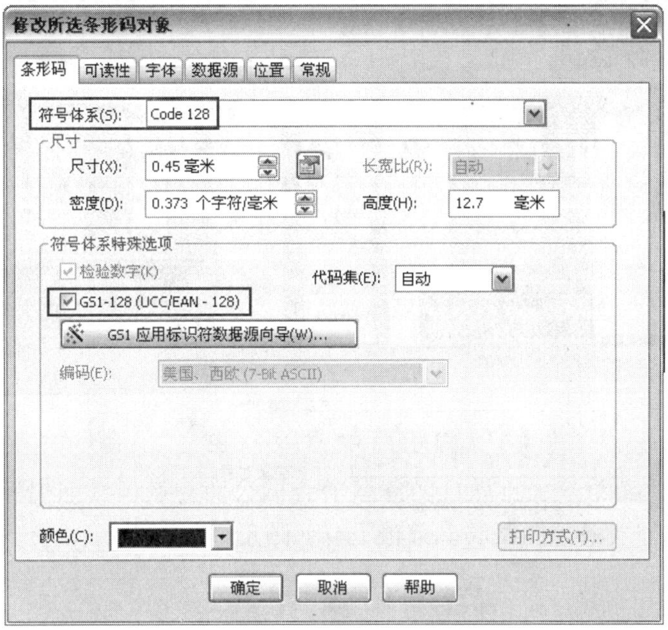

图3-2-10　“条形码”选项卡

（3）单击“数据源”选项卡，修改“屏幕数据”为需要的条码字符。以“D—01—01—01”为例，如图3-2-11所示，它指D库房、1号货架、第1层、1号货位。

图3-2-11　“数据源”选项卡

(4) 单击“字体”选项卡，如图 3-2-12 所示，修改数据源的字体格式，然后单击“确定”，返回标签模板设计页面。

图 3-2-12 “字体”选项卡

(5) 新建的条码标签如图 3-2-13 所示，用鼠标拖动小方框，可以调整条码在标签页面中的位置和大小。

图 3-2-13 新建条码标签

（6）在打印机安装好常用的不干胶标签贴纸，如图 3－2－14 所示，单击菜单“文件”—“打印”，即可打印出该条码，如图 3－2－15 所示。

图 3－2－14 不干胶标签贴纸

图 3－2－15 打印好的货架条码

（7）选中图 3－2－13 所示的条码，右键单击，选择“属性”，出现“修改所选条形码对象”对话框，单击“数据源”选项卡，修改屏幕数据，单击“确定”。以“D—12—03—16”为例，如图 3－2－16 所示，它指 D 库房、12 号货架、第 3 层、16 号货位。

图 3－2－16 修改所选条形码对象窗口

（8）按照上述方法，逐一制作并打印每个货位的条码。

活动二　了解射频识别技术

知识窗

一、射频识别技术的概念

射频识别技术（Radio Frequency Identification，RFID），又称无线射频识别，是一种通信技术，可通过无线电讯号识别特定目标并读写相关数据，而无须识别系统与特定目标之间建立机械或光学接触。

最基本的RFID系统由三部分组成。

（1）标签（Tag，即射频卡）：由耦合元件和芯片组成，标签含有内置天线，用于与射频天线间进行通信。

（2）阅读器：读取（在读写卡中还可以写入）标签信息的设备。

（3）天线：在标签和读取器间传递射频信号。

二、射频识别的优点

（1）读取方便快捷：数据的读取无须光源，甚至可以透过外包装来进行。有效识别距离更大，采用自带电池的主动标签时，有效识别距离可达到30米以上。

（2）识别速度快：标签一进入磁场，解读器就可以即时读取其中的信息，而且能够同时处理多个标签，实现批量识别。

（3）数据容量大：数据容量最大的二维条形码（PDF417），最多也只能存储2 725个数字；若包含字母，存储量则会更少；RFID标签则可以根据用户的需要扩充到数十K。

（4）使用寿命长，应用范围广：无线电通信方式，使其可以应用于粉尘、油污等高污染环境和放射性环境，而且封闭式包装使得其寿命大大超过印刷的条形码。

（5）标签数据可动态更改：利用编程器可以写入数据，从而赋予RFID标签交互式便携数据文件的功能，而且写入时间相比打印条形码更少。

（6）更好的安全性：不仅可以嵌入或附着在不同形状、类型的产品上，而且可以为标签数据的读写设置密码保护，从而具有更高的安全性。

（7）动态实时通信：标签以每秒50～100次的频率与解读器进行通信，所以只要RFID标签所附着的物体出现在解读器的有效识别范围内，就可以对其位置进行动态的追踪和监控。

三、射频识别的应用

目前，国内外将射频识别技术广泛应用于自动车号识别系统、高速公路自动收费系统、非接触识别卡（电话卡、会员收费卡、储蓄卡、地铁、汽车月票等）、生产线的自动化及过程控制、货物的跟踪及物品监视（运钞车、危险品、贵重物品防盗）。

四、RFID手持终端

RFID手持终端又称为PDA，如图3－2－17所示，外观结构如图3－2－18所示。

其具备 RFID 读写功能，可以对 RFID 标签进行识读。

图 3-2-17　RFID 手持终端

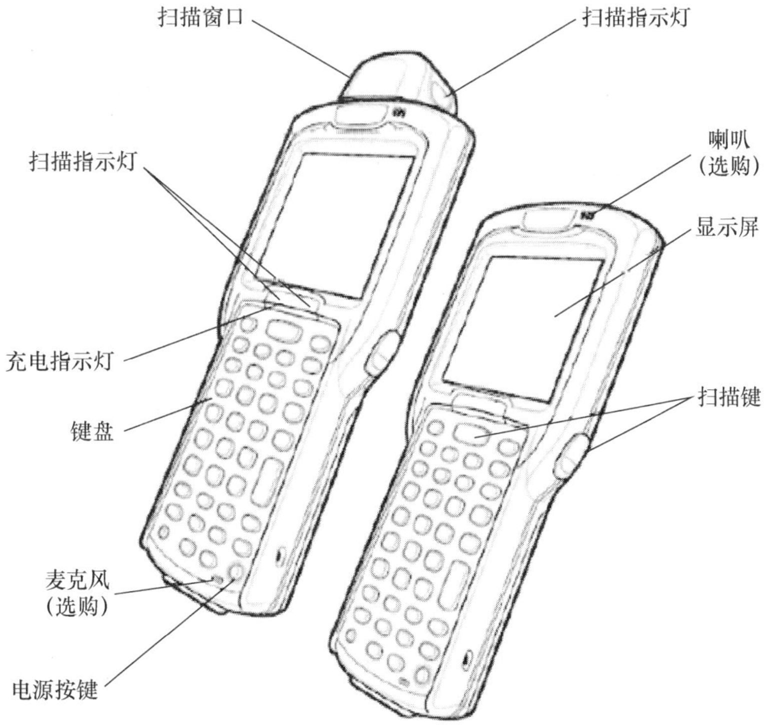

图 3-2-18　RFID 手持终端外观结构

在仓库管理的应用中，RFID 手持终端通常具备以下几点功能。

（1）条码扫描。

（2）GSM/GPRS/CDMA 无线数据通信：可以通过无线数据通信的方式与数据库进行实时数据交换。

（3）USB 通信：可以采用 USB 通信技术与计算机进行大量的数据交换。

（4）打印：集成了打印功能，可以直接打印单据。

（5）手写识别：可以采用键盘输入和手写触摸屏等多种输入手段输入数据。

活动实施

李明在仓库的收货月台跟随王师傅学习入库收货和 RF 收货的操作。王师傅带领李明进行卸货和验收作业。

步骤 1：打开 RFID 手持终端，双击打开显示屏中的操作软件，进入 RF 软件首页，如图 3－2－19 所示。单击“（1）入库作业”，进入如图 3－2－20 所示的界面，单击“（1）入库理货”。

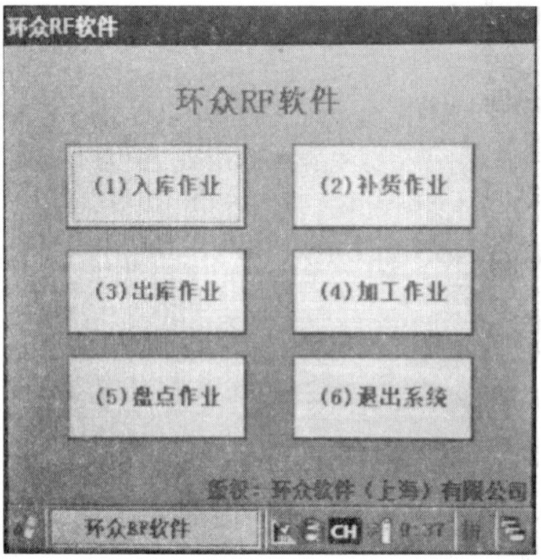

图 3－2－19　RF 软件首页

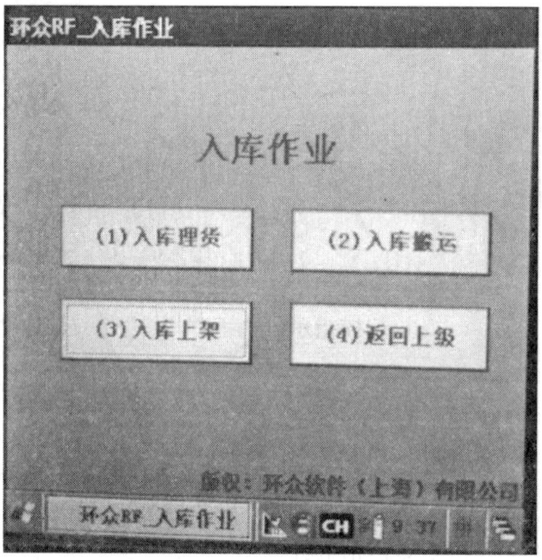

图 3－2－20　RF—入库作业

步骤 2：进入“入库理货”界面，如图 3－2－21 所示，在 RF 扫描窗分别扫描货物条码和托盘条码，商品名称和商品规格就自动显示出来，然后用键盘录入生产日期和箱数，核对无误后，单击“保存”，返回如图 3－2－20 所示界面。

步骤 3：在如图 3－2－20 所示界面中，单击“（2）入库搬运”，跳转至“入库搬运”，如图 3－2－22 所示，扫描托盘条码，托盘上的商品名称、商品规格、生产日期、箱数等信息就自动显示出来，核对信息无误后，用键盘选择合适的到达地点，单击“保存”，返回如图 3－2－20 所示界面。

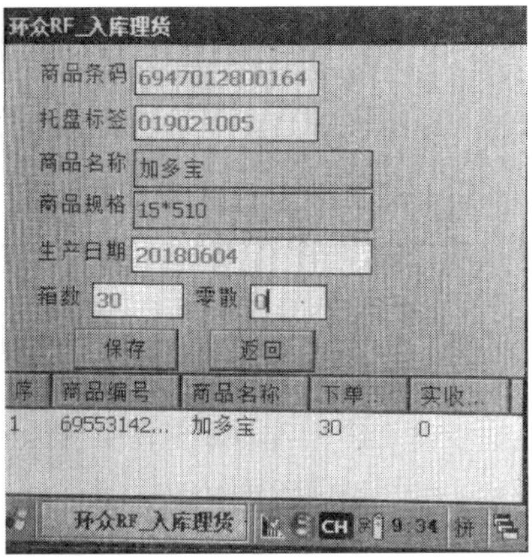

图 3-2-21 RF—入库理货

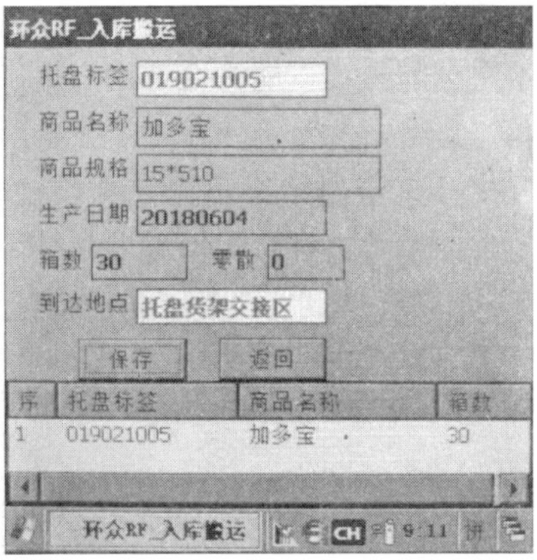

图 3-2-22 RF—入库搬运

步骤 4：叉车司机利用电动托盘车将验收合格的托盘货物搬运至仓库巷道内的待上架区暂存。在如图 3-2-20 所示界面中，单击“（3）入库上架”，跳转至“入库上架”，如图 3-2-23 所示，扫描托盘条码后，商品名称、商品规格、生产日期、箱数等信息就自动显示出来。核对信息无误后，根据 RF 终端提供的“分配储位”和货位实际状况，叉车司机利用高位叉车将托盘上架至指定货位。托盘货物放入指定货位后，叉车司机用 RF 扫描该货位的条码，如图 3-2-23 所示界面中的“上架储位”将自动显示出来，单击“保存”，完成该托盘货物的入库上架。

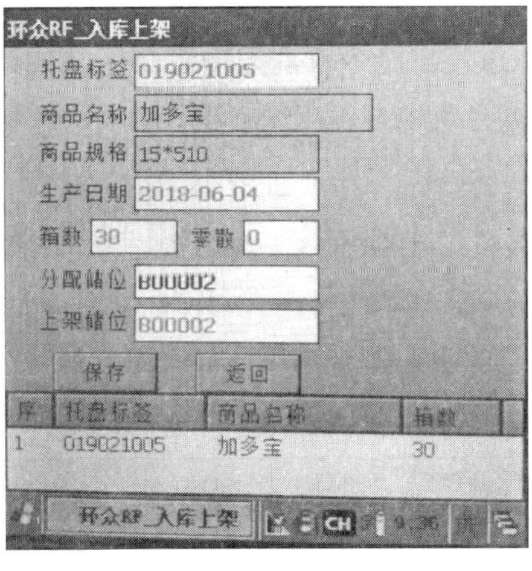

图 3-2-23 RF—入库上架

活动三 了解 GPS/GIS 技术

知识窗

一、GPS 概述

利用 GPS 定位卫星，在全球范围内实时进行定位、导航的系统，称为全球卫星定位系统，简称 GPS。GPS 是由美国国防部研制的一种具有全方位、全天候、全时段、高精度的卫星导航系统，能为全球用户提供低成本、高精度的三维位置、速度和精确定时等导航信息。

GPS 全球定位系统包含三个组成部分：空间部分——空间卫星星座、地面控制部分——地面监控系统、用户设备部分——GPS 信号接收机，如图 3-2-24 所示。

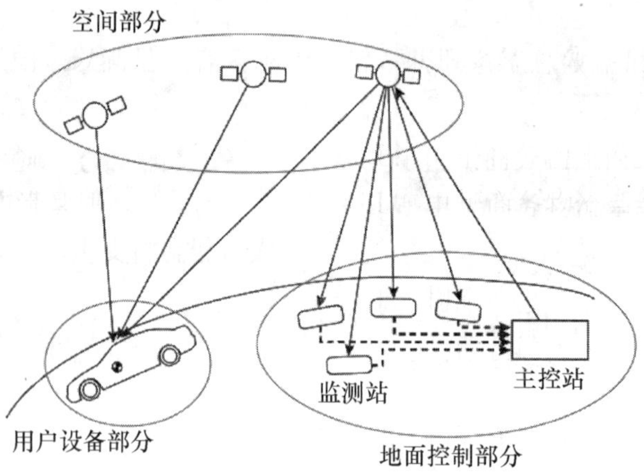

图 3-2-24　GPS 全球定位系统的组成部分

二、GPS 的物流功能

1. 实时监控功能

GPS 可以在任意时刻通过发出指令查询运输工具所在的地理位置（经度、纬度、速度等信息），并在电子地图上直观地显示出来，如图 3-2-25 所示。

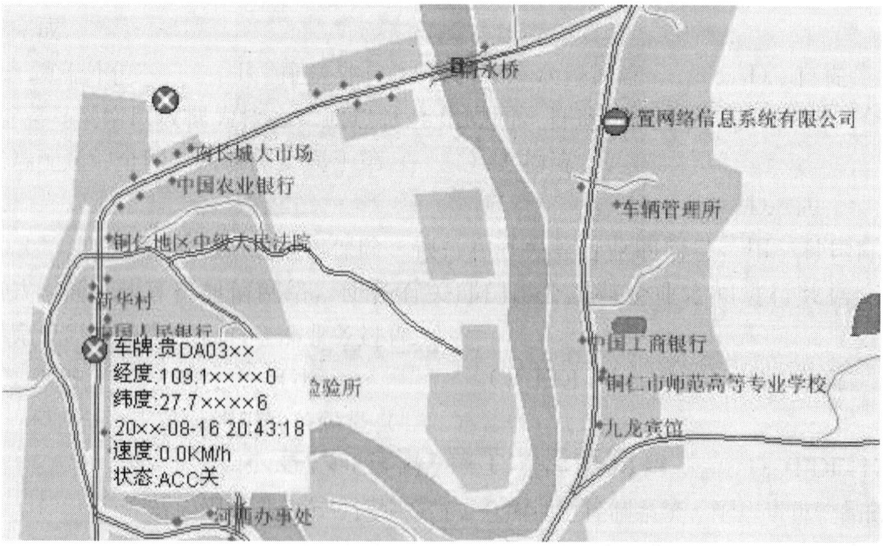

图 3-2-25　GPS 显示运输工具地理位置信息

2. 双向通信功能

网络 GPS 的用户可使用 GSM 的话音功能与司机进行通话，或使用本系统安装在运输工具上的移动设备的汉字液晶显示终端进行汉字消息收发对话。

驾驶员通过按下相应的服务键、动作键，将该信息反馈到网络 GPS，质量监督员可在网络 GPS 工作站的显示屏上确认其工作的正确性，了解并控制整个运输作业的准确性（发车时间、到货时间、卸货时间、返回时间等）。

3. 动态调度功能

调度人员能在任意时刻通过调度中心发出文字调度指令，并得到确认信息。

（1）可进行运输工具待命计划管理。操作人员通过在途信息的反馈，在运输工具未返回车队前即做好待命计划，可提前下达运输任务，减少等待时间，加快运输工具周转速度。

（2）可进行运能管理。GPS 将运输工具的运能信息、维修记录信息、车辆运行状况登记处、司机人员信息、运输工具的在途信息等多种信息提供给调度部门，以提高实载率，尽量减少空车时间和空车距离，充分利用运输工具的运能。

4. 数据存储、分析功能

实现路线规划及路线优化，事先规划车辆的运行路线、运行区域，以及何时应该到达什么地方等，并将该信息记录在数据库中，以备以后查询、分析使用，如图 3－2－26 所示。

图 3－2－26　车载 GPS 导航

（1）可进行可靠性分析。调度中心通过汇报运输工具的运行状态，了解运输工具是否需要较大的修理，预先做好修理计划，计算运输工具平均天差错时间，动态衡量该型号车辆的性能价格比。

（2）可进行服务质量跟踪。在调度中心设立服务器，让有权限的用户能异地获取车辆的有关信息（运行状况、在途信息、运能信息、位置信息等用户关心的信息）。同时还可以将客户索取的位置信息用对应的地图传送过去，并将运输工具的历史轨迹印在上面，使该信息更加形象化。

依据资料库储存的信息，可随时调阅每台运输工具以前的工作资料，并可根据各管理部门的不同要求制作各种不同形式的报表，使各管理部门能更快速、更准确地做出判断及提出新的指示。

三、GIS 概述

地理信息系统（Geographic Information System，GIS）是在计算机硬、软件系统支持下，对整个或部分地球表层（包括大气层）空间中的有关地理分布数据进行采集、储存、管理、运算、分析、显示和描述的技术系统。

GIS 是一种具有信息系统空间专业形式的数据管理系统，其主要特征是存储、管理、分析与位置有关的信息。GIS 的主要作用是将表格型数据（无论它来自数据库、电子表格文件，还是直接在程序中输入）转换为地理图形显示，然后对显示结果浏览、操作和分析。其显示范围从洲际地图到非常详细的街区地图，显示对象包括人口、销售情况、运输线路和其他内容。

四、GIS 技术在物流中的应用

1. 配送中心的布局和配送点的分布

随着经济的发展，物流配送呈现跨地区、跨国家的趋势，但大多数情况下都是经过配送中心和配送点转移到消费者手中。不合理的配送中心和配送点的分布会造成配送成本的增加、服务效率的降低。因此，可以利用 GIS 强大的空间网络分析功能，使其分布趋于合理。

2. 最佳路径的选择

在收到订单后，如何以最小的运输成本、最短的运输距离和最短的时间完成配送，可以借助 GIS 的图形表达功能显示最佳的路线，使配送成本最低，如图 3－2－27 所示。

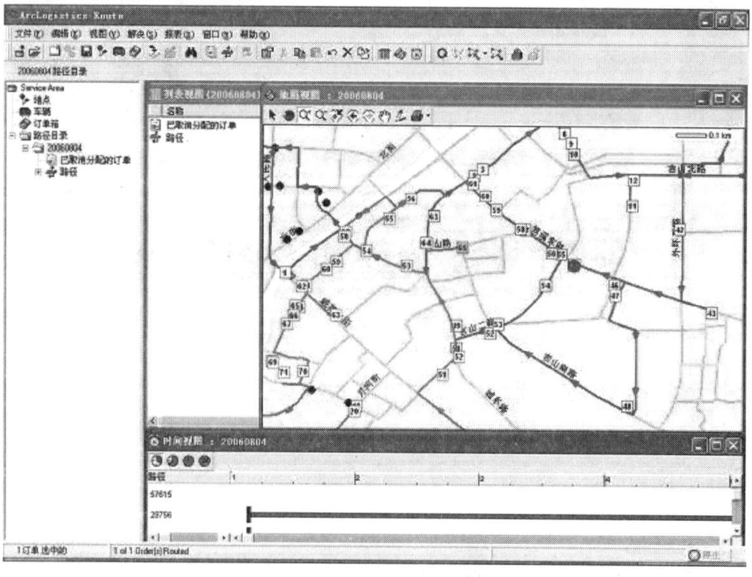

图 3－2－27　GIS 最佳路径选择

3. 物流配送的可视化表达和物流配送的动态监测

可以将纸面上的表格和图形通过 GIS 转化为空间网络图，使物流信息更加形象化和直观化。借助于物流配送的动态空间网络图，可以实时监测物流配送的动态，发现影响物流配送的症结，从而使整个配送过程货畅其流，资尽其用。

活动实施

李明想去附近的银行取点钱，可是他刚到这里人生地不熟，于是他拿出手机，打开百度地图 App，地图上立刻显示出了他的位置。可见，手机定位给人们的生活带来了极大的便利，请以小组为单位，完成以下内容。

步骤 1：打开高德开放平台首页（http://lbs.amap.com），如图 3－2－28 所示，查看高德地图的功能和服务，了解地图、定位、导航、路线规划、搜索、室内地图、室内定位功能的作用和应用场景。

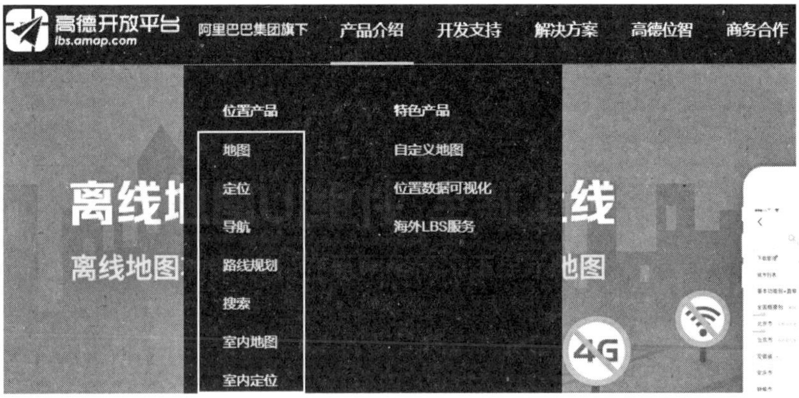

图 3－2－28　高德开放平台首页

步骤 2：学生分组，分别体验 O2O、电商、出行类应用的 App，思考这些应用 App 所使用的地图能实现什么功能，将相关信息截屏下来作为佐证。

方案一：开启手机定位服务，打开美团 App，查找“附近”的美食，了解其排序方法（截屏），选择一家餐厅，在地图上查看其位置信息（截屏）和公交、驾车、步行路线（截屏）。选择“外卖”，查找附近的外卖商家，了解其排序方法（截屏），选择一家餐厅下单，随时关注订单状态，将关键时间节点的订单状态和骑手在地图中的位置、距离、时间、路线等信息截屏保存。

方案二：利用京东 App，或者在电脑上打开京东主页，选择一件京东自营商品，下单支付。然后单击“我的订单”，单击“订单详情”，观察文字版的物流状态信息，如图 3－2－29 所示。单击“查看地图”，查看地图上的商品位置、距离、所需时间、配送员信息、订单轨迹，直到配送完成，将其截屏下来。

方案三：开启手机定位服务，打开滴滴出行 App，查看地图上自己的位置、附近的出租车（截屏），输入“目的地”，呼叫出租车，待司机应答后，观察出租车的位置变化、距离、所需时间、行车路线、司机信息等信息并截屏保存。

图 3-2-29　京东订单详情（电脑网页版）

步骤 3：按照手机 App 的应用流程，将截屏信息整理成 PPT，向全班同学汇报。

步骤 4：回答下列问题。

（1）手机是如何获取用户的实时位置的？

答：____。

（2）除了基于 GPS 进行定位，手机还可以基于什么进行定位？

答：____。

（3）电子地图和 GIS 有哪些区别与联系？

答：____

____

合作实训：请各小组分组合作，利用 RFID 手持终端完成货物的入库、盘点、出库作业。

任务三　电商最后一公里模式创新

【任务描述】

越来越多的消费者选择网购，快递行业也越来越高效、快捷，服务也更人性化，订单基本上都可以选择送货上门，然而这也给买家、快递员、保安、物业等人员带来了一些苦恼，如图 3-3-1 所示。

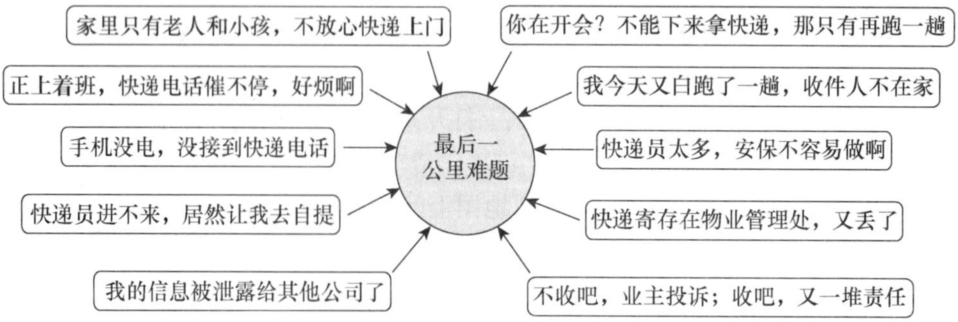

图 3-3-1　最后一公里难题

为此，2015 年 5 月 15 日，商务部发布了“互联网＋流通”行动计划，提出将努力解决“互联网＋流通”的两个瓶颈问题。一是解决“最后一公里”问题，如积极发展中小城市和农村电商，完善其快递配送、物流仓储等基础设施；二是打破“最后一百米”的瓶颈，鼓励电商进社区、推广线上线下互动、创新服务民生方式等。

活动一 认识众包物流

知识窗

一、众包物流的概念

基于众包理念的物流模式，是将原由专业物流企业员工承担的末端配送工作，转交给企业外的大众群体来完成。在平台注册的社会公众可以根据自己的出行计划、地理位置、途经路线等信息进行抢单，完成任务后获取合理报酬。

二、众包物流兴起的原因

随着移动互联网时代的到来，越来越多的餐饮、零售企业实现了线上与线下（O2O）的无缝对接和深度融合。同城配送尤其是末端的最后三公里业务订单量日益激增，传统物流行业越发难以处理每天如此庞大的业务单量，而自建物流又面临着成本过高的许多问题，于是以信任为基础的众包模式不知不觉间成为解决同城配送的最佳方式。众包物流迎来了“互联网＋流通”的最好时代，也重新定义了时间与成本的意义。

三、众包物流的特点

1. 能够有效地整合资源，成本低

众包模式的快递员都是根据自身情况自愿兼职的人，人力资源成本大大降低。除此之外，它有利于有效地整合社会上的闲置资源，提高效率，缩短配送时间。

2. 提高送达效率，速度快

众包物流模式下，物流企业分布于全国各地，能够提供附近的人员进行上门取货和送货到家的门到门服务，相比传统模式，大大减少了取件派件的时间，提高了效率。

3. 一定程度上会影响物流安全和服务质量

相较于快递公司的专业快递员，众包物流模式下的快递员大多是兼职人员，培训时间较短、专业技能较欠缺、考评指标不够完善、监管不足，更容易导致货物在寄递过程中出现丢件、损坏、调包、延误等问题。

活动实施

共享经济的时代下，众包物流模式有效地对接了“有钱没闲”和“有闲差钱”的两大人群。下面，我们就来认识一些物流众包平台。

步骤 1：登录饿了么官网（https://www.ele.me/home），拉到页面底部，如图 3－

3-2所示，单击“蜂鸟配送”，进入蜂鸟配送主页，如图3-3-3所示，单击“关于我们”，了解蜂鸟配送的简介，单击“配送端”，了解蜂鸟骑手和蜂鸟众包。下载蜂鸟众包App，注册登录之后，利用课余时间体验一下蜂鸟众包的接单机制、送单流程、每单提成、薪资结算。

步骤2：登录达达-京东到家的官网（http://www.imdada.cn），如图3-3-4所示，单击“关于我们”，了解达达-京东到家的简介，单击“达达骑士”，下载达达骑士App，注册登录，利用课余时间体验一下达达骑士的接单机制、送单流程、每单提成、薪资结算。

图3-3-2　饿了么官网首页底部

图3-3-3　蜂鸟配送官网首页

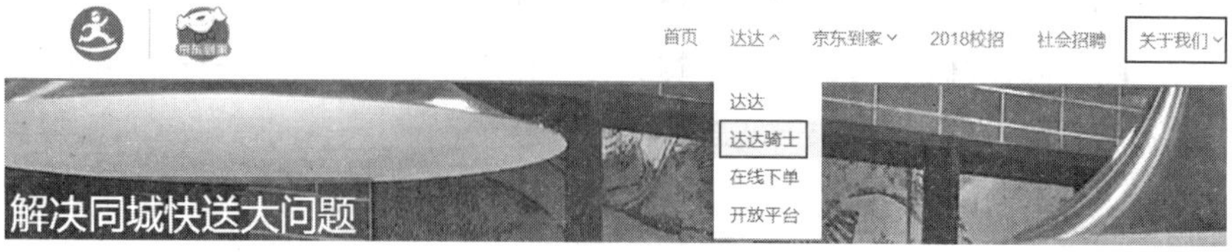

图3-3-4　达达-京东到家官网首页

步骤3：在互联网上搜索资料、下载手机App，体验了解其他物流众包品牌，如美团众包、人人快送、闪送等。

步骤 4：各小组分配一个众包品牌，去查找资料、体验 App，然后派代表分享该众包品牌的接单机制、送单流程、每单提成、薪资结算。

视野拓展

电商众包物流模式简析

活动二　了解自提点

知识窗

一、自提点

快递自提点简称自提点，是指电子商务公司在线下建立的客户收取包裹的网点。目前主要设置自提点的公司有天猫、京东、淘宝、苏宁等电子商务行业巨头。2015 年 6 月 6 日，顺丰、申通、中通、韵达、普洛斯宣布将共同投资 5 亿元布局丰巢智能快递柜，这是五家快递公司首次布局自提终端。

二、自提点模式

现行的快递自提模式有四种运作模式。

第一种，电子商务公司自营的快递自提点，运作比较成功的有京东商城、苏宁易购、天猫商城和淘宝自提联盟。

第二种，快递公司为了收发件方便而自己运营和建立的快递自提点网络，以顺丰速运的自营店和顺丰便利店最为出名。

第三种，电子商务公司或者快递公司与便利店合作模式的快递自提点，如顺丰与 7-Eleven 便利店的合作，其他著名电子商务 B2C 网站与便利店、干洗店的合作等。

第四种，基于都市连锁式私人仓储公司的快递自提点模式，这种快递自提点是私人仓储公司利用自身仓储设施和仓库优势，代理国内绝大多数快递公司的快递收发业务和代理国内主要电子商务公司的快递包裹收送业务。此种自提点立足自身仓储点，辐射仓库周边三公里范围，协助快递公司与商家为周边客户提供快递送达、快递收件、客户快递自取等全方位解决方案。

活动实施

物流部经理召集全体部门员工开会，让员工阅读相关报道，了解各电商公司自提点。

步骤 1：了解电商公司自建自提点。登录京东商城（http://www.jd.com），将页面拉至底端，如图 3-3-5 所示，单击“上门自提”，了解关于自提的相关知识。

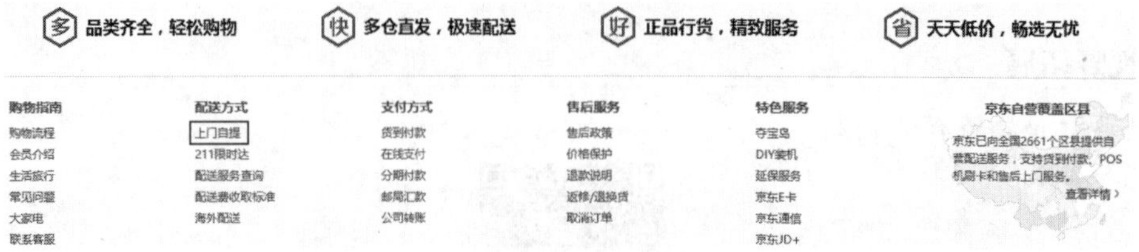

图 3-3-5　京东商城首页底部

回答下列问题。

（1）“快递员送货上门＋自提点取货”成为客户自由选择的配送方式，基于此，京东也将在最末端形成一个庞大的自提点网络，京东在你的收货地址所在地区有________个城市自提点和校园营业厅。

（2）请简要介绍京东的自提流程。

答：____

____

____

（3）查找离你最近的京东自提点，去走访调研代收代寄流程、代收免费时长等。

步骤 2：了解快递公司自建自提点。登录顺丰速运官网（http://www.sf-express.com/cn/sc），如图 3-3-6 所示，单击“服务网点查询”，了解顺丰的服务网点。

图 3-3-6　顺丰速运首页

回答下列问题。

（1）顺丰速运的服务网点类型有________________________。

（2）请简要介绍顺丰优选店的服务优势。

答：____

____

____

（3）查找离你最近的顺丰优选店，如图 3－3－7 所示，去走访调研其代收代寄流程、代收免费时长等。

图 3－3－7　顺丰优选店

步骤 3：了解快递公司与电商公司合作建立的自提点。登录菜鸟驿站网站（https://yz.cainiao.com），如图 3－3－8 所示，了解菜鸟驿站的服务类型、合作优势、入驻标准等。

图 3－3－8　菜鸟驿站首页

回答下列问题。

（1）请简单介绍菜鸟驿站及其服务项目。

答：______________________________

____

____

（2）你所在的学校有没有加盟菜鸟驿站？如果有，请走访调研其代收代寄流程、代收免费时长等。如果没有，请思考学校该从哪些方面着手准备。

答：______________________________

____

____

步骤 4：了解快递公司与连锁商店、社区商业设施、小区物业、校园邮局等合作建立的自提点。例如，菜鸟网络与美宜佳、农工商超市、喜士多便利店等合作开展自提业务，如图 3-3-9 所示。所有带“SF”标识的便利店、洗衣店等都是顺丰授权代办点，可免费提供寄件和代收件服务。

图 3-3-9　农工商超市集团—好德便利店

回答下列问题。

(1) 你所在的城市有哪些连锁便利店品牌？

答：____

(2) 寻找你附近的连锁便利店，如 7-Eleven、全家 FamilyMart、快客、美宜佳等，走访了解它们是否提供代收代寄包裹服务，如果提供，了解其代收代寄的流程、代收免费时长等。走访调研后，完成表 3-3-1。

表 3-3-1　连锁便利店代收代寄包裹服务情况

便利店名称	是否提供代收代寄包裹服务	代收流程	代收免费时长	代寄流程

活动三　了解智能快递柜

知识窗

一、智能快递柜

智能快递柜是一个基于物联网的，能够将物品（快件）进行识别、暂存、监控、管理的设备。可以与 PC 服务器一起构成智能快递投递箱系统。PC 服务器能够对本系统的各个快递投递箱进行统一化管理（如快递投递箱的信息、快件的信息、用户的信息等），并对各种信息进行整合分析处理。快递员将快件送达指定地点后，只需将其存入快递投递箱，系统便自动为用户发送一条短信，包括取件地址和验证码，用户在方便的时间到达该终端前输入验证码即可取出快件。该产品旨在为用户接收快件提供便利的时间和地点。

二、智能快递柜应用

广州邮政从 2015 年 12 月 20 日至 2016 年 1 月 31 日特别推出了 1 元寄全城体验活动，市民通过市区内“蜜蜂箱”自助寄件就可以以 1 元的优惠价格邮寄广州同城 20 公斤以内的物品，如图 3－3－10 所示。便捷的智能快递柜，大大方便了人们的生活。

图 3－3－10　邮政蜜蜂箱

活动实施

目前，智能快递柜被认为是解决包裹“最后一百米”的一种较为经济有效的方式。快递员只要将包裹暂时保存在投递箱内，并将投递信息通过短信等方式发送给用户，用户即可获得 24 小时自助取件服务。对于电商和快递公司而言，这不但减轻了快递员的工作压力，还能确保快递的时效性，对提升电商的物流水平起到重要的支撑作用。智能快递柜主要有电商企业自建自用、快递企业自建自用和第三方平台共用型三种运营模式。

步骤 1：了解电商企业自建自用智能快递柜。早在 2013 年，京东就在北京、沈阳两地成功投放自提柜业务，消费者可 24 小时随时取货。

登录京东商城（https://www.jd.com），了解自提柜的相关问题，打开网址https://help.jd.com/user/issue/422—1334.html，查询你所在城市的自提柜数量。

回答下列问题：

（1）请问京东在你所在城市有________个自提柜。

（2）自提柜内的商品可以保留________日。

步骤 2：了解物流企业、快递企业自建自用智能快递柜。2015 年 6 月 6 日，顺丰、申通、中通、韵达、普洛斯共同投资创建了丰巢科技有限公司，打造丰巢智能快递柜。

登录丰巢官网（http://www.fcbox.com），如图 3－3－11 所示，了解公司介绍、物流信息查询、服务站查询、网络布局。单击“产品介绍”，了解智能柜类型、业务类型。

图 3－3－11　丰巢首页

回答下列问题。

（1）请简要介绍丰巢快递柜的定位。

答：____

（2）在丰巢官网、手机 App、微信公众号上可以查询________________________五大快递公司的物流信息。

（3）体验丰巢快递柜的自助寄件和取件服务，请简要描述作为消费者如何自助寄件和取件，并了解包裹免费存放的时间。

答：____

____

____

步骤 3：了解第三方平台共用型智能快递柜。如富友收件宝（http://www.bianmin24.com/index）和递易智能（http://www.diyibox.com），登录它们的官网，了解其公司简介、产品系列。

视野拓展

智能快递柜日益普及，中邮速递易成关注焦点

活动四 探讨无人机送货

知识窗

一、无人机

无人驾驶飞机简称无人机（UAV），是利用无线电遥控设备和自备的程序控制装置操纵的不载人飞行器。无人机实际上是无人驾驶飞行器的统称，从技术角度定义可以分为无人固定翼飞机、无人垂直起降飞机、无人飞艇、无人直升机、无人多旋翼飞行器、无人伞翼机等。与载人飞机相比，无人机具有体积小、造价低、使用方便、对作战环境要求低、战场生存能力较强等优点。由于无人驾驶飞机对未来空战有着重要的意义，世界各主要军事国家都在加紧进行无人驾驶飞机的研制工作。2013 年 11 月，中国民用航空局（CA）下发了《民用无人驾驶航空器系统驾驶员管理暂行规定》，由中国 AOPA 协会负责民用无人机的相关管理。根据该《暂行规定》，中国内地无人机操作按照机型大小、飞行空域可分为 11 种情况，其中仅有 116 千克以上的无人机和 4 600 立方米以上的飞艇在融合空域飞行由民航局管理，其余情况，包括日渐流行的微型航拍飞行器在内的其他飞行，均由行业协会管理，或由操作手自行负责。

二、无人机快递

无人机快递，即通过利用无线电遥控设备和自备的程序控制装置操纵的无人驾驶的低空飞行器运载包裹，自动送达目的地，其优点主要在于解决偏远地区的配送问题，能提高配送效率、减少人力成本。缺点主要在于恶劣天气下无人机会送货无力、在飞行过程中无法避免人为破坏等。

2018 年 2 月 5 日，京东率先拿到在陕西全省范围进行无人机物流配送的“身份证”（见图 3－3－12）。大数据显示，在乡村等偏远地区，无人机的末端配送效率比汽车派送至少提高五成，经济成本也显著降低。全国范围内，顺丰、苏宁等多家公司也都在进行无人机物流配送的研发。

图 3－3－12　无人机快递

活动实施

学生以小组为单位，搜集无人机相关资料，并完成以下内容。

步骤 1：教师布置任务，学生分组，每个小组完成一份。

步骤 2：组长分配任务，填写任务分配表，见表 3-3-2。

表 3-3-2　　任务分配表

组号		组长		
任务明细	搜索、整理资料	做记录	制作 PPT	汇报展示
成员分配				

步骤 3：全班阅读报道。

视野拓展

1. 京东用无人机送出首个订单

2. 无人机物流大战蓄势待发，电商携新三板公司入局

步骤 4：在互联网上搜索与无人机有关的资料。

步骤 5：无人机的基本概念是什么？无人机送货是否可行？有哪些优势、劣势？在哪些物流领域可以适用？如果要大规模使用，还欠缺哪些条件？小组成员就此进行讨论、辨析，记录员记录每个人的发言、并整理成文档。

步骤 6：制作 PPT，要求条理清晰、内容准确、样式精美。

步骤 7：小组汇报展示，其他小组和教师共同评分，填写评分表，见表 3-3-3。

表 3-3-3　　评分表

汇报人组号			评分人组号	
评分点	数据和相关资料充分、翔实	内容符合逻辑、条理清晰	PPT 样式精美	声音洪亮，语言表达流畅、自然
分值	20 分	40 分	20 分	20 分

他评（别组）				
教师评分				
总计（他评×60%+教师评分×40%）				

视野拓展

1. 大数据+物流：用第三方仓储缩短最后一公里

2. 苏宁物流完成架构搭建，布局到最后一公里

3. 无人车送快递

合作实训：下列电商平台均有自营物流或配送业务，请同学们6个人为一组，分别登录官方网站，查询相关信息，分析其最后一公里的物流模式，完成表3-3-4（A. 快递员送货上门　B. 众包物流　C. 自提点　D. 智能快递柜　E. 无人机　F. 其他）。

表3-3-4　各大电商公司（平台）最后一公里物流模式调查

平台名称	最后一公里的物流模式（可多选）	平台名称	最后一公里的物流模式（可多选）
京东商城		亚马逊中国	
苏宁易购		唯品会	
国美在线		饿了么	
海尔商城		美团外卖	

项目总结

通过本项目的学习，学生能认识到物流信息技术、合适的物流模式和最后一公里模式对电子商务企业的重要性，会应用常见的物流信息技术，了解行业中各大电商平台的

物流模式和最后一公里模式，并能根据企业的实际情况，做出最合适的选择。电子商务行业高速发展，流行趋势不断变化，学生要时常关注行业中的新趋势、新技术和新模式，活学活用，逐渐成长为行业的精英人才。

项目检测

一、单选题

1. 以市场为导向，以满足顾客要求为宗旨，获取系统总效益最优化的适应现代社会经济发展的模式是（　　）。

A. 电子商务物流　　B. 电子商务物流模式

C. 电子商务物流管理　　D. 电子商务物流系统

2. 京东商城采取的主要物流模式为（　　）。

A. 自营物流　　B. 物流外包

C. 自营物流与外包结合　　D. 物流仓储外包

3. 海尔商城采取的主要物流模式为（　　）。

A. 自营物流　　B. 物流外包

C. 自营物流与外包结合　　D. 物流一体化

4. 天猫商城采取的主要物流模式为（　　）。

A. 自营物流　　B. 物流外包　　C. 物流一体化　　D. 物流联盟

5. 中小型企业受人员、资金和管理资源的限制，物流管理效率难以提高，建议采用（　　）。

A. 自营物流　　B. 物流外包　　C. 物流一体化　　D. 物流联盟

6.（　　）是将原由专业物流企业员工承担的末端配送工作，转交给企业外的大众群体来完成。

A. 物流外包　　B. 配送外包　　C. 众包物流　　D. 自提

7. 菜鸟网络以数据为核心，通过社会化协同，打造了覆盖跨境、快递、仓配、农村、末端配送的全网物流链路，属于第（　　）方物流。

A. 一　　B. 二　　C. 三　　D. 四

8.（　　）是将贸易、运输、保险、银行和海关等行业的信息，用一种国际公认的标准格式，通过计算机通信网络，使各有关部门、公司与企业之间进行数据交换与处理，并完成以贸易为中心的全部业务过程。

A. POS　　B. GIS　　C. EDI　　D. 条码

9. 不适合物流单元使用的条码是（　　）。

A. EAN-13 码　　B. EAN-128 码　　C. SSCC-18 码　　D. PDF417 码

10.（　　）广泛应用于自动车号识别系统、仓库通道控制系统、配送贵重物品的保护。

A. GPS 技术　　B. GIS 技术　　C. 射频识别技术　　D. 条码技术

二、多选题

1. 电子商务物流模式包括（　　）。

A. 自营物流模式　　B. 第三方物流模式

C. 物流一体化模式　　D. 物流联盟模式

2. 第三方物流模式的优点是（　　）。

A. 有利于企业集中精力在核心业务　　B. 减少固定资产投资，降低投资风险

C. 充分发挥专业化管理和规模优势　　D. 为顾客提供更高水平的服务

3. 苏宁易购采取的物流模式有（　　）。

A. 自营物流模式　　B. 第三方物流模式

C. 门店自提　　D. 物流联盟模式

4. 采用自营物流模式的电商平台有（　　）。

A. 京东商城　　B. 海尔商城　　C. 苏宁易购　　D. 天猫商城

5. RFID 系统由（　　）组成。

A. 条码　　B. 标签　　C. 天线　　D. 阅读器

6. 2015 年 6 月 6 日，（　　）、韵达、普洛斯共同投资创建丰巢科技有限公司，打造丰巢智能快递柜。

A. 顺丰　　B. 申通　　C. 圆通　　D. 中通

7. 开展众包物流的电商平台有（　　）。

A. 美团外卖　　B. 饿了么　　C. 京东　　D. 苏宁易购

三、判断题

1. 射频识别技术需要识别系统与特定目标之间建立机械或光学接触。（　　）

2. RFID 技术将取代条码技术的主流地位。（　　）

3. 电子商务企业只能选择一种固定的物流模式。（　　）

4. 众包物流和物流外包基本上相同。（　　）

5. 物流公司和快递公司都是送货的服务公司，两者没有什么区别。（　　）

6. GIS 是在计算机硬、软件系统支持下，对整个或部分地球表层（包括大气层）空间中的有关地理分布数据进行采集、储存、管理、运算、分析、显示和描述的技术系统。（　　）

四、简述题

1. 简要说明射频识别技术与条码技术的区别。

2. 举例说明某电商平台在农村电商领域的物流模式是怎样的？最后一公里配送又是如何解决的？

五、趣味挑战

说新闻：分享一个最近的（一年内）关于电子商务的新趋势、新概念的报道或电子商务物流的大事件。

六、案例分析

美的集团 EDI 应用案例，摘选自中国物流与采购网。

阅读二维码中的案例，回答下列问题。

1. EDI 是什么？结合案例说明，美的在应用 EDI 之前和之后的业务流程有什么不同？应用 EDI 之后有哪些收益？

2. 举例介绍 EDI 在物流行业中的应用。

3. 基于 EDI 的电子商务和基于互联网的电子商务有哪些不同？

项目四 保障电子商务交易安全

情境导入

在“大众创业、万众创新”政策的引导下，电子商务专业的杨云同学决定一边学习一边创业。她试着在一些电子商务平台开通了自己的店铺，运营得也非常不错。但近期网络诈骗、电信诈骗频发，杨云的网络也常被攻击，这使她陷入了困境，她开始思索如何保障电子商务的交易安全。

电子商务的安全涉及技术、法律和管理等多领域。在技术上，需要一个有效的计算机网络安全体系，包括硬件和软件的全面防范，如建立防火墙，在一定的安全体系结构中采取加密技术，使交易过程在专门的安全协议控制之下；在法律上，要建立一套完整的法律体系，制定和完善各项法律法规；在管理上，要规范电子商务交易行为，制定交易中的标准和规范。

电子商务的一个重要技术特征是利用互联网技术来传输和处理商业信息，因此，电子商务安全从整体上可分为两大部分：计算机网络安全和商务交易安全。

项目目标

知识目标

- 了解电子商务面临的安全威胁，明确电子商务安全的需求与防范。
- 熟练掌握保障电子商务安全的方法与技术。
- 熟知电子商务安全不断完善的管理政策与法规制度。

技能目标

- 了解计算机病毒并进行防御。
- 能根据安全策略，进行网络环境的配置和防火墙的设置。
- 理解数字加密技术的原理并掌握数字加密技术的具体方法。
- 能进行数字证书的申请、下载、安装、导入、导出等操作。
- 在电子商务交易中能够使用电子商务安全技术协议。

➢ 在电子商务交易活动中遵守电子商务法律法规和电子商务规则，诚信交易。

情感目标

➢ 培养学生风险防范意识。
➢ 塑造学生诚信的商务意识。
➢ 提高学生团队协作和沟通能力。
➢ 能够与时俱进，时刻关注电子商务安全方面的新科技、新规则。

任务一　电子商务安全认知与防范

【任务描述】

杨云和同班的李雷、钱进合伙注册了微来电子商务公司，他们新购进了一批计算机，在新装好的操作系统上开展电子商务业务。运行了一周后，先是一台计算机出现了无法运行的现象，不久整个公司的计算机系统都崩溃了，根本无法开展电商业务，电子商务交易面临安全威胁。为了更好地认识电子商务安全，他们打算分两个活动进行：了解计算机病毒、掌握 IE 浏览器的安全配置和使用。

活动一　了解计算机病毒

知识窗

一、计算机病毒的概念

计算机病毒是编制者在计算机程序中插入的破坏计算机功能或者数据，影响计算机使用并且能够自我复制的一组计算机代码或者程序，这组代码或程序被称为计算机病毒(Computer Virus)。计算机病毒具有寄生性、传染性、潜伏性和隐蔽性。

2017 年 1 月，中国互联网络信息中心（CNNIC）《第 39 次中国互联网络发展状况统计报告》指出，网络安全事件仍然对大部分网民构成影响。数据显示，2016 年遭遇过网络安全事件的用户占比达到整体网民的 70.5%，其中网上诈骗是网民遇到的首要安全问题，39.1%的网民遇到过此类网络安全事件，其次是设备中病毒或木马占 36.2%，如图 4-1-1 所示。因此了解计算机病毒对保障电子商务安全非常有必要。

二、计算机病毒的特点

计算机病毒具有以下几个特点。

1. 寄生性

计算机病毒寄生在其他程序之中，当执行这个程序时，病毒就起破坏作用，而在未启动这个程序之前，它是不易被人发觉的。

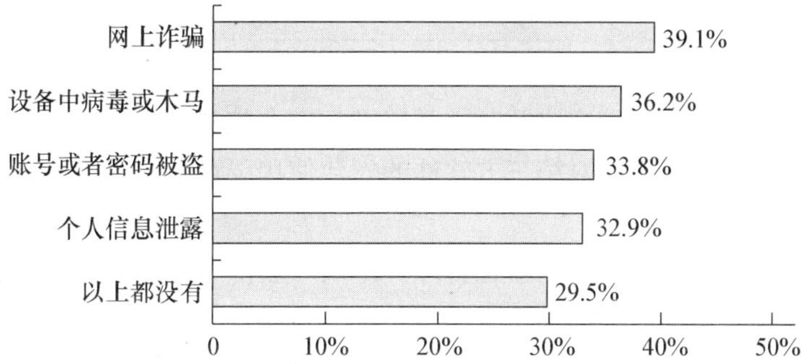

图 4-1-1　2016 年网民遭遇安全事件类别比例

2. 传染性

计算机病毒不但本身具有破坏性，更有害的是其具有传染性，一旦病毒被复制或产生变种，其传播速度之快令人难以预防。

3. 潜伏性

有些病毒像定时炸弹一样，让它什么时间发作是预先设计好的，比如黑色星期五病毒，不到预定时间一点都觉察不出来，等到条件具备的时候一下子就爆发，对计算机系统进行破坏。

4. 隐蔽性

计算机病毒具有很强的隐蔽性，有的可以通过病毒软件检查出来，有的根本就查不出来，有的时隐时现、变化无常，这类病毒处理起来通常很困难。

活动实施

国家计算机病毒应急处理中心是经公安部推荐，由原国信办于 2001 年批复成立的，是我国唯一的负责计算机病毒应急处理的专门机构，主要职责是快速发现和处置计算机病毒疫情与网络攻击事件，保卫我国计算机网络与重要信息系统的安全。

步骤 1：登录国家计算机病毒应急处理中心官网（http://www.cverc.org.cn/index.htm），单击“病毒监测周报和预报”，浏览近两周的病毒情况，完成表 4-1-1。

表 4-1-1　　病毒疫情周报表

序号	病毒名称	病毒特点

步骤 2：通过对以上监测结果进行分析，发现病毒数________，新增病毒数________，病毒疫情以________为主，________的数量呈上升态势，感染计算机的数量整体呈________态势，主要传播途径：________________________________。

存在的安全漏洞：____。

步骤3：可以采用的病毒防范措施如下。

(1) 重点单位的计算机用户应及时对系统进行安全扫描，安装系统补丁，修补操作系统和应用软件漏洞。特别是对第三方软件的安装使用要严格管理，对必须使用的第三方软件要保证及时更新。

(2) 网站管理者要加强网站的监督管理，定期对上传的Web网页文件进行比对，包括文件的创建时间、更新时间和文件大小等，及时发现异常的Web网页文件。一旦发现异常文件，应立即删除并更新。定期维护升级网站服务器，检查服务器所存在的漏洞和安全隐患。

(3) 政府网站和各大媒体网站等重点网站，很有可能被利用现有的漏洞进行挂马，或跳转到其他恶意网站，要采取相应措施，建立对重点网站的巡查机制，以便于及时发现问题。

(4) 及时下载安装操作系统和系统中应用软件的漏洞补丁程序，阻止各类病毒、木马等恶意程序入侵操作系统。

(5) 计算机用户在浏览Web网页时，务必打开计算机系统中防病毒软件的“网页监控”功能。同时，计算机用户应及时下载安装应用软件的最新漏洞补丁或将其更新为新版本，防止恶意木马利用漏洞入侵感染操作系统。

(6) 不要轻易打开来历不明的邮件，尤其是邮件的附件，不要随便登录不明网站。

(7) 使用U盘进行数据交换前，先对其进行病毒检查。同时，禁用U盘的自动播放功能，避免在插入U盘或移动硬盘时受到病毒感染。

(8) 做好系统和重要数据的备份，以便在遭受病毒侵害后及时恢复。

(9) 发现网络和系统异常，及时与国家计算机病毒应急处理中心或防病毒厂家联系。

视野拓展

除了国家计算机病毒应急处理中心，国家计算机网络应急技术处理协调中心在维护国家公共互联网安全、保障基础信息网络和重要信息系统的安全运行等方面也发挥着重要的作用。越来越多的IT公司加入网络安全的维护，如360安全卫士、瑞星等。请同学们在课外关注这些安全厂商，了解其在防御病毒和维护网络安全方面的趋势。

活动二　掌握IE浏览器的安全配置和使用

知识窗

IE浏览器是微软公司推出的一款网页浏览器，使用方便，功能强大。IE浏览器主要提供以下功能。

(1) 组件对象模型 (COM)。组件对象模型 (COM) 技术在 IE 浏览器里被广为使用。它允许第三方厂商通过浏览器帮助对象 (BHO) 添加功能，并且允许网站通过 ActiveX 提供丰富的内容。

(2) 安全架构。IE 浏览器使用一个基于区域的安全架构，它允许对大量的功能进行限制，也允许只对指定功能进行限制。

(3) 群组原则。IE 浏览器可通过组策略进行完全配置。Windows 服务器域管理员可以应用并强制一系列设定以改变用户界面 (例如禁止某些菜单项和独立的配置选项)，以及限制安全功能 (例如下载文件)、零配置、按站点设置、ActiveX 控件行为等。策略设置可以按每用户和每机器为基础进行设置。

(4) 网页标准。IE 浏览器使用了 Trident 排版引擎，几乎完整支持 HTML 4.01、CSS Level 1、XML 1.0 和 DOM Level 1，只是会有一些排版错误。它亦部分支持 CSS Level 2 和 DOM Level 2。

(5) 延展元件。IE 浏览器引进了一系列专利的网页标准延伸，包括 HTML、CSS 和 DOM，这使一些网站只可被 IE 浏览器正常显示。

(6) 安全性。由于 IE 浏览器支持 JavaScript 脚本和 ActiveX 控件等元素，在运行过程中存在很多安全隐患，如 IE 自动登录、Cookie 管理、自动完成、ActiveX 控件嵌入、历史记录等，这些都可以通过对 IE 浏览器中的 Cookie 或 Java 小程序脚本、ActiveX 控件、组策略进行配置，来提高 IE 浏览器的安全性。

活动实施

浏览器安全是保障电子商务安全的重要手段之一。以 Windows 7 系统下的 IE 8 (Internet Explorer 8) 浏览器为例，进行几步安全设置：一是利用组策略配置 IE 浏览器的安全选项；二是管理 Cookie，并对每一站点进行隐私操作设置；三是区域的安全设置；四是修改自动设置；五是清除 IE 浏览器中的浏览历史和临时文件。

步骤 1：利用组策略配置 IE 浏览器的安全选项。

在“运行”框中输入“gpedit. msc”并回车，打开组策略编辑器。选择“用户配置”→“管理模板”→“Windows 组件”→“Internet Explorer”，如图 4-1-2 所示。

(1) 限制 IE 浏览器的保存功能。操作步骤：选择“浏览器菜单”分支，启用文件菜单中禁用“另存为……菜单项”和“关闭浏览器和资源管理器窗口”；查看菜单中禁用“源文件菜单项”和禁用“将该程序保存到磁盘”选项等策略。

(2) 隐藏部分工具栏。选中“工具栏”分支，单击“配置工具栏按钮”策略，会弹出“配置工具栏按钮属性”对话框，在“设置”选项卡中选择“已启用”，勾选“已启用”按钮前面的复选框；反之，则隐藏某些工具栏，然后单击“确定”按钮，如图 4-1-3 和图 4-1-4、图 4-1-5 所示。

图 4-1-2　组策略编辑器窗口

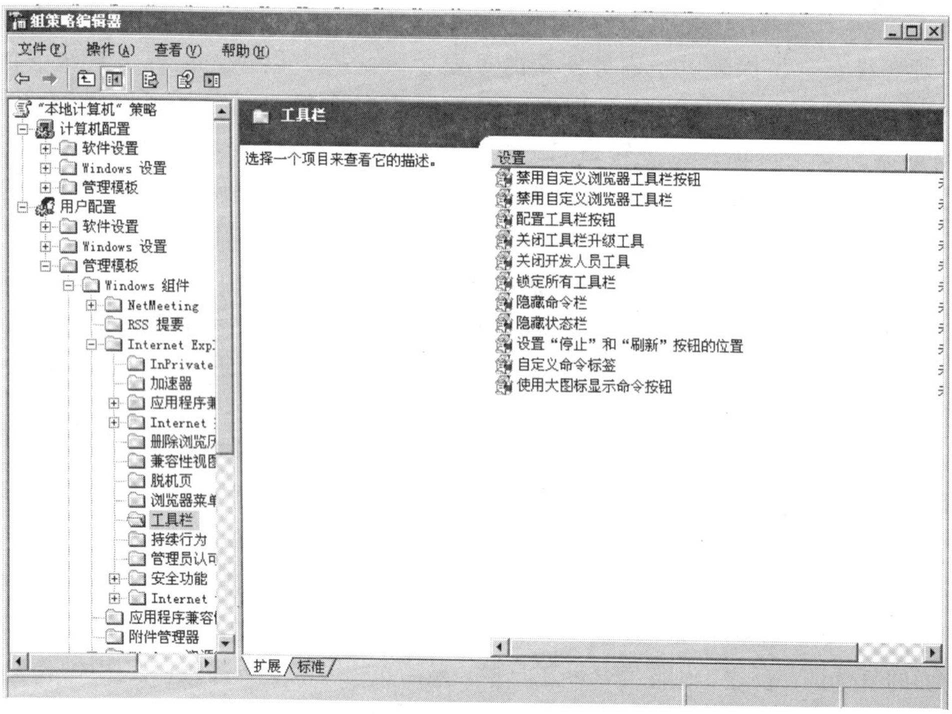

图 4-1-3　工具栏设置窗口

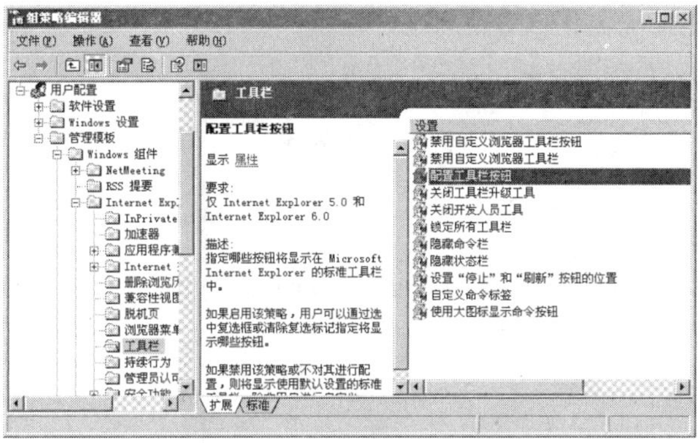

图 4-1-4　配置工具栏按钮对话框

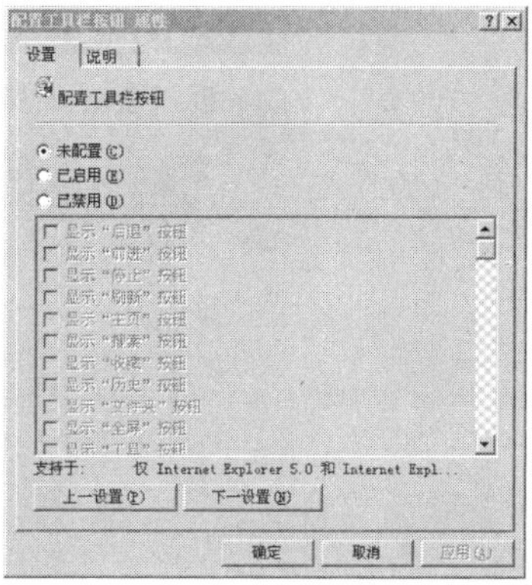

图 4-1-5　配置工具栏按钮属性对话框

(3) 锁定 IE 浏览器的设置。选择“Internet 控制面板”，右侧对话框弹出“设置”下拉菜单，如图 4-1-6 所示。

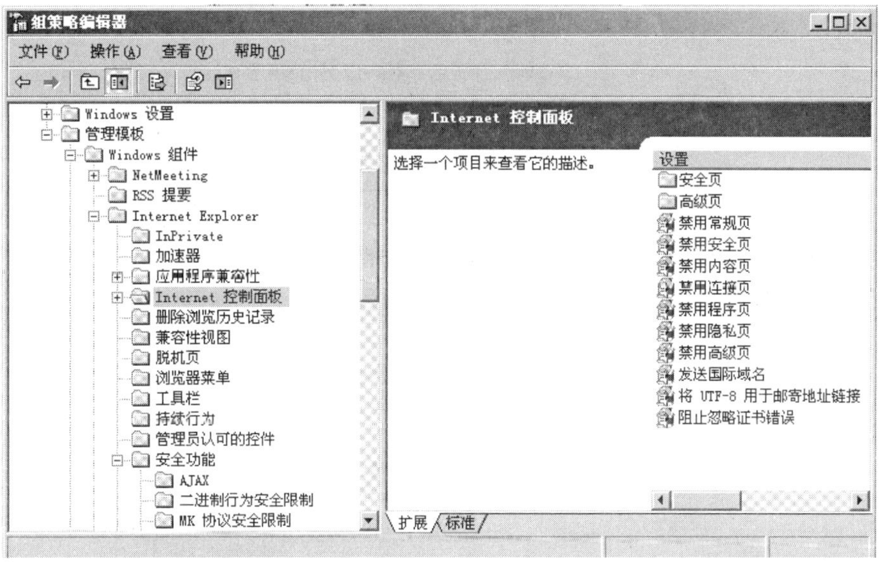

图 4-1-6　Internet 控制面板设置窗口

步骤 2：管理 Cookie，并对每一站点进行隐私操作设置。

(1) 在 IE 浏览器中，打开“工具”中“Internet 选项”的“隐私”选项卡，可移动滑块进行 Cookie 的隐私设置，从高到低划分为六个安全级别，如图 4-1-7 所示，分别为“阻止所有 Cookie”“高”“中高”“中”“低”“接受所有 Cookie”，系统默认级别为“中”。

(2) 具体站点隐私设置。单击“隐私”选项卡中的“站点”，可以在“每站点的隐私操作”中对每个站点进行隐私操作设置，在“网站地址（W）”中输入要管理的网站，单击“允许”或“阻止”，如图 4-1-8 所示，最后单击“确定”按钮完成站点的隐私设置。

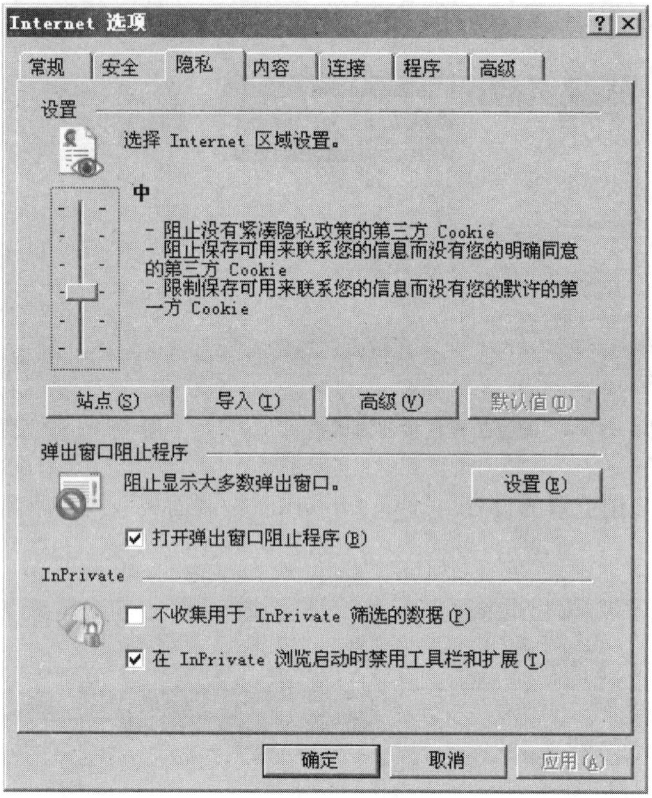

图 4-1-7　Internet 选项对话框中的隐私选项卡

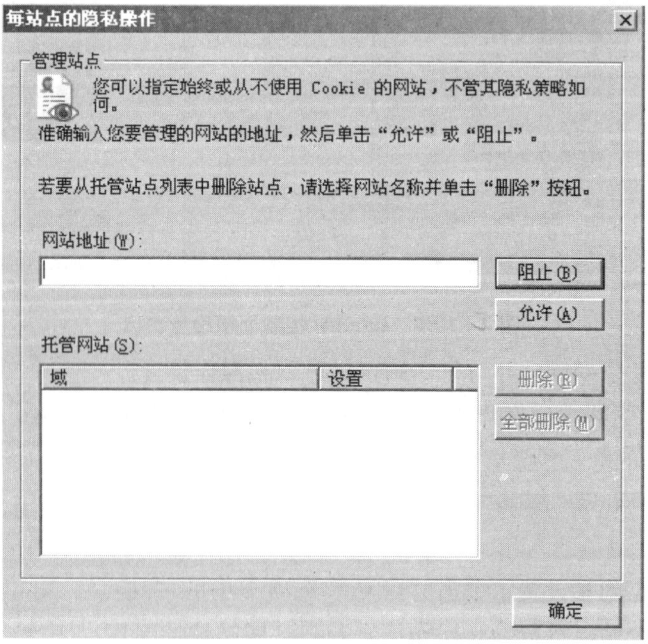

图 4-1-8　每站点的隐私操作对话框

（3）高级隐私策略设置。单击“隐私”选项卡中的“高级”，在弹出的“高级隐私策略设置”窗口中勾选“替代自动 cookie 处理（O）”和“总是允许会话 cookie（W）”，可对第一方 Cookie 和第三方 Cookie 进行设置匹配，共有六种方案，如图 4-1-9 所示。

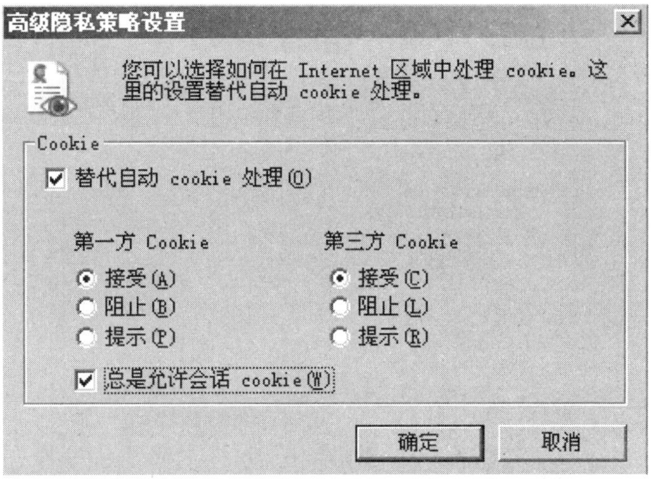

图 4-1-9　高级隐私策略设置

小贴士：

Cookie 是对浏览过的网站创建的文件，用于存储浏览信息，如访问者的网站偏好设置和个人的资料信息。共有两种类型的 Cookie：一种是第一方 Cookie 和第三方 Cookie，第一方 Cookie 指来自当前正在访问的网站使用的 Cookie，第三方 Cookie 指在当前访问站点以外的站点上嵌入广告或图片等使用的 Cookie；另一种是会话 Cookie，指访问者浏览网站时，该网站临时存储的一些信息，在关闭 IE 浏览器的同时，这些临时的 Cookie 也同时被删除。

步骤 3：区域的安全设置。

在网页中经常使用 Java 或 JavaApplet 小程序脚本、ActiveX 控件和插件，它们可能会获取网页访问者的用户标识、IP 地址、口令，甚至会在用户的计算机上安装某些程序或进行其他操作。为了确保安全，应该对 Java 或 JavaApplet 小程序脚本、ActiveX 控件和插件进行设置限制。

（1）在 IE 浏览器中，打开“工具”中“Internet 选项”的“安全”选项卡，如图 4-1-10 所示，可对“可信站点”“受限站点”“本地 Intranet”“Internet”进行安全设置。选中“可信站点”，可对所有可信站点的安全级别进行设置，共有“高”“中高”“中”“中低”四个选项和自定义级别进行设置。选中“可信站点”的“站点”按钮，输入不会损坏计算机和数据的站点并单击“添加”按钮，可信站点就设置完毕。对“受限站点”的设置与“可信站点”设置步骤相同，选中“受限站点”的“站点”按钮，输入可能会损坏计算机和数据的站点并单击“添加”按钮，就可完成受限站点的设置。“本地 Intranet”用于输入单位组织内部所有网站。“Internet”是对所有不在以上三个区域的站点进行设置。

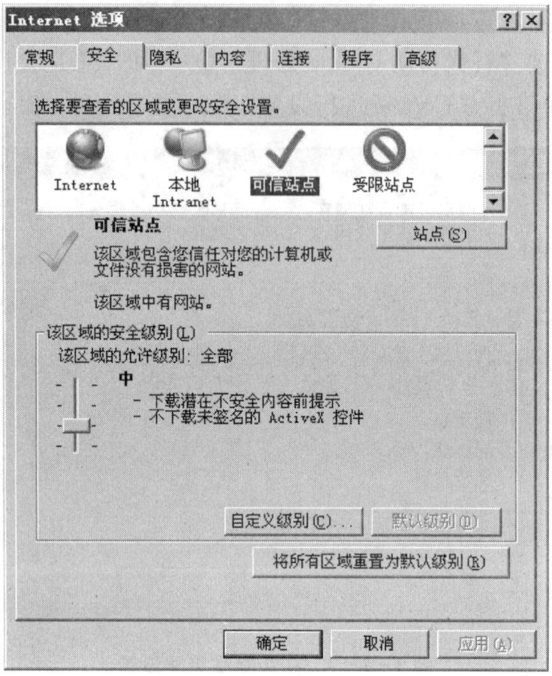

图 4-1-10 安全选项卡

（2）各区域已根据安全需要禁用或限制使用 Java、ActiveX 的控件和插件，用户可根据自己的安全需要进行设置。选中要设置的任一区域，在“该区域的安全级别”选项中单击“自定义级别”按钮，可以对“ActiveX 控件和插件”“Java”“脚本”“下载”“用户验证”等安全选项进行选择性设置，如“禁用”“启用”“提示”，如图 4-1-11 所示。

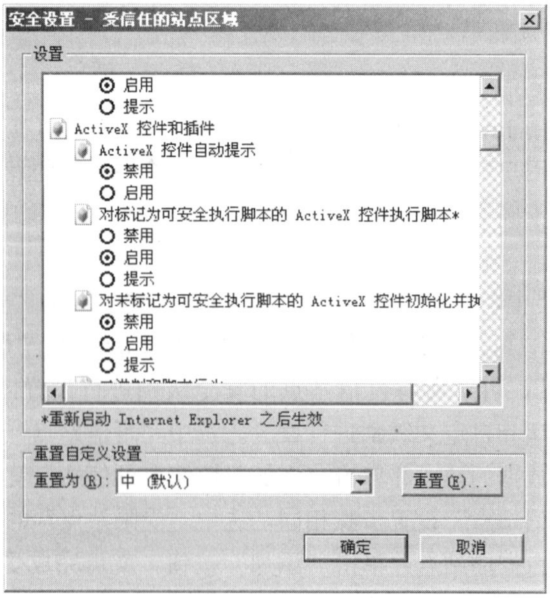

图 4-1-11 安全设置—受信任的站点区域

步骤 4：修改自动设置。

用户在第一次登录 Web 地址或使用表单、表单的用户名和密码时，如果同意保存密码，那么下次登录同样的 Web 地址和输入密码时，只需要输入开头部分，后面的信息就会自动完成，这给用户带来了方便，同时也留下了安全隐患，用户可以通过调整“自动完成”功能来设置。

(1) 打开 IE 浏览器，选择“工具”中“Internet 选项”的“内容”选项卡，单击“自动完成”选项区中的“设置”按钮。

(2) 在弹出的“自动完成设置”对话框中，取消选中“浏览历史记录（H）”“表单（F）”“表单上的用户名和密码（P）”前面的复选框，单击“确定”按钮，如图 4－1－12 所示。这样，再次打开这个站点时 IE 浏览器就不会记录这些信息，避免了密码、搜索信息等记录泄露的危险。

步骤 5：清除 IE 浏览器中的浏览历史和临时文件。

在上网过程中 IE 会把用户浏览的信息保存在历史记录和临时文件夹中，能提高下次上网的效率。但保存的信息过多，不仅会影响系统的运行速度，还会给用户带来安全隐患，其他用户通过 IE 的脱机浏览，也能轻松地翻阅浏览历史。这一安全隐患可以通过清除 IE 浏览器中的浏览历史及临时文件来解决。

在 IE 浏览器主页，打开“工具”中“Internet 选项”的“常规”选项卡，单击“删除（D）”按钮，可删除浏览历史记录，如图 4－1－13 所示。

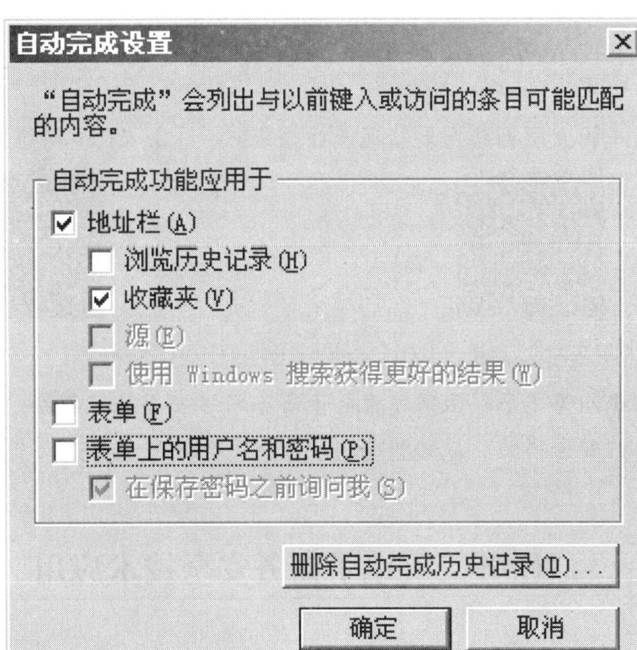

图 4－1－12 自动完成设置对话框

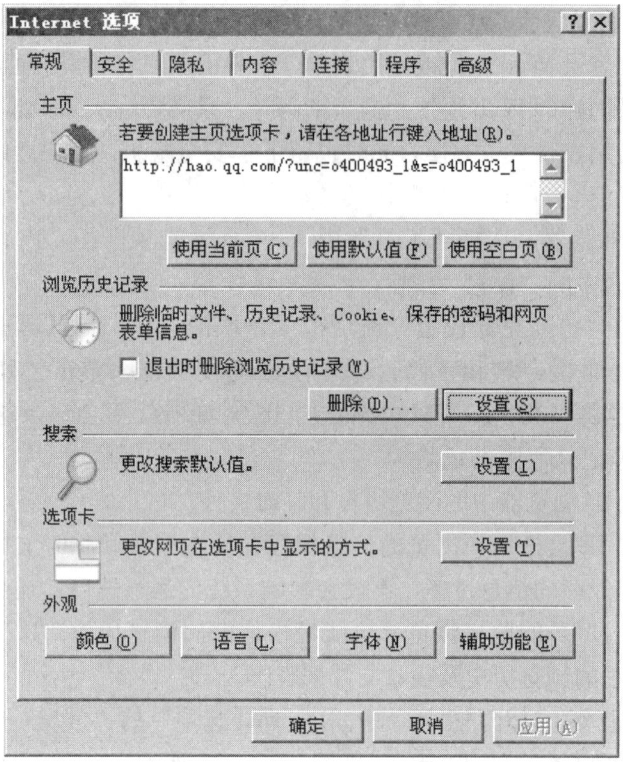

图 4-1-13　删除历史记录

视野拓展

1. 第 41 次《中国互联网络发展状况统计报告》

2. 2017 网络安全报告

合作实训：以小组为单位，上网搜索电子商务网络安全状况报告。每个小组准备一篇报告，总结网络的安全措施、威胁和漏洞，并制定一份电子商务安全策略。

任务二　电子商务安全技术应用

【任务描述】

微来电子商务公司成立初期，新购进一批计算机以开展电子商务业务，并在新的计算机系统中装上了杀毒软件，对各种浏览器也进行了安全设置。一天，杨云想要打开计算机开始工作，发现运行速度越来越慢，并且有些平台还不能登录，总是提示用户名或密码错误，她马上升级了杀毒软件进行杀毒，也没有解决问题，最后还是找专业公司的技术人员帮忙才解决。技术人员告诉他们，现在他们的网络仅有杀毒软件还不能确保电子商务业务的安全，必须有一整套的电子商务安全技术才能保障电子商务交易的安全。为了更好地掌握电子商务安全应用技术，杨云打算分四个活动进行：了解防火墙的配置和使用，数字加密、解密和签名，了解CA认证和数字证书，了解SSL协议和SET协议。

活动一　了解防火墙的配置和使用

知识窗

一、防火墙概述

防火墙是位于被保护网络和外部网络之间执行访问控制策略的一个或一组系统，包括硬件和软件，通过安全规则来控制外部用户对内部网资源的访问，相当于构成了一道屏障，以防止发生对被保护网络的不可预测的、潜在破坏性的侵扰。在逻辑上，防火墙是分离器、限制器，也是一个分析器。在物理上，防火墙通常是一组硬件设备。

1. 防火墙的功能

（1）监控并限制访问：防火墙通过采取控制进出内、外网络数据包的方法，实时监控网络上数据包的状态，并对这些状态加以分析和处理。

（2）控制协议和服务：防火墙对相关协议和服务进行控制，从而大大降低了因某种服务、协议的漏洞而引起安全事故的可能性。

（3）保护内部网络：针对受保护的内部网络，防火墙能够及时发现系统中存在的漏洞，对访问进行限制。

（4）网络地址转换：NAT可以缓解目前IP地址紧缺的局面、屏蔽内部网络的结构和信息、保证内部网络的稳定性。

（5）日志记录与审计：当防火墙系统被配置为所有内部网络与外部网络连接均需经过的安全节点时，防火墙会对所有的网络请求做出日志记录。典型的防火墙使用形态如图4-2-1所示。

2. 防火墙的安全策略

（1）一切未被允许的都是禁止的（限制政策）。防火墙只允许用户访问开放的服务，其他未开放的服务都是禁止的。这种策略比较安全，因为允许访问的服务都是经过筛选的，但限制了用户使用的便利性。

（2）一切未被禁止的都是允许的（宽松政策）。防火墙允许用户访问一切未被禁止的服务，除非某项服务被明确禁止。这种策略比较灵活，可为用户提供更多的服务，但安全性要差一些。

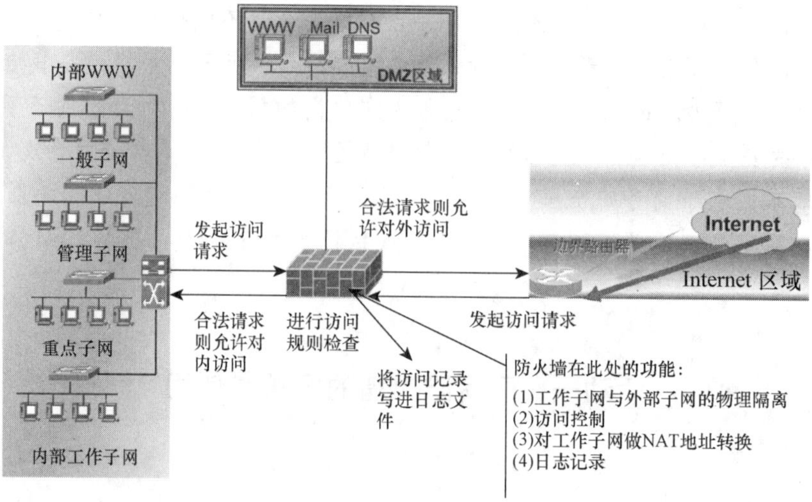

图 4-2-1 防火墙使用形态

3. 防火墙应用的局限性

(1) 不能防范不经过防火墙的攻击。

(2) 不能解决来自内部网络的攻击和安全问题。

(3) 不能防止受病毒感染的文件的传输。

(4) 不能防止数据驱动式的攻击。

(5) 不能防止系统安全体系不完善的攻击。

二、防火墙的技术

1. 包过滤技术

包过滤技术是所有防火墙的核心功能。事实上，包过滤是最早期的一种防火墙，是所有边界安全设置中的一种有效的组件。此外，与代理服务器相比，其优势在于不占用带宽。数据包过滤器检查数据包包头时会用一个新的包头代替原来的包头，再把原包头送到网络中的特定位置。

2. 代理服务技术

代理服务技术是在内部与外部的系统之间加一层服务器，让该服务器发挥中间代理功能，这样既可以保证内部用户安全地访问外部网，又可以很好地防止外部的攻击。由于代理访问的中间作用，攻击的也只是代理服务器，而不会是网络内部的系统资源。

3. 状态检测技术

状态检测技术是防火墙近几年才应用的新技术。传统的包过滤防火墙只是通过检测IP包头的相关信息来决定数据流是通过还是拒绝，而状态检测技术采用的是一种基于连接的状态检测机制，将属于同一连接的所有包作为一个整体的数据流看待，构成连接状态表，通过规则表与状态表的共同配合，对表中的各个连接状态因素加以识别。这里动态连接状态表中的记录可以是以前的通信信息，也可以是其他相关应用程序的信息，因此，与传统包过滤防火墙的静态过滤规则表相比，它具有更好的灵活性和安全性。

4. 网络地址转换（NAT）技术

NAT 技术在一定程度上弥补了包过滤器的缺点，可以隐藏被保护网络中主机的 IP 地址，以阻止攻击者获取被保护网络中的主机地址，从而阻止其向该主机发送携带病毒的信息或其他有害信息的数据。

活动实施

Windows 防火墙是一款基于主机的状态防火墙，Windows Server 2008 及以上版本的防火墙的功能：(1) 支持双向保护，可以对出站、入站通信进行过滤；(2) 它将 Windows 防火墙功能和 Internet 协议安全（IPSec）集成到一个控制台中，使用这些高级选项可以按照环境所需的方式配置密钥交换、数据保护（完整性和加密）以及身份验证；(3) Windows 防火墙还可以实现更高级的规则配置，可以针对 Windows Server 上的各种对象创建防火墙规则。

步骤 1：Windows 防火墙的基本设置。

Windows 防火墙已经成为 Windows 操作系统的一个不可或缺的部分，无论是否安装了第三方防火墙，Windows 系统防火墙都不应该被关闭。Windows 操作系统防火墙的基本功能包括：允许程序式功能通过 Windows 防火墙、更改通知设置、打开或关闭 Windows 防火墙和还原系统设置。可以依次单击“开始”→“控制面板”→“系统和安全”→“Windows 防火墙”进入 Windows 防火墙窗口，如图 4-2-2 所示。

(1) Windows 防火墙窗口的左侧是防火墙的一些基本设置，如更改通知设置、启用或关闭 Windows 防火墙、还原默认值和高级设置。

图 4-2-2　Windows 防火墙设置窗口

(2) 允许应用或功能通过 Windows 防火墙。单击 Windows 防火墙窗口左侧菜单中的“允许应用或功能通过 Windows 防火墙”后，如图 4-2-3 所示，可以看到常规配置没有端口配置，无法指定端口 TCP、UDP。如果需要了解某个功能的具体内容，可以在选择该项后，单击下面的“详细信息”进行查看。如果是添加自己的应用，可以通过

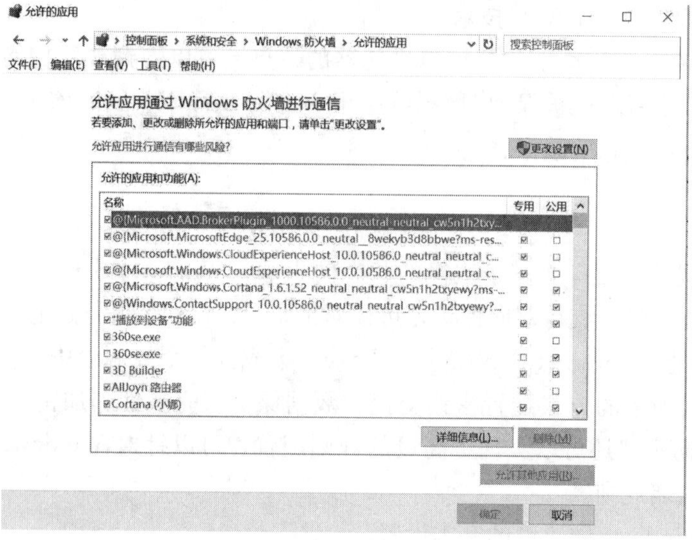

图 4-2-3　允许应用通过 Windows 防火墙进行通信

“允许其他应用”按钮进行添加，选择将要添加的应用程序名称。如果列表里没有，可单击“浏览”按钮找到该应用程序，再单击“打开”。

（3）单击“启用或关闭 Windows 防火墙”之后，出现防火墙的开关界面，如图 4-2-4 所示。不论在专用网络还是在公共网络，Windows 系统都是建议打开防火墙的。虽然打开防火墙之后会降低中招的风险，但也会阻止一些用户想要运行的程序。比如同寝室的同学想在一起联机玩个游戏，却不能连接局域网，有可能就是被防火墙阻止的。

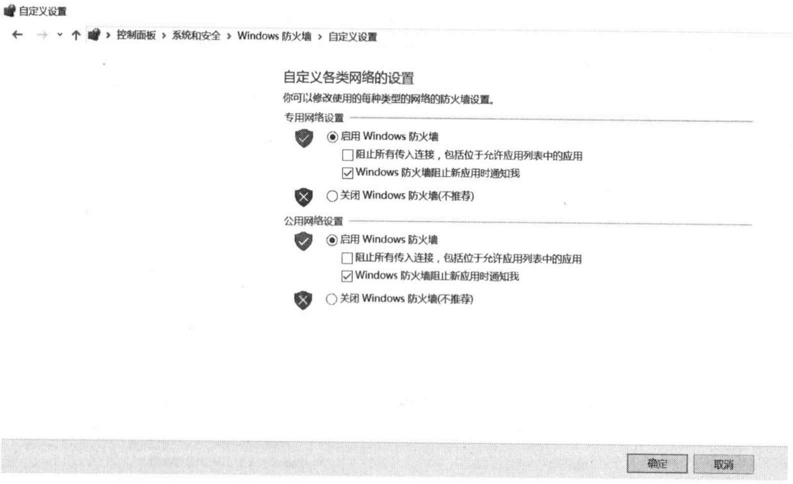

图 4-2-4　启用或关闭防火墙

步骤 2：Windows 防火墙的高级设置。

单击“高级设置”，弹出“高级安全”窗口。在 Win 10 高级防火墙配置中，通过使用配置规则来响应传入和传出流量，以便确定允许或阻止哪种数据流量。当传入数据包到达计算机时，防火墙检查该数据包，并确定它是否符合防火墙规则中指定的标准。如果数据包与规则中的标准匹配，则防火墙执行规则中指定的操作，即阻止连接或允许连接；如果数据包与规则中标准不匹配，则防火墙丢弃该数据包，并在防火墙日志中创建相应条目（如果启用了日志记录）。对规则进行配置时，可以从各种标准中进行选择，包括应用程序名称、系统服务名称、系统端口、IP 地址等，如图 4-2-5所示。

图 4-2-5 高级设置

在“高级设置”界面，单击“入站规则”可以查看通过 Windows 防火墙的程序规则。通过这个程序规则，用户可以增加或者删除自己想开放或者阻止的程序。同时，有些规则是没有必要的，可以单击右边的“删除”键删掉规则，如图 4-2-6 所示。

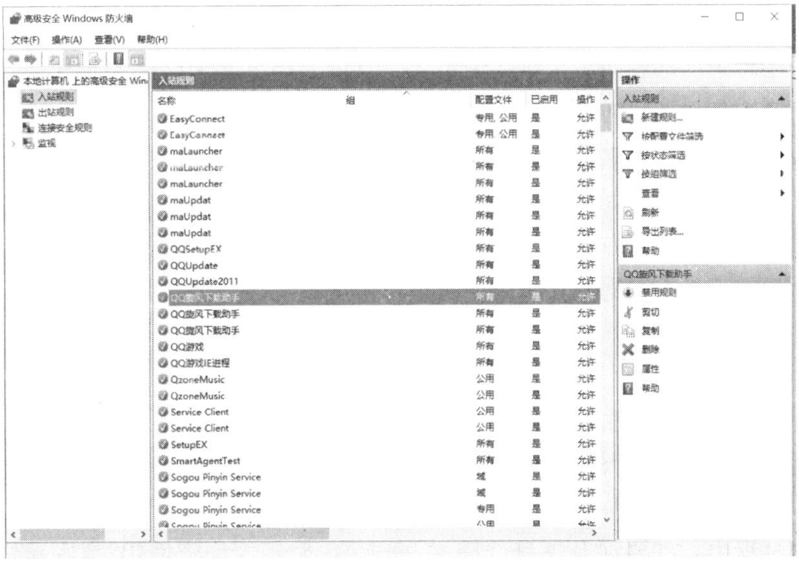

图 4-2-6 入站规则

用户还可以按照自己的需求进行新建规则的设置，如图 4－2－7 所示。

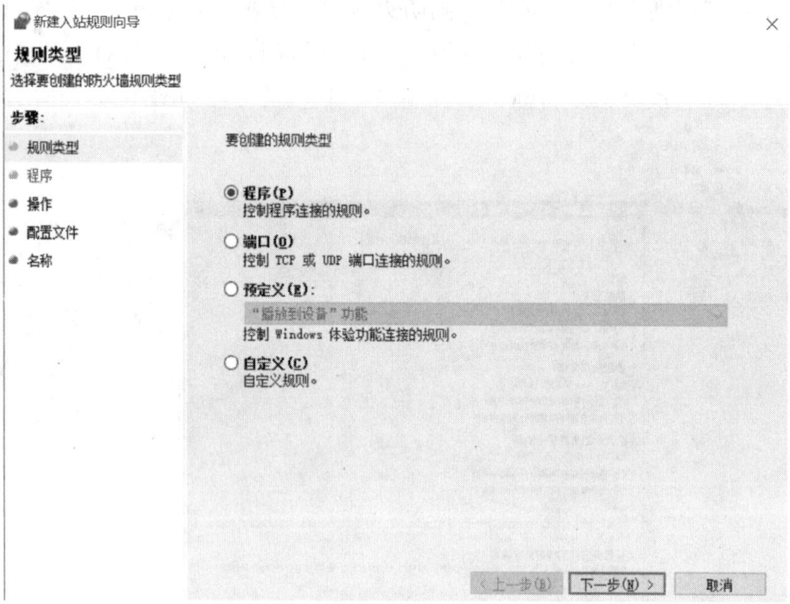

图 4－2－7 新建规则

做一做：在了解防火墙的原理和功能后，能够用某种防火墙来防护计算机，根据自身的需求对防火墙进行合适的设置。实训工具：瑞星个人防火墙 V16 的配置。

活动二 数字加密、解密和签名

知识窗

数据加密技术已经有两千多年的历史了，是网络中最基本的安全技术，主要是通过对网络中传输的信息进行数据加密来保障其安全性。利用加密技术，人们可以将某些重要信息和数据从一个可以理解的明文形式变换成一种复杂错乱的、不可理解的密文形式（即加密），在线路上传送或在数据库中存储，其他用户再将密文还原成为明文（即解密）。加密技术能避免各种存储介质上或通过互联网传送的敏感数据被侵袭者窃取。由于原文经过加密，具有机密性，所以加密技术也适用于检查信息的真实性与完整性。这是一种主动安全防御策略，用很小的代价即可为信息提供相当大的安全保护。

所谓加密技术，就是指采用数学方法对原始信息（通常称为“明文”）进行再组织，使加密后在网络上公开传输的内容对于非法接收者来说成为无意义的文字（加密后的信息通常称为密文）。而对于合法的接收者，因为其掌握正确的密钥，可以通过解密过程得到原始数据（即明文）。一条信息的加密传递的过程如图 4－2－8 所示。由此可见，在加密和解密过程中，都要涉及信息（明文/密文）、密钥（加密密钥/解密密钥）和算法（加密算法/解密算法）这三项内容。

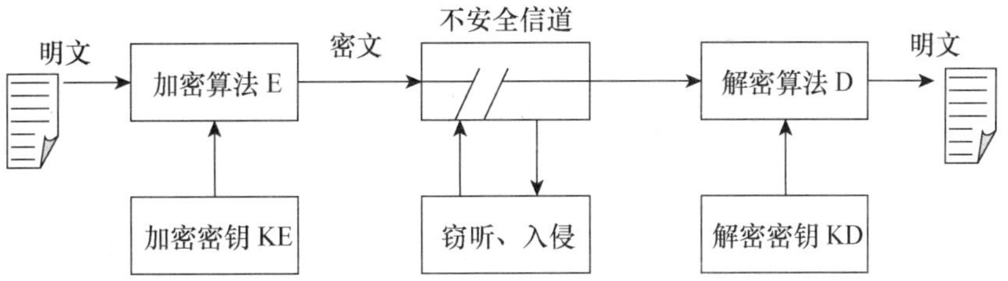

图 4-2-8　加密和解密的过程示意图

例如：采用移位加密法，将英文字母 A、B、C、D……X、Y、Z 分别对应变换成 D、E、F、G……A、B、C，即字母顺序保持不变，但使之分别与相差 3 个字母的字母对应。若现在有明文“Thank you”，则按照该加密算法和密钥，对应的密文为“Wkdqn brx”，加密算法是将明文字母后移 3 位，解密就是将密文字母前移 3 位，3 就是加解密的密钥，由它控制加解密的进行。如果信息在传输过程中被窃取，窃取者只能得到无法理解的密文，从而实现了保障信息传输的安全。数据加密技术是电子商务采取的主要安全措施，其目的在于提高信息系统及数据的安全性和保密性，防止数据被外部窃取破译。加密技术通常可以分为对称加密技术和非对称加密技术两种。

活动实施

使用 PGP 文件加密实现文件、邮件和磁盘加密。首先生成并导出密钥，包括一个公钥和一个私钥；然后找到要加密的文件或文件夹，创建密钥保护；在发送电子邮件之前选择加密和签名，提高邮件传输的安全性；通过新建虚拟磁盘或加密全盘或分区，实现磁盘加密。同学们按照老师的要求从网上查找并下载 PGP 软件，学习 PGP 软件的安装和使用后，两人一组用 PGP 对文件进行加密、解密和数字签名。

步骤 1：生成密钥。

（1）单击“开始”→“程序”→“PGP”→“PGPKeys”。

（2）在弹出的窗口的菜单栏中，选择“keys”→“New Key…”。

（3）在弹出的 PGP Key Generation Wizard（PGP 密钥生成向导）窗口中，单击“下一步”按钮，进入 Name and E-mail Assignment（用户名和电子邮件分配）界面，在 Full Name 处输入用户名，E-mail Address 处输入用户所对应的电子邮件地址，完成后单击“下一步”按钮。

（4）在 Passphrase Assignment（密码设定）界面，在 Passphrase 处输入需要的密码，在 Confirmation（确认）处再输入一次，密码长度必须大于 8 位。完成后单击“下一步”按钮。进入 Key Generation Progress（密钥生成进程），等待主密钥（Key）和次密钥（Subkey）生成完毕（出现 Done）。单击“下一步”按钮，进入 Completing the PGP Key Generation Wizard（完成该 PGP 密钥生成向导）再单击“完成”按钮，密钥对就创建好了，如图 4-2-9 所示。

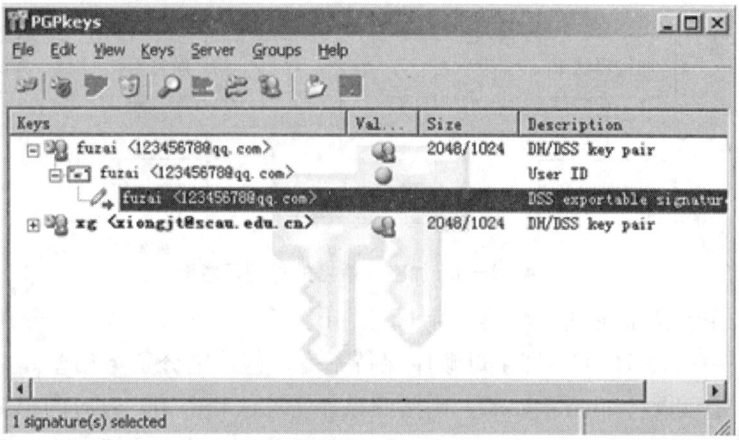

图 4-2-9　生成密钥对

步骤 2：导出并分发公钥。

（1）启动 PGPkeys，在 PGPkeys 界面可以看到刚创建的密钥对。显示密钥的一些基本信息，如 Validity（有效性）、Trust（信任度）、Size（大小）、Description（描述）等。这里的密钥是以一个“密钥对”形式存在的，其中包含一个公钥和一个私钥。然后从这个“密钥对”内导出包含的公钥。

（2）单击刚才创建的密钥对，再在上面右击，选“Export…”，在出现的保存对话框中选择一个目录，单击“保存”按钮，即可导出公钥，扩展名为“asc”，如图 4-2-10 所示。

（3）将所导出的公钥文件发给同组同学。

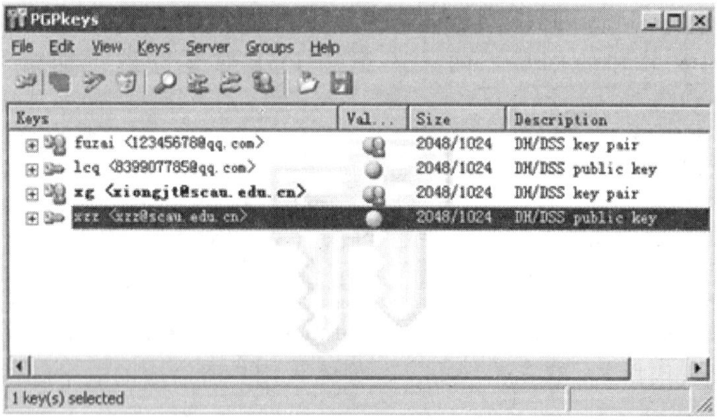

图 4-2-10　导出公钥

步骤 3：导入并设置其他人的公钥。

（1）导入公钥。接收者双击扩展名为“asc”的公钥，将会出现选择窗口，显示公钥的基本属性，如有效性、信任度等，便于接收者了解是否应该导入此公钥。选定后，单击“Import”按钮，即可导入 PGP。

（2）打开 PGPkeys，看到刚才导入的公钥，选中，右击，选 Key Properties（密钥属性），能查看到该公钥的全部信息，如是否是有效的密钥、是否可信任等。在此窗口下，如果直接拉动 Untrusted（不信任的）的滑块到 Trusted（信任的），将会出现错误信息。正确的做法应该是关闭此对话框，然后在该密钥上右击，选 Sign（签名），在出现的 PGP Sign Key（PGP 密钥签名）对话框中，单击“OK”按钮，会出现要求为该公钥输入 Passphrase 的对话框，这时输入自己创建密钥对时的那个密码来调用自己私钥，然后继续单击“OK”按钮，即完成签名操作。查看 PGPkeys 窗口里该公钥的属性，在“Validity”栏显示为绿色，表示该密钥有效。然后右击该公钥，选 Key Properties，将 Untrusted 处的滑块拉到 Trusted，再单击“关闭”按钮即可，这时再看 PGPkeys 窗口里的那个公钥，Trust 处就不再是灰色了，说明这个公钥被 PGP 加密系统正式接受，可以投入使用了。如图 4－2－11 所示。

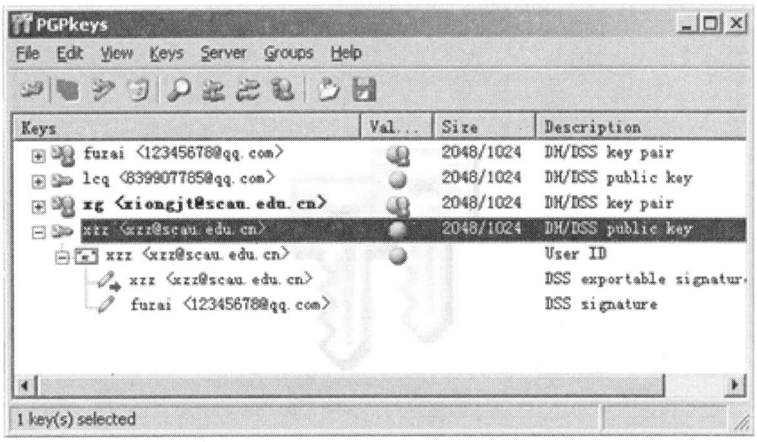

图 4－2－11　导入并设置其他人的公钥

步骤 4：使用公钥加密文件。

（1）在需要加密的文件上右击，选择“PGP”→“Encrypt（加密）”。

（2）在出现的 PGPshell-Key Selection Dialog（密钥选择对话框）中，可以选择一个公钥。上面的窗口是备选的公钥，下面的是准备使用的公钥，想要使用备选窗里的哪一个公钥进行加密操作，就双击哪一个，该公钥就会从备选窗口转到准备使用窗口。已经在准备使用窗内的公钥，如果不想使用它，也通过双击的方法，使其转到备选窗。选择好后，单击“OK”按钮。经过 PGP 的短暂处理，会在想要加密的那个文件的同一目录生成一个格式为“加密的文件名.pgp”的文件。如果用“记事本”程序打开该文件，看到的是一堆乱码（加密的结果）。

（3）将生成的“pgp”文件发给同组同学。注：使用哪个公钥加密的，就只能发给该公钥所有人，别人无法解密。只有该公钥所有人的私钥才能解密，如图 4－2－12 所示。

步骤 5：解密文件。

接收者双击对方发过来的扩展名为“pgp”的文件，在弹出窗口中的“Enter your passphrase for private key”文本框中输入正确的密码后，弹出保存解密后文件的对话框，选择一个路径保存即可。双击解密后的文件，可以正常看到文件的内容，如图 4－2－13 所示。

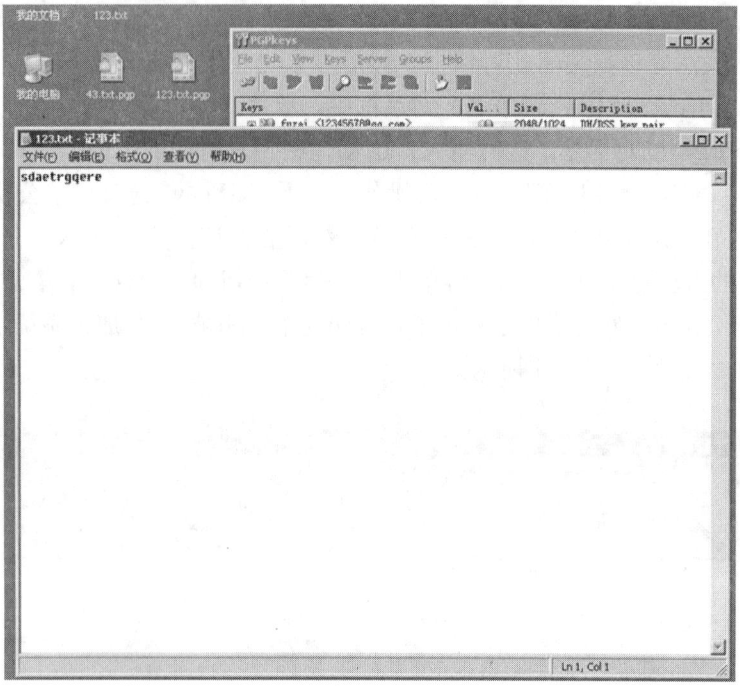

图 4-2-12　公钥加密文件

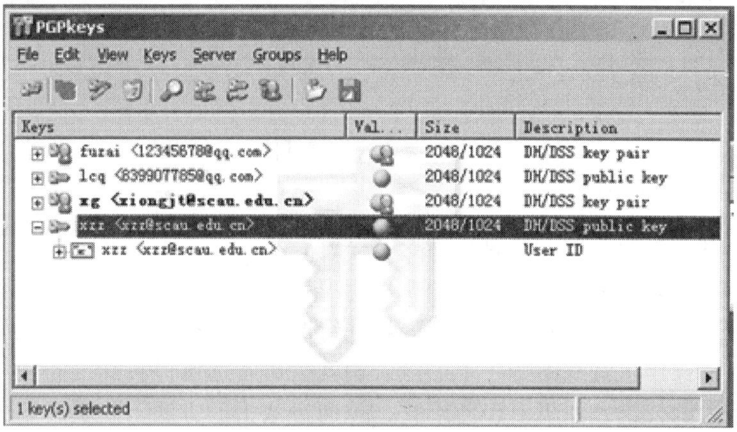

图 4-2-13　解密文件

步骤 6：数字签名。

（1）在需要加密的文件上右击，选择“PGP”→“Sign”（加密）。

（2）在出现的“Enter passphrase for above key”文本框中输入创建密钥对时的那个密码，选择“OK”。

（3）在弹出的“Enter filename for encrypted file”对话框中，单击“保存”。经过PGP的短暂处理，会在要签名的那个文件的同一目录生成一个格式为“签名的文件名.sig”的文件。这个“sig”文件就是数字签名。如果用“记事本”程序打开该文件，看到的将是一堆乱码（签名的结果）。

（4）将生成的“sig”文件连同原文件一起发给同组同学。注：必须连同原文件一起。

步骤7：验证签名。

接收者双击对方发过来的扩展名为“sig”的文件，在弹出的PGPlog窗口中可以看到验证记录的Validity栏为绿色，表明验证成功，如图4-2-14所示。

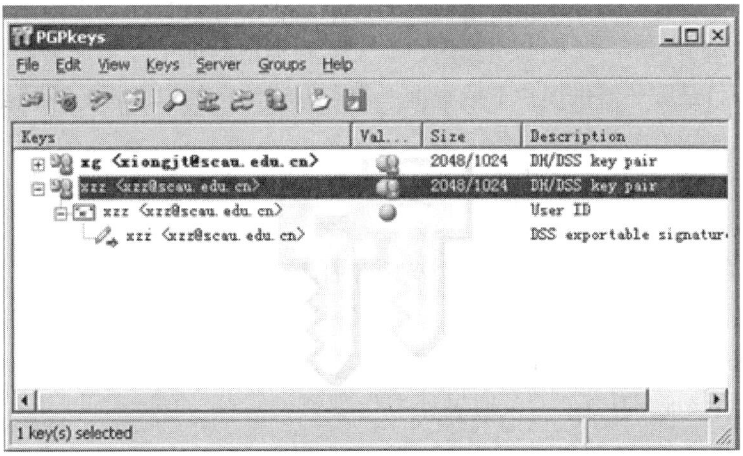

图4-2-14　验证签名

做一做：查找资料，完成两种加密技术的比较，完成表4-2-1。

表4-2-1　两种加密技术的比较

比较项目	对称加密体制	非对称加密体制
代表算法		
密钥数目		
密钥种类		
密钥管理		
相对速度		
主要用途		

活动三　了解CA认证和数字证书

知识窗

一、CA认证

为了健全电子商务的发展，必须采用先进的安全技术对互联网上的数据、信息发送方、信息接收方进行身份确认，以保证各方信息传递的安全性、机密性、完整性，以及交易的不可抵赖性。CA（Certificate Authority）就是电子商务认证中心，又称数字证书认证中心，是负责发放和管理数字证书的权威机构。

CA 认证建立了一套严密的身份认证系统，它提供的身份认证、数字签名、数字信封等数字加密技术是目前通用可行的安全问题解决方案，可以确保电子商务的安全性。CA 的管理功能包括以下几个方面。

（1）证书的颁发。接收、验证用户（包括下级 CA 和最终用户）的数字证书申请，将申请的内容进行备案，并根据申请的内容确定是否受理该数字证书申请。如果 CA 接受该数字证书申请，下一步则确定给用户颁发何种类型的证书。新证书用 CA 的私钥签名后，发送到目录服务器供用户下载查询。为了保证消息的完整性，返回给用户的所有应答信息都要使用 CA 的数字签名。

（2）证书的更新。CA 可以定期更新所有用户的证书，也可以根据用户的请求来更新用户的证书。

（3）证书的查询。接收并处理合法身份者的证书查询和撤销申请。

（4）证书的作废。当用户的私钥由于泄密原因造成用户证书要申请作废时，用户要向 CA 提出证书作废请求，CA 根据用户的请求确定是否将该证书作废。证书过了有效期，CA 自动将该证书作废。CA 通过证书作废列表 CRL（Certificate Revocation List）来完成上述功能。

二、数字证书

数字证书是用电子手段来证实一个用户的身份和对网络资源的访问权限。证书就是一份文档，记录了用户的公开密钥和其他身份信息。数字证书是由 CA 颁发的包含了公开密钥持有者信息和公开密钥的文件。

数字证书可用于发送安全电子邮件、访问安全站点、网上证券投券、网上招标采购、网上签约、网上办公、网上缴费、网上税务等网上安全电子事务处理和安全电子交易活动。

数字证书主要有以下主要功能。

（1）文件加密。

（2）数字签名。

（3）身份认证。

数字证书大致分为以下几类。

（1）个人数字证书。证书中包含个人身份信息和个人公钥，用于标识证书持有者的个人身份。在一些情况下，服务器可能在建立 SSL 连接时要求客户提供个人证书来证实客户身份。为了取得个人证书，用户可以向某一 CA 机构申请。CA 经过审查后决定是否向用户颁发证书。

（2）服务器证书。证书证实服务器的身份和公钥。它主要用于网站交易服务器的身份识别，使得连接到服务器的用户确信服务器的真实身份。目的是保证客户和服务器之间进行交易、支付时确保双方身份的真实性、安全性、可信任性等。

（3）安全电子邮件证书。用于对普通电子邮件做加密和数字签名处理，以便确保电子邮件内容的安全性、机密性、发件人身份的确定性和不可抵赖性。

（4）安全Web站点证书。安全Web站点证书中包含Web站点的基本信息、公钥和CA机构的签名，凡是具有网址的Web站点均可以申请使用该证书，主要和网站的IP地址、域名绑定，可以保证网站的真实性和不被人仿冒。

活动实施

数字证书服务提供商很多，常用的中国数字认证网（http://www.ca365.com）、MyCA数字证书中心等已不再提供免费的或试用的数字证书。下面以在支付宝安全中心进行个人数字证书的申请为例介绍相关操作。

步骤1：申请数字证书（免费电子邮件加密证书）。

（1）进入支付宝安全中心（https://110.alipay.com/cert/intro.htm），在“数字证书（免费）”下面单击“申请数字证书”，如图4-2-15所示。

图4-2-15　个人数字证书申请页面

支付宝登录界面如图4-2-16所示，输入邮箱/手机号/淘宝会员名，按照提示输入验证码，如图4-2-17所示，单击“下一步”弹出“安全中心”窗口，如图4-2-18所示。单击“管理”弹出“管理数字证书”选项，如图4-2-19所示。

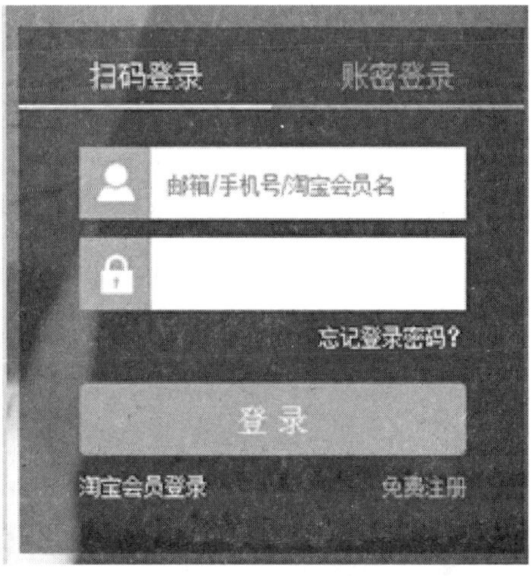

图4-2-16　登录

图4-2-17　验证

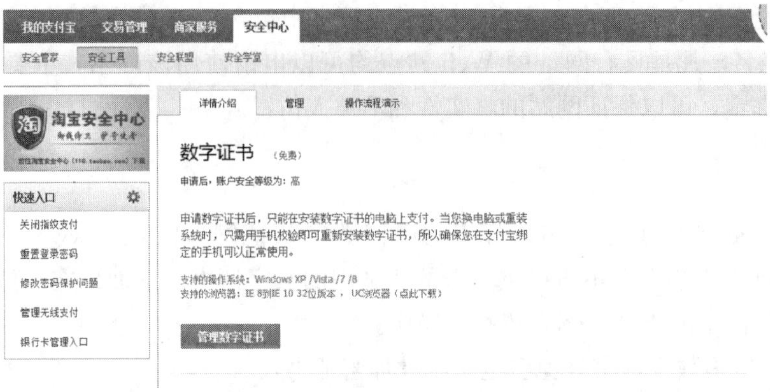

图 4-2-18　安全中心

图 4-2-19　管理数字证书

（2）下载并安装证书。提交申请成功后，签发证书安装文件，如图 4-2-20、图 4-2-21、图 4-2-22 所示。

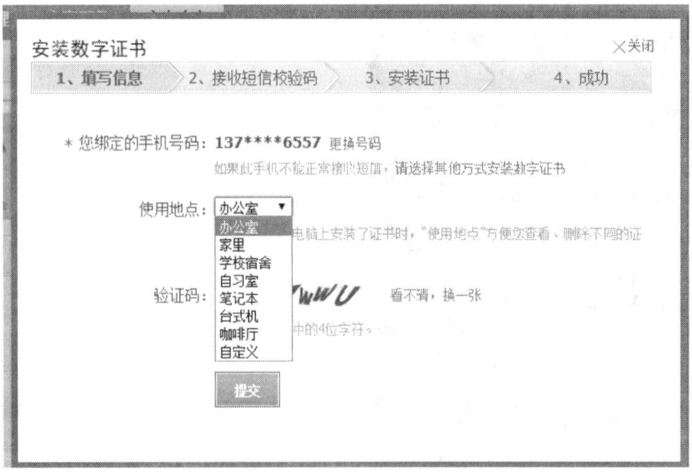

图 4-2-20　填写信息

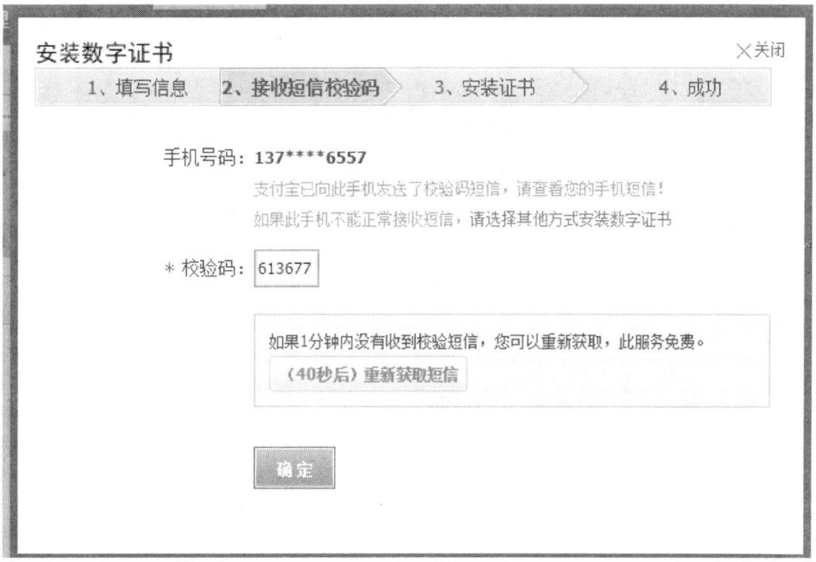

图 4-2-21　接收短信校验码

图 4-2-22　证书安装文件

步骤 2：数字证书的查看。

打开浏览器的菜单栏中的“工具”→“Internet 选项”→“内容”→“证书”，单击“个人”，可以看到已经成功安装的数字证书。选定需要查看的个人数字证书，单击“查看”按钮或双击证书，可以查看相应数字证书的详细信息，如版本、序列号、颁发者、有效期、公钥等，如图 4-2-23、图 4-2-24 所示。

图 4-2-23　数字证书

图 4-2-24　证书信息

步骤 3：数字证书的导入导出。

为了保护数字证书的安全或在不同的计算机上使用同一张数字证书，需要进行证书及私钥的备份。

(1) 证书导出。在浏览器的“工具”→“Internet 选项”→“内容”→“证书”中选择需要备份的个人数字证书，单击“导出”，出现“导出向导”。私钥可以和证书一块导出，但如果相关的私钥被标记为不能导出，则只有证书可以被导出，如图 4-2-25 所示。证书导出支持四种文件格式，按照要求选择相应的格式（一般选择.pfx 格式），如图 4-2-26 所示。单击“下一步”按钮，直到提示证书导出成功。

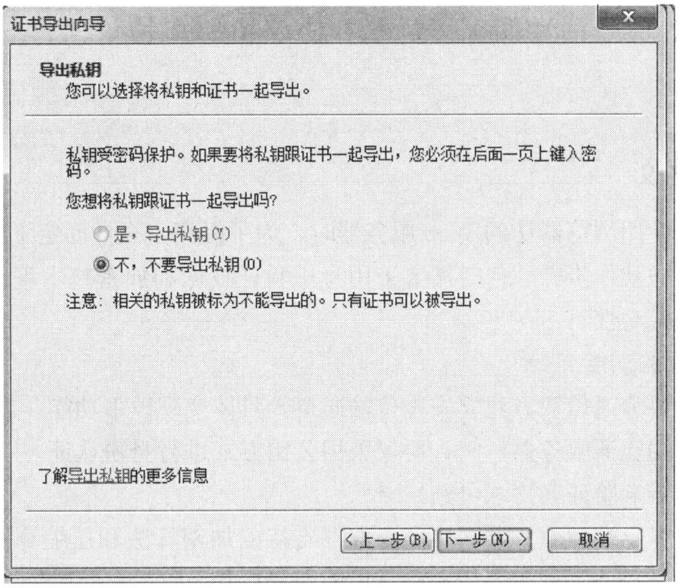

图 4-2-25　导出私钥

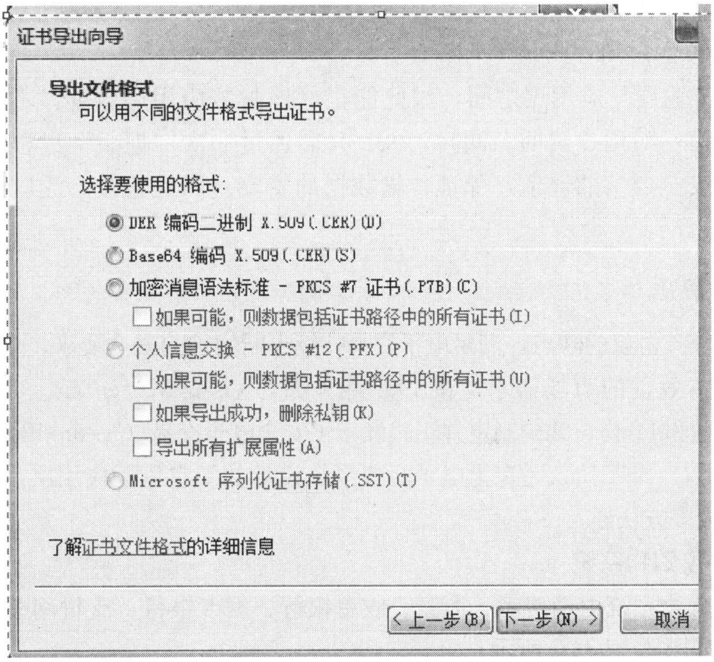

图 4-2-26　导出文件格式

（2）证书导入。在没有安装数字证书的系统中，同上述步骤进入“证书”页面，单击“导入”，进入“证书导入向导”，从证书（及私钥）文件的保存路径，查找扩展名为“pfx”的证书备份文件并打开，单击“下一步”按钮，键入保护私钥的口令，然后选择证书存储区域，按照默认设置，导入证书（及私钥）。

活动四　了解 SSL 协议和 SET 协议

知识窗

一、SSL 协议

SSL 协议是使用浏览器访问 Web 服务器时，为了提高安全性而定下的一些规矩，包括在接到请求后的动作步骤、何时需要采用身份验证技术和加密技术等。SSL 协议可以保证数据传输的安全性。

1. SSL 协议的功能

SSL 协议主要为通信双方建立安全传输通道，具体实现以下功能。

（1）在客户端验证服务器。SSL 协议采用公钥方式进行身份认证。

（2）在服务器端验证客户（可选）。

（3）提供在客户端和服务器间协商双方都支持的加密算法和压缩算法。可选用的加密算法包括 RC4、DES、3DES、RSA、MD5、SHA 等。

（4）产生对称加密算法的会话密钥。

（5）建立加密 SSL 连接。

2. SSL 协议的应用

SSL 位于传输层与应用层之间，因此能很好地封装应用层数据，不用改变位于应用层的应用程序，对用户透明。同时，SSL 只需通过一次“握手”过程即可建立客户与服务器之间安全通信的通道，保证传输数据的安全。因此它被广泛应用于电子商务领域。

二、SET 协议

为了克服 SSL 协议的缺点，满足电子交易持续不断增加的安全要求，更为了达到交易安全及合乎成本效益的市场需求，在 1996 年 6 月，Visa、MasterCard、IBM、Netscape、Microsoft 等金融和 IT 公司共同制定并正式发布了安全电子交易（Secure Electronic Transaction，SET）协议。SET 协议是专为电子商务系统设计的。它位于应用层，其认证体系十分完善，能实现多方认证。

1. SET 协议购物系统

SET 协议购物系统由消费者、商家、收单银行、发卡银行、支付网关和认证中心六个部分组成，如图 4－2－27 所示。

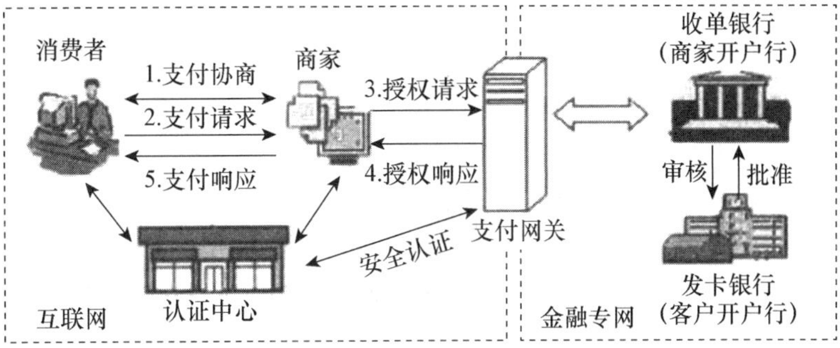

图 4-2-27　SET 协议购物系统的工作流程图

2. SET 协议的工作流程

SET 协议的工作流程分为以下几个步骤。

（1）消费者利用自己的计算机通过互联网选定所要购买的物品，并在计算机上输入订货单，订货单上需要包括在线商品和购买物品的名称及数量、交货时间和地点等相关信息。

（2）通过电子商务服务器与有关在线商店联系，在线商店做出应答，告诉消费者所填订货单的货物单价、应付款数、交货方式等信息是否准确，是否有变化。

（3）消费者选择付款方式，确认订单签发付款指令，此时 SET 协议开始介入。

（4）在 SET 协议中，消费者必须对订单和付款指令进行数字签名，同时利用双重签名技术保证商家看不到消费者的账号信息。

（5）在线商店接受订单后，向消费者所在银行请求支付认可。信息通过支付网关到收单银行再到电子货币发行公司确认。批准交易后，返回确认信息给在线商店。在线商店发送订单确认信息给消费者。消费者端软件可记录交易日志，以备将来查询。

在认证操作和支付操作中间一般有个时间间隔，例如，在每天下班前请求银行结一天的账。

活动实施

SSL 协议和 SET 协议都能保证交易数据的安全性、保密性和完整性，请比较它们之间的异同。

步骤 1：查阅安全技术协议相关知识的资料。

步骤 2：比较它们的异同，并将结果填入表 4-2-2。

表 4-2-2　两种安全技术协议的比较

对比项	SSL 协议	SET 协议
提供的服务		
缺点		
认证要求		
安全性		
网络层协议的位置		
应用领域		

视野拓展

在 IIS 中如何配置 SSL

任务三　电商法律法规认知

【任务描述】

杨云发现她在淘宝网上开的潮鞋小店里竟然一下来了几十笔团购生意，不由一阵狂喜。可一看价格就傻了眼：页面显示，这些交易的成交单价为 16 元，扣除每单运费 15 元，相当于每双鞋只卖 1 元钱，她要求取消订单但买家不答应。她向淘宝网反映了上述状况，得知淘宝网和第三方软件团购宝被攻击，导致很多店铺的商品价格被改成 1 元，但处理办法尚无定论。杨云陷入了深思。她打算分两个活动进行：电子商务法律认知、电子商务法律问题分析。

活动一　电子商务法律认知

知识窗

电子商务是以网络为运作平台的，其交易场所虚拟化、表现形式多样化、交易范围国际化，由于网络平台、市场准入、法律冲突、发展中国家的电子商务发展状况等因素的制约，需要解决的法律问题十分庞杂。电子商务的法律问题主要涉及在电子商务活动中出现的各方当事人之间的法律关系，即电子商务合同、电子支付、电子交易安全、知识产权、消费者权益特别是隐私权保护等方面所引起的法律问题。

一、电子商务合同问题

电子商务合同主要是双方通过电子形式（E-mail、传真、电话、网络电子表格等）来签订的。电子商务进行的是无纸贸易，其在形式上和法律效果上与传统合同相比有了很大变化，涉及数字签名、电子发票、电子合同的法律地位和效力等问题，必然会产生很多问题。电子商务合同双方当事人基本不见面，双方都通过网络虚拟平台进行运作，其信用仅仅依靠密码的辨认或认证机构的认证，密码认证的虚拟性和认证机构认证的多样性导致合同的信用体系存在较大疑问，对大额和长期的商务合作不利。

二、电子商务支付问题

电子商务的优势在于能够实现零距离收付、零距离购销，如果没有安全有效的电子商务金融渠道，尤其是电子支付手段，是做不到零距离的。而我国现在的金融支付手段不完善，各大商业银行的电子支付程序比较烦琐，并且还没达到数据的交互，没有形成统一的支付系统。当电子交易中的当事人采用不同的支付方式且这些支付方式又互不兼容时，双方就不可能通过电子支付的手段来完成款项支付，从而也就不能实现互联网上的交易。另外，支付宝虽然在电子商务活动中起到了很好的作用，但这只是电子支付中的过渡产品，其在解决电子支付的安全性和资金流动的实时性上存在明显缺陷，不能完全满足金融电子化的要求。

三、电子商务交易安全问题

电子商务交易的安全问题，涉及下面三个方面。第一，电子商务网站的安全管理存在很大隐患，普遍容易受到黑客攻击，国内安全技术结构和加密技术强度普遍不够；第二，电子商务交易售后安全也是真空地带，出现问题后消费者往往不知道去找谁负责，有人开玩笑说“电子商务目前是个‘三无’行业：无法可依、无安全可言、无规可循”；第三，电子商务交易安全缺乏足够的法律制度体系支持。我国现今对电子商务交易的保护主要分散于计算机网络技术相关法律法规及民商法，没有相关的专门法律体系，制度建设上也存在混乱，加上网络技术发展速度过快，法制远远滞后。

四、电子商务知识产权保护问题

知识产权与有形财产存在明显不同的特点，如垄断性、地域性、时间性、无形性、政府确认性等。其中，又以垄断性（专有性）和地域性更为特别。如果知识产权不能保证权利人的专有，则知识产权制度就不能发挥出应有的作用，其权利也就成了一种摆设。如果地域性被彻底打破，权利就有可能成为世界通行的“全球权利”或者产生世界性统一的制度。电子商务活动建立在互联网上，网络的传输表现出“公开”的开放性和“无国界”的全球性特点及状态。“公开”为“公知”提供了前提，也为“公用”提供了方便；“无国界”又使得地域性的知识产权受到了严峻的挑战。

电子商务中的知识产权问题主要是由现有的网络技术给版权、专利权和商标权等制度带来的问题。在其上的知识产权法律冲突呈现复杂性和难以根除性，有些问题在现有的法律制度中很难找到有效解决的方法。

五、电子商务隐私权保护问题

网络隐私权是指公民在网络中享有的私人生活安宁与私人信息依法受到保护，不被他人非法侵犯、知悉、搜集、复制、利用和公开的一种人格权；也指禁止在网上泄露某些与个人相关的敏感信息，这些信息的范围包括事实、图像（如照片、视频），以及毁谤的意见等。目前电子商务隐私权保护领域遇到三大问题：个人信息数据保护、个人数据二次开发利用和个人数据交易。网络侵权行为的泛滥会使电子商务交易的诚信基础更为削弱，不利于电子商务交易的长久发展。

活动实施

为了避免在公司经营的过程中产生不必要的法律纠纷，杨云对现在电子商务中常出现的法律法规进行了了解。

步骤 1：通过互联网、书刊或实地调研搜集电子商务纠纷的典型案例。

步骤 2：将搜集的典型案例进行分类规划，总结当前电子商务活动中常见的法律问题。

步骤 3：分析这些法律问题可能出现在电子商务活动的哪些环节、具有哪些特点，完成表 4-3-1。

表 4-3-1　电子商务活动中常见的法律问题

常见的电子商务法律问题类型	典型案例（每类 3 个以上）	可能出现的环节	特点

步骤 4：分析这些法律问题对电子商务未来的活动将带来的影响、对这些问题进行法律规范具有的意义。

活动二　电子商务法律问题分析

知识窗

电子商务法主要指电子商务法律规范，涉及诸多的商业部门，具有交叉性、复合性的特点。由于篇幅的限制，本书只介绍以下常用的基本电子商务法律法规。

一、电子签名法

第一，确定电子签名与纸面文件上的笔迹签名具有同等的效力。由于电子签名是电子商务中用于鉴别交易各方身份最可靠的方法，因此只有承认其效力，才能使电子商务得以正常开展。我国《电子签名法》第三条规定，民事活动中的合同或者其他文件、单证等文书中，当事人可以约定使用或者不使用电子签名、数据电文。当事人约定使用电子签名、数据电文的文书，不得仅因为其采用电子签名、数据电文的形式而否定其法律效力。

第二，规范技术标准。加密技术是保证信息传输安全的根本手段，是电子签名的技术基础，而法律不能对技术本身进行干涉。因此，《电子签名法》通过规定统一的技术标准和技术规范，使得电子商务交易各方可以用同样的技术手段发出和接收电子签名，避免不必要的技术障碍。我国《电子签名法》第十三条规定，电子签名同时符合规定条件的，视为可靠的电子签名；第十七条规定了提供电子认证服务应当具备的法定条件；第十九条规定，电子认证服务提供者应当制定、公布符合国家有关规定的电子认证业务规则，并向国务院信息产业主管部门备案。

第三，规范电子商务认证中心。电子商务认证中心可由政府机构或商业证书机构建立。它的主要职责就是接受用户的申请，验证用户的身份，并对用户提交的公钥颁布数字认证。

经过数字证书验证的电子签名具备了可查实性。因此，电子商务认证中心肩负着通过对公开密钥颁发数字证书鉴别交易者身份的重要职责。我国《电子签名法》规定认证中心负有身份查验义务，审查义务和通告、报告的义务。总之，《电子签名法》生效后，确认电子签名的法律效力不再是司法实践中的问题。

二、电子合同法

电子合同是双方或多方当事人之间通过电子信息网络以电子的形式达成的设立、变更、终止财产性民事权利义务关系的协议。通过上述定义可以看出，电子合同是以电子的方式订立的合同，其主要是指在网络条件下当事人针对双方签署的时间的确定、证据的搜集、双方的签字盖章的效力，通过我国出台的电子商务法律法规规定的明确双方权利义务关系的一种电子协议。

三、域名法律保护

根据中国互联网络信息中心的解释，“从技术上讲，域名只是互联网中用于解决地址对应问题的一种方法。可以说只是一个技术名词……从商界看，域名已被誉为企业的网上商标”，一般认为域名是指域名所有人拥有的用于计算机定位和身份识别的网络地址。

域名的法律特征主要体现在标识性、唯一性、排他性三个方面，这些特征决定了其商业影响的全球性。域名一经有效注册并投入使用，世界上的任何人，在任何地点或时间都可能在网上链接到该域名，并由此进入注册该域名的厂商网站，从而可能给其注册人带来可观的商业利益。

《互联网域名管理办法》已于2017年8月16日工业和信息化部第32次部务会议审议通过，自2017年11月1日起施行。

活动实施

电子商务交易中法律非常重要，杨云要求公司所有成员阅读法律法规知识，尽可能地避免在交易中法律风险的出现。

步骤1：阅读案例。

韩某有一天在网上浏览，发现一辆二手帕萨特汽车起拍价只有10元人民币，他想可能是网站在搞促销活动，就参加了竞拍。几轮竞价后他成功了，成交价是116元。网站通过电子邮件进行了确认，并给他发来了电子合同。韩某根据网站提供的电话，跟卖主联系，卖主是一家卖二手车的汽车经销公司，也收到了网站发来的那份电子合同，但是该公司坚决不同意交车，理由是这份合同无效：第一，汽车的底拍价是10万元而不是10元，在网站上显示的10元起拍价是由于其工作人员输入失误造成的；第二，他们认为116元就把车卖了，这样一份合同是不公平的。韩某的手上有三份证据：一份是网络公司给他发来的电子确认书；第二份是电子合同；第三份是整个交易过程的证据。经多次交涉无果，韩某把汽车经销公司告到法院。

步骤2：思考以下问题。

(1) 这个网上竞拍的电子合同是否有效？为什么？

(2) 本案反映出电子商务活动中的法律规范存在哪些问题？

步骤3：查找3个电子商务合同纠纷的案例，分析案例中存在的问题。

步骤4：反思如何在电子商务实际工作中避免这种法律风险的出现。

合作实训： 以小组为单位，分别搜集电子商务中电子合同、电子签名、电子认证、电子支付等方面的法律案例，然后总结分析其过程与思路、运用的法律依据，并提出工作中的风险防范建议。

项目总结

通过本章的学习，明确了网络交易安全不仅需要计算机网络安全，还需要有关的法律保障。了解电子商务面临的安全威胁，明确电子商务安全的需求与防范。掌握电子商务安全技术应用，如防火墙技术、加密技术、安全协议等。一个完善的电子商务系统在保证计算机网络硬件平台和系统软件平台正常运行的基础上，还应具备强大的加密和认证系统，完成用户和信息的识别和鉴别，确保联网交易和支付的可靠性、真实性、完整性。

电子商务安全技术的提高、法律制度的健全将是一个长期不懈的重任，个人用户和企业用户在应用电子商务时要注意网络防范。

项目检测

一、单选题

1. 计算机病毒的特征之一是（　　）。

A. 非授权不可执行性　　B. 非授权可执行性

C. 授权不可执行性　　D. 授权可执行性

2. SSL协议能够保障电子商务交易中（　　）。

A. 客户的利益　　B. 商家的利益

C. 商家的诚信度　　D. 客户的诚信度

3. SET协议应用的工作层次在（　　）。

A. 传输层　　B. 应用层

C. 传输层与应用层之间　　D. 网络层

4. 在电子商务信息安全要求中，信息在传输过程中或存储中不被他人截获指的是（　　）。

A. 信息的保密性　　B. 信息的完整性

C. 信息的不可否认性　　D. 交易身份的真实性

5. 加密后的内容称为（　　）。

A. 密钥　　B. 算法　　C. 密文　　D. 明文

6. 域名抢注是指（　　）。

A. 反向域名侵夺的行为

B. 出于从他人商标（商业标志）中牟利的恶意注册并出卖域名的行为

C. 盗用和淡化域名的行为

D. 同一商标的合法拥有者都想用他们的商标作域名

7. 小张以“发电子邮件给小李”的形式签订了一份合同，其中并未约定合同成立的地点。根据我国相关法律，该合同履行地以（　　）。

A. 小张的邮箱服务器所在地为合同成立地点

B. 小李的主营业地为合同成立地点

C. 小张所在地为合同成立地点

D. 小李的邮箱服务器所在地为合同成立地点

二、多选题

1. 电子商务系统可能遭受的攻击有（　　）。

A. 系统穿透　　B. 植入　　C. 违反授权原则

D. 通信监视　　E. 计算机病毒

2. 签名可以解决的鉴别问题有（　　）。

A. 发送者伪造　　B. 发送者否认　　C. 接收方篡改

D. 第三方冒充　　E. 接收方伪造

3. 电子商务对以纸质文件为基础的传统法律规范带来的冲击表现在（　　）。

A. 书面形式问题　　B. 主体资格问题

C. 签名问题　　D. 证据效力问题

4. 电子商务中的认证，是指特定认证机构对（　　）所做的认证。

A. 传输方式的可靠性　　B. 电子签名的真实性

C. 签署者的真实性　　D. 签署文件的合法性

5. 世界上许多国家在近几年纷纷立法，规范电子商务活动。各国电子商务立法的特点是（　　）。

A. 快捷　　B. 兼容　　C. 简洁　　D. 改、废相结合

三、判断题

1. 计算机病毒按破坏性分为良性病毒和恶性病毒。（　　）

2. 电子商务法是一个非常庞大的法律体系，既包括传统的宪法领域，又有新的领域。这些法律规范以私法规范为基础，同时有诸多公法规范。所以，电子商务法是一个渗透着私法因素的公法领域。（　　）

3. 面对电子商务环境下的商业行为，建立数据电文法律制度、电子签名及其认证制度，完善电子合同和电子支付的运作程序成为电子商务法的主要内容。（　　）

4. 格式条款又称格式合同、标准合同，是指一方当事人为了重复使用而预先拟定，

并在订立合同时未与对方协商的条款。(　　)

5. 并不是所有的企业都有法人资格，也不是所有的法人都是从事营利活动的企业。(　　)

四、简述题

1. 请简述电子商务的安全需求。

2. 请简述电子签名和传统签名的区别及电子签名的立法意义。

3. 请简要说明消费者有哪些权益是受到法律保护的。

五、趣味挑战

利用所学证书和相关知识，登录某个认证中心，下载个人数字证书或者安全电子邮件证书，进行数字证书的安装和导入/导出，并下载 Outlook Express 软件。要求两人一组，按照实训指导，利用数字证书发送和接收电子邮件。

项目五
网络营销策划

情境导入

网络营销有很多方法，基本的方法包括搜索引擎营销、电子邮件营销、博客营销、第三方平台营销、移动营销、数据库营销和软文营销，网店可以选择适合自身发展需要的一种或者多种营销方式，其中电子邮件营销和搜索引擎营销是很多网店经常使用的方法和手段。

网店为了更好地了解市场的需求和促进自身的发展，必须在网络市场中挖掘客户的需求，根据客户的需求开发合适的产品，才能促进自身的发展。网络市场调研是网店了解市场、挖掘市场需求的有效方式，也是网店发展的指明灯。对于网店来说，设计可行、有针对性的调查问卷是很重要的，选择合适的调查问卷发布途径是网店回收问卷和分析问卷的保障。

项目目标

知识目标

- 理解电子邮件营销含义。
- 掌握邮件列表的概念。
- 掌握网络营销的含义。
- 掌握网络营销的基本方法。
- 理解网络市场营销的含义。
- 会区分网络市场营销的类别。
- 理解网络市场调研的内容。
- 掌握网络推广的方法。

技能目标

- 会使用网络营销的方法。
- 能编写营销短信。
- 能正确设计调查问卷。

➤ 会发布调查问卷和回收调查问卷。
➤ 能选择正确的网络推广方法。

情感目标

➤ 培养学生团体合作精神和协调能力。
➤ 塑造学生良好的工作意识。
➤ 提高自身处理问题的能力。
➤ 培养学生的思考能力。
➤ 培养学生的动手能力。

任务一　网络营销认知

【任务描述】

快乐衣站服饰店是一家主营服饰的网店，由茵美服饰服务有限公司经营和管理，该网店近期的业务不断扩大。为了将网店和产品让更多的客户知道并选择它们，茵美服饰服务有限公司对网络营销部提出了更高的要求，网络营销部的程经理决定在职业院校招聘具有营销能力、愿意在营销行业发展的学生担任营销助理，为公司的营销队伍补充新血液。

林巧巧是一个有创意、善于思考的阳光女生，她对营销很感兴趣，在学校就是“营销”的积极分子。在茵美服饰服务有限公司招聘网络营销助理中，她被录用了。公司安排她跟着任师傅做网络营销，她需要分两个活动进行：体验网络营销、编写网络营销短信。

案例 1

最有情怀的创意：百事可乐猴年广告，六小龄童唤醒儿时记忆

2016 年，百事可乐猴年广告成为人们津津乐道的“情怀”广告的大赢家。

这次百事可乐邀请六小龄童推出《把乐带回家之猴王世家》，无疑是猴年旗开得胜的一个大招，也把过去被可口可乐占据的风头抢了回来。当广告片里那熟悉的音乐响起时，勾起了大家的儿时记忆，“苦练七十二变，方能笑对八十一难”，更是让人感慨良深。“把快乐一代一代传递下去，是为了让更多人把乐带回家”，也赚足了观众眼泪。网友纷纷力挺：这广告创意我给满分！

图 5-1-1　百事可乐猴年广告

案例点评：这个广告片的营销战略，首先是紧扣时代的脉搏，抓住猴年猴文化，请来猴王六小龄童讲述泪点故事，引起消费者的浓情追忆；其次是抓住人心，将老一代与年青一代结合，并用“把快乐一代一代传递下去，是为了让更多人把乐带回家”的精练广告语进行无缝连接，构建消费者对百事可乐的品牌联想度；最后利用网络媒体以最快的速度进行传播，同时趁机推出限量款产品，引爆销售。

案例 2

乐町“双 11”敢“#”放肆

效果数据：一只吉祥物带来曝光量 8 969 万次、阅读量 1 028 万次、分享量 2.4 万次、评论点赞 116 万次，最终促成乐町 1.6 亿元“双 11”的销量，获得天猫 2016 年“双 11”女装类目第四名。

案例点评：本次活动，乐町与漫画师合作创作的“双 11”吉祥物“小#精”成为引爆热点。乐町以“做声量+推品牌+促转化”为目的，通过展开一系列围绕吉祥物的线上线下活动进行了品牌的营销推广。

图 5-1-2　乐町“双 11”敢“#”放肆

活动一　体验网络营销

知识窗

一、网络营销

网络营销（On-line Marketing 或 E-Marketing）是以互联网为基础，利用数字化的信息和网络媒体的交互性来辅助营销目标实现的一种新型的市场营销方式。简单地说，网络营销就是以互联网为主要手段进行的，为达到一定营销目的的营销活动。

二、网络营销的基本方法

网络营销有很多方法，基本的方法包括搜索引擎营销、电子邮件营销、博客营销、第三方平台营销、移动营销、数据库营销和软文营销，如表 5-1-1 所示。

表 5-1-1　网络营销的方法

基本方法	简介
搜索引擎营销	搜索引擎营销是指企业或个人根据目标用户使用搜索引擎的可能方式，将营销信息尽可能地传递给目标用户
电子邮件营销	电子邮件营销往往需要利用邮件列表。邮件列表具有传播范围广的特点，可以向互联网上的用户迅速传递消息，只要能够使用 E-mail，就可以使用邮件列表
博客营销	博客（Blog 或 Weblog）可通过评论等形式实现作者与读者的交流，博客也是一种极其便捷的网络个人出版形式
第三方平台营销	第三方平台营销即企业依托第三方电子商务平台开展电子商务营销，借助第三方电子商务平台的优势和机遇，带动企业的发展，提高知名度和美誉度
移动营销	移动营销即以手机为主要传播平台，在强大的数据库支持下，直接向目标客户定向和精确地传递个性化即时信息，达到“一对一”的互动营销目的
数据库营销	企业建立数据库搜集和积累消费者的大量信息，对信息进行处理后，预测消费者购买某种产品的可能性，并利用这些信息给产品精确定位，有针对性地制作营销信息以达到说服消费者购买产品的目的
软文营销	软文营销指通过特定的概念诉求，以摆事实讲道理的方式使消费者走进企业设定的“思维圈”，以强有力的具有针对性的心理攻击迅速实现产品销售的文字模式

活动实施

公司准备将新推出的产品推荐给客户，在众多的营销方法中，任师傅选择电子邮件营销方法。并安排林巧巧完成任务。

步骤 1：搜集客户的信息。

（1）让客户注册成为网站的会员。

（2）将客户的电子信箱添加到邮件列表中去。

步骤 2：登录公司的电子信箱，编写邮件内容。

（1）登录公司的电子信箱。

（2）根据新产品的内容，撰写产品信息和促销信息。

（3）添加产品的图片和图片的链接。

步骤 3：选择邮件列表中的客户邮箱，将邮件发送给客户。

林巧巧完成的电子邮件的内容

亲，女神节快到了，您是家里的女神，是大家的女神，更是我们的女神，女神请愉快地关注“快乐衣站服饰店”，有优惠券赠送，购物衣衣有更大的优惠，赶快行动吧！

时尚美衣在等你哦！点击链接：https://shop11389××××.taobao.com。

做一做：上网了解网络营销的基本方法，找出喜欢的两种方法进行比较。

活动二　编写网络营销短信

知识窗

移动营销是新时代的产物，它直接向目标客户定向和精确地传递个性化即时信息，营销效果比较明显，可以达到“一对一”的互动营销目的。因此，移动营销受到商家的青睐，也得到客户的喜爱。移动营销中，编写营销短信是一项重要的内容。

一、短信营销

短信营销（SMS Marketing）就是以短信的方式发送信息到手机的一种达到营销目的的营销手段。

二、短信营销的特点

短信营销具有群发、定时发送、交互和回执的特点。商家根据营销方案和要求，给客户发相应的短信，得到客户的关注，并及时激发客户的兴趣和购买需求。营销短信可以分为通知类、祝福类、促销类和广告类。

三、编写网络营销短信的要求

编写网络营销短信要求字数限制在65个字内，扼要简单，在短信结尾设置“回复TD退订”，让客户有选择接收或者拒收短信的权利。用“嗨掌柜”软件可以专门发淘宝促销短信。

活动实施

公司准备在中秋节来临之前，给客户发营销短信，对客户表示关怀，以让客户多多关注公司的产品，任师傅安排林巧巧给客户编写营销短信。

步骤1：学习编写网络营销短信的技巧。

（1）阅读相关专业书刊。

（2）参考公司以往编写的短信。

步骤2：根据公司的营销计划编写短信。

（1）阅读公司的营销计划。

（2）编写营销短信。

（3）请任师傅审核编写的短信。

步骤3：登录发短信的平台，将短信发送给客户。

林巧巧编写的营销短信

【快乐衣站服饰店】女王陛下，别忘了享受属于自己的美丽。我是时尚的美衣，质地上乘，款式优雅，上https：//shop11389××××.taobao.com会有惊喜。心动不如行动，赶紧带我回家吧。回复TD退订。

做一做：你会编写网络营销短信吗？试一试根据不同种类短信的关键词，编写网络营销短信，完成表 5－1－2。

表 5－1－2　　编写网络营销短信

种类	关键词	营销短信
延伸服务	包邮	
	帮忙	
售前咨询	图片	
	没货	
售后咨询	换货运费	
	退货赠品	
催单	付款	
其他	会员制度	

合作实训：注册微博账号，在微博上撰写网络营销内容。

将全班同学分组，6 人一组，选出组长。组长负责统筹、安排工作，组织组员注册微博账号，在微博发布营销内容，内容自定。

任务二　网络市场调研

【任务描述】

林巧巧在快乐衣站服饰店的网络营销部门实习了一段时间，对网络营销有了更多的了解。她发现自己越来越喜欢这份工作了，希望能够参与网店更多的工作。她的指导老师是一位良师，也很注重培养林巧巧的工作能力。公司准备在明年推出一系列高档的连衣裙，为了了解市场的需求，公司安排指导老师和林巧巧完成市场调研工作。林巧巧接到任务后，她打算分三个活动进行：体验网络市场调研、设计网络调查问卷、在线发布和回收调查问卷。

活动一　体验网络市场调研

知识窗

网络市场调研是运用互联网络和信息技术，以科学的方法，系统地、有目的地搜集、整理、分析和研究所有与市场有关的信息，特别是有关消费者的需求、购买动机和购买行为等方法的信息，以便把握市场现状和发展趋势，有针对性地策划营销策略，从而取得良好营销效益并获得更高投资回报率。

网络市场调研是基于互联网进行营销信息的搜集、整理、分析和研究的过程，以及利用各种搜索引擎寻找竞争环境信息、客户信息、供求信息的行为，其具有及时性、共享性、准确性、交互性、经济性、可控制性和无时空限制的特点。

一、网络市场调研的程序

网络市场调研的程序是指导网络调查者进行工作的方向和路线，参照网络市场调研的程序进行调查，有利于调查者有条不紊地开展工作。

网络市场调研的程序包括确定目标、设计调研方案、搜集信息、信息整理和分析、撰写调研报告，见表5-2-1。

表5-2-1　网络市场调研的程序

程序	要求
确定目标	包括调研问题的界定和调研目标的确定，是最重要的一步。只有清楚地明确了网络市场调研的问题，确立调研目标，才能正确地设计和实施调研
设计调研方案	具体内容包括确定资料来源、调查方法、调查手段和接触方式
搜集信息	在确定调研方案后，市场调研人员即可通过电子信箱向互联网上的个人主页、新闻组或者邮箱清单发出相关查询，之后就进入搜集信息阶段
信息整理和分析	整理和分析信息需要使用一些数据分析技术，如交叉列表分析技术、概况技术、综合指标分析和动态分析等。目前国际上较为通用的分析软件有SPSS、SAS、BMDP、MINITAB和电子表格软件
撰写调研报告	把与市场营销决策有关的主要调研结果报告出来，并遵循组织结构、格式和文笔流畅的写作原则

二、网络市场调研的内容

网络市场调研的内容是网络市场调研的主体，网络市场调研的内容是否正确影响到企业是否有效地挖掘市场需求，对企业能否占领市场具有重要的作用。

网络市场调研的内容包括市场需求调查、消费者购买行为调查、营销因素调查和调研方法，见表5-2-2。

表5-2-2　网络市场调研的内容

内容	范围
市场需求调查	市场需求调查的目的在于掌握市场需求量、市场规模、市场占有率，以及如何运用有效的经营策略和手段
消费者购买行为调查	具体包括消费者的家庭、地区、经济等基本情况，消费者的购买动机，消费者喜欢在何时何地购买
营销因素调查	具体包括产品的调查、价格的调查、分销渠道的调查、广告策略的调查、促销策略的调查
调研方法	网络市场直接调研和网络市场间接调研

三、网络市场调研的分类

1. 网络市场直接调研

网络市场直接调研是指利用互联网技术，通过网上问卷等形式调查网络消费者行为及其意向的一种市场调研类型。

按调研的思路不同分类，可以分为网上问卷调研、网上论坛调研、电子邮件调查法等。

2．网络市场间接调研

网络市场间接调研主要是利用互联网搜集与企业营销相关的市场、竞争者、消费者和宏观环境等方面的信息，包括搜索引擎、网站跟踪调查访问、数据库查找等方法。

活动实施

公司准备在明年推出一系列高档的连衣裙，为了了解市场的需求，公司安排林巧巧进行网络市场调研。为了熟悉网络调研情况，她登录中国调查网准备进行深入的了解，为以后的营销工作做准备。

步骤 1：登录中国调查网（http://www.zdiao.com）。

（1）在中国调查网首页单击“会员中心”。

（2）在会员登录页面，单击“没有账号，我要注册”，如图 5－2－1 所示。

图 5－2－1　会员登录页面

（3）在会员注册页面，单击“注册商家”，如图 5－2－2 所示。

图 5－2－2　会员注册页面

（4）在会员注册页面，填写“注册调查网商家”的相关信息，如图 5－2－3 所示。

图 5－2－3　注册调查网商家页面

步骤 2：在中国调查网首页进行调查。

（1）在中国调查网首页单击“商业调查”，如图 5－2－4 所示。

图 5－2－4　商业调查

（2）选择调查问卷进行调查。

活动二　设计网络调查问卷

知识窗

调查问卷又称调查表、询问表，是以问题的形式系统地记载调查内容的一种文件。调查问卷有表格式、卡片式和簿记式三种。完美的调查问卷必须具备两个功能，即能将问题传达给被问的人和使被问者乐于回答。

一、调查问卷的结构

调查问卷的结构很严谨，其框架主要包括标题、卷首语、问题指导语、问卷主题、注意事项和结束语，见表 5－2－3。

表 5-2-3　　调查问卷的结构

组成部分	作用
标题	用来说明调查问卷的主题
卷首语	用来说明由谁执行此项调查，调查的目的、意义所在
问题指导语	又称填表说明，主要用来向被调查者解释如何正确填写调查问卷
问卷主题	主要包括问题和备选答案，是调查问卷的核心部分
注意事项	主要包括调查问卷填写应该注意的问题
结束语	主要是感谢语，要做到诚恳、亲切

二、答题结构

一般来说，调查问卷的问题有两种类型：封闭性问题和开放性问题。

封闭性问题，又称有结构的问答题，它规定了一组可供选择的答案和固定的回答格式。

开放性问题，又称为无结构的问答题，被调查者用他们自己的语言自由回答，不具体提供选择答案的问题。

问卷的答题结构根据问题和调查需求可单独使用或者结合使用，其优缺点见表 5-2-4。

表 5-2-4　　答题结构比较

问题类型	优点	缺点
开放性问题	可以让被调查者充分地表达自己的看法和理由，并且比较深入	搜集到的资料中无用信息较多，难以统计分析
	比较深入，有时还可获得研究者始料未及的答案	由于回答费事，可能遭到拒答
封闭性问题	具体答案是标准化的	回答者对题目理解不正确的，难以觉察出来
	有利于提高问卷的回收率，问题的含义比较清楚	可能产生“顺序偏差”或“位置偏差”，即被调查者选择答案可能与该答案的排列位置有关

活动实施

林巧巧熟悉了网络市场调研后，阅读了很多有关问卷调查的书和案例，并开始设计调查问卷。

步骤 1：设计问卷。

（1）设计标题。

（2）撰写卷首语。

（3）撰写问题指导语。

（4）编写问卷的问题。

（5）撰写注意事项。

（6）撰写结束语。

步骤 2：审核问卷。

（1）邀请指导老师任师傅修改问题。

（2）公司审核问卷。

林巧巧设计的问卷：

关于购买连衣裙的调查问卷

尊敬的被访者：

快乐衣站服饰店为了了解大家对高档连衣裙的需求情况，进行市场调查，请您在认为正确的选项中打“√”。谢谢您在百忙之中抽出时间完成问卷调查。我们将依法对获取的信息严格保密。

1. 亲，请问您的年龄是？

A. 18～30 岁　　B. 30～40 岁　　C. 40 岁以上

2. 亲，如果您打算购买一条连衣裙，准备花多少钱？

A. 100 元以下　　B. 100～300 元

C. 300～500 元　　D. 500 元以上

3. 亲，您打算通过什么途径购买连衣裙？

A. 网购　　B. 商场　　C. 都可以

4. 亲，您购买连衣裙第一考虑的因素是？

A. 款式　　B. 价格　　C. 品牌

D. 舒适度　　E. 质量

5. 亲，您购买连衣裙的主要原因是？（可多选）

A. 美丽　　B. 高档有品位

C. 想买就买　　D. 促销活动

6. 亲，您购买连衣裙首选的款式是？

A. 休闲长裙　　B. 休闲短裙

C. 职业裙子　　D. 其他

7. 亲，您购买连衣裙首选的材质是？

A. 雪纺　　B. 棉

C. 丝　　D. 其他

8. 亲，您购买连衣裙选择的颜色是？（可多选）

A. 黑色　　B. 粉色　　C. 卡其色

D. 白色　　E. 其他

9. 亲，您愿意购买快乐衣站服饰店高档的雪纺连衣长裙吗？

A. 愿意　　B. 不愿意

感谢您的参与！祝您一切顺利！

活动三　在线发布和回收调查问卷

知识窗

一、调查问卷的发布

调查问卷的发布可以选择网店的官方微博、微信公众号，也可以上专业的免费网站，如问卷星、调查派等网站。

（1）问卷星是一个专业的在线问卷调查、测评、投票平台，专注于为用户提供功能强大、人性化的在线设计问卷、采集数据、自定义报表、调查结果分析系列服务。与传统调查方式和其他调查网站或调查系统相比，问卷星具有快捷、易用、低成本的明显优势，已经被大量企业和个人广泛使用。

（2）调查派是拥有强大数据分析功能、免费在线调查问卷设计和发布系统的平台。

调查派提供的免费在线设计调查表、分析调查数据、在线查看调查结果等功能，可以帮助使用者设计调查表并发布问卷，所得调查结果以多种方式直观展示，分析结果一目了然。

二、回收调查问卷

1. 调查问卷的回收率

调查问卷的回收率是指收回的调查问卷数与发放出去的调查问卷数的比例。调查问卷的回收率会影响问卷的效率。

2. 调查问卷的统计

（1）问卷星、调查派网站自带问卷回收与统计功能。问卷需要专业统计的，可以采用 SPSS 软件。

（2）统计常用的图表。

1）饼形图。

饼形图是以圆的整体面积代表被研究现象的总体，按各构成部分占总体比重的大小，把圆面积分隔成若干扇形来表示部分与总体的比例关系，如图 5-2-5 所示。

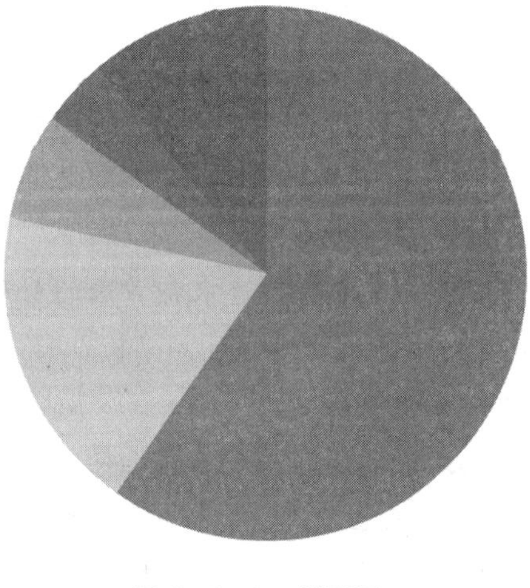

图 5-2-5　饼形图

2）曲线图。

曲线图是利用线段的升降来说明现象的变动情况，主要用于表示现象在时间上的变化趋势、现象的分配情况和两个现象之间的依存关系。

曲线图可分为简单曲线图和复合曲线图。简单曲线图用于描述一段时间内单个变量的历史状况及发展趋势；复合曲线图描述两个或两个以上变量一段时间内的历史状况和发展趋势，如图 5-2-6 所示。

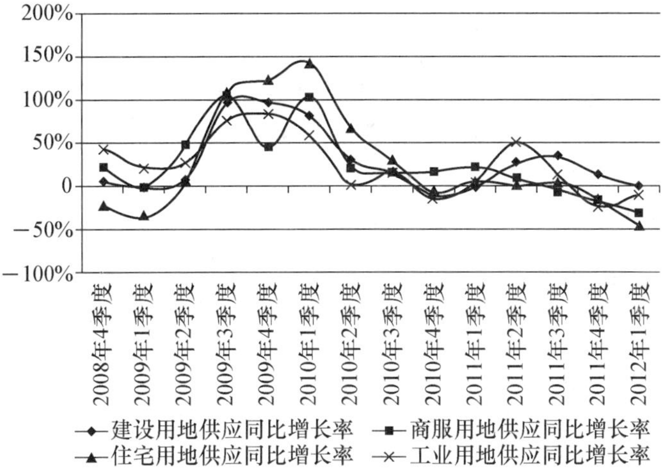

图 5-2-6　复合曲线图

3）柱形图。

柱形图又称为直方图，是利用相同宽度的条形的长短或高低来表现数据的大小与变动。柱形图可以清楚地表现各种不同数值资料相互对比的结果。

柱形图可以分为简单柱形图（如图 5-2-7 所示）和复合柱形图（如图 5-2-8 所示）。简单柱形图适用于说明一段时间内一个变量，复合柱形图适用于说明两个或者两个以上变量及其对比关系。

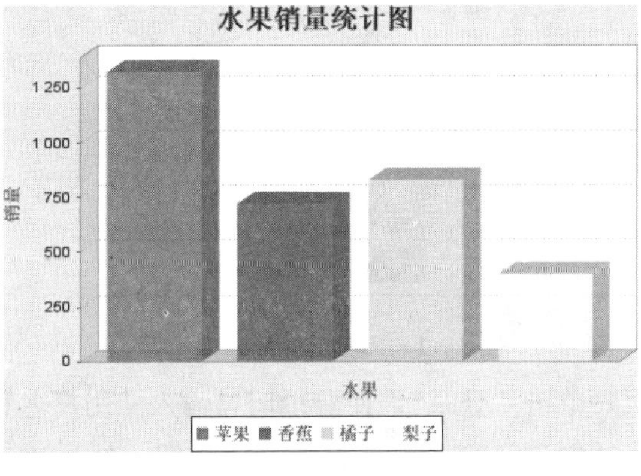

图 5-2-7　简单柱形图

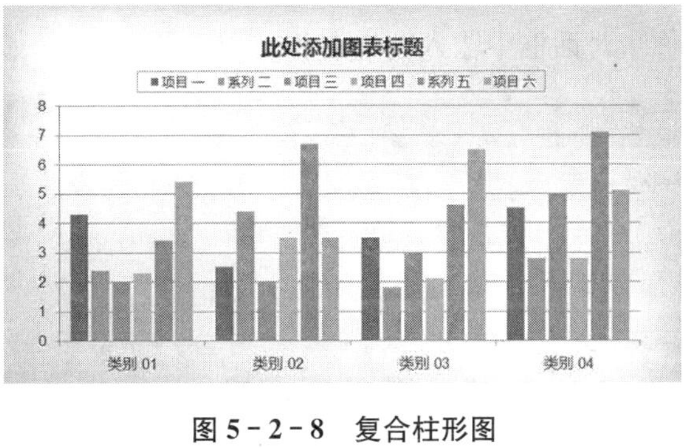

图 5-2-8　复合柱形图

活动实施

公司决定在博客上发布调查问卷，林巧巧建议先在问卷星网站上传问卷和回收问卷，然后将问卷的二维码发布到博客，让用户扫二维码完成调查问卷。

步骤1：登录问卷星（http://www. zdiao. com）。

（1）在问卷星首页单击“注册”，如图5-2-9所示。

图5-2-9 问卷星网站首页

（2）在注册页面，填写注册信息，创建用户成功，如图5-2-10所示。

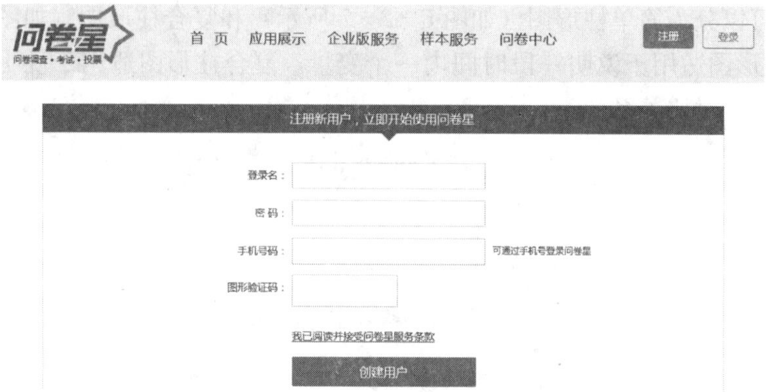

图5-2-10 问卷星注册页面

（3）在问卷星首页，单击“登录”，在登录窗口输入“用户名和密码”。

（4）登录后，单击“创建问卷、考试和投票”按钮，然后单击“请选择问卷类型”的“调查”。

（5）在“调查名称”对话框中输入调查名称，单击“确定”，如图5-2-11所示。

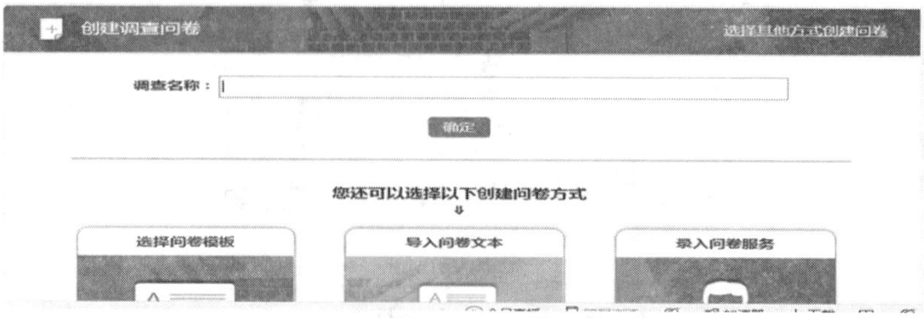

图5-2-11 创建调查问卷首页

（6）单击“添加问卷说明”，在对话框中输入问卷说明。

（7）根据问卷类型，单击相应的选择，如单击“单选题”。

（8）在对话框中输入题目和选项，然后单击“完成编辑”，如图 5－2－12 所示。

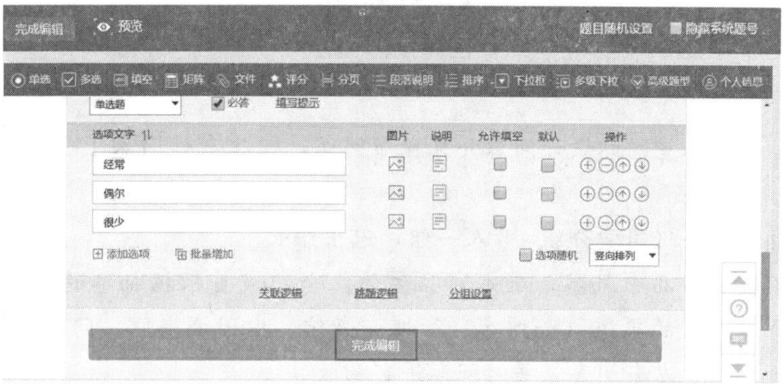

图 5－2－12　添加调查问卷内容

（9）如果需要修改问卷，在弹出的对话框中单击“修改问卷”，否则单击“发布此问卷”。

（10）复制问卷“二维码”。

步骤 2：在博客中发布调查问卷。

（1）在博客中发布问卷的二维码。

（2）在调查时间结束后，登录问卷星后台回收答卷，如图 5－2－13 所示。

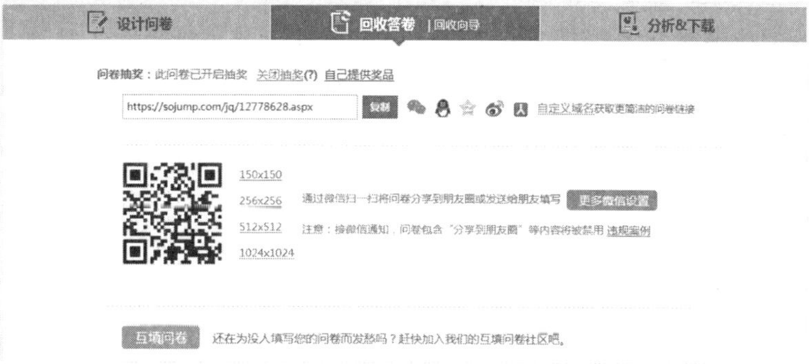

图 5－2－13　回收问卷

（3）在回收问卷界面，单击“分析 & 下载”可查看问卷回收报告。

视野拓展

1. 调查问卷设计方法

2. 如何设计出一份好的调查问卷?

做一做: 在问卷星网站设计问卷并且发布问卷，回收有效问卷 100 份，并下载和查看调查报告。

合作实训: 将全班同学分组，6 人一组，选出组长。

组长在不同的商品中抽签，确定商品主体，全组成员根据抽签的商品进行问卷设计，选择 3 个或以上的渠道（如博客、微博、微信、中国调查网、问卷星、网店网站、第三方电商平台等）发布问卷，并对问卷进行回收。

任务三　网络营销推广

【任务描述】

林巧巧在茵美服饰服务有限公司的网络营销部门实习了一段时间，在完成市场调研工作后，她希望能够参与网店更多的工作。公司准备在明年推出一系列高档的服饰，为了扩大市场的份额，公司安排林巧巧完成网络营销推广工作。林巧巧接到任务后，她打算分五个活动进行：了解搜索引擎推广、编写软文进行推广、掌握网络广告推广、利用微信推广、利用微博推广。

活动一　了解搜索引擎推广

知识窗

一、搜索引擎推广的概念

搜索引擎推广是通过搜索引擎优化、搜索引擎排名，以及研究关键词的流行程度和相关性，在搜索引擎的结果页面取得较高的排名的营销手段。搜索引擎优化对网站的排名至关重要，因为搜索引擎在通过 Crawler（或者 Spider）程序搜集网页资料后，会根据复杂的算法（各个搜索引擎的算法和排名方法是不尽相同的）来决定网页针对某一个搜索词的相关度并决定其排名。常用的搜索引擎如图 5－3－1 所示。

二、影响搜索引擎排名的因素

影响搜索引擎排名的因素包括站内因素、站外因素、社会化因素、链接因素等，如

图 5-3-2 所示。

图 5-3-1　搜索引擎

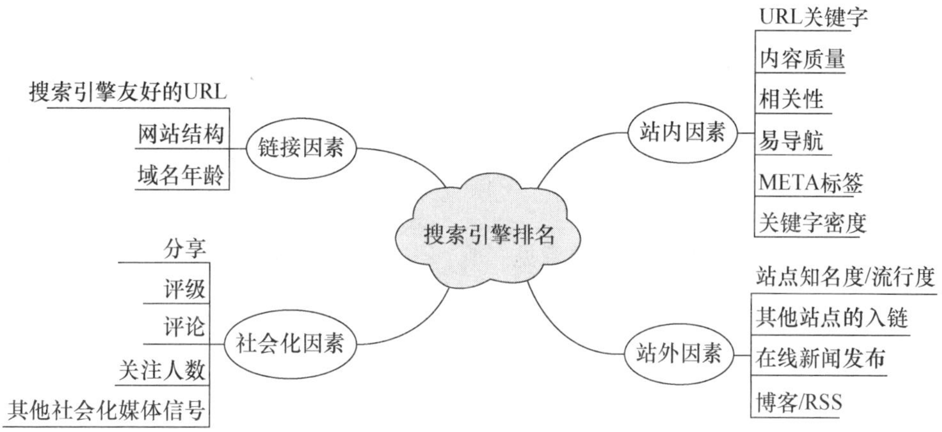

图 5-3-2　搜索引擎排名因素

域名与主机是网站的基础，商业网站选择域名与主机尤其应注重形象和质量，为网络营销开展打好坚实基础。同时，选择好域名与主机也是搜索引擎优化开始的第一步。一般来说，要让一个含有关键词的网页有很高的排名，此关键词必须出现在网页的 TITLE 卷标（tag）、META 卷标（tag）的 Keywords 区段、Description 区段，当然还必须出现在网页内容里。要记得搜索引擎是看不懂图形的，也就是说最关键的文字必须出现在 HTML 内容中。

越来越多的搜索引擎都将网站链接的受欢迎程度列入排名决定因素。也就是说，如果你的网站成为很多网友链接的对象，而且这些链接里或是链接的附近文句含有一些特定的文字，那这些文字就能让你的网站有较好的搜索排名。

活动实施

林巧巧自己在购物时经常用搜索引擎，搜索引擎推广成了网络营销的重要工具。请同学们以小组为单位，完成以下内容。

步骤 1：确定搜索引擎推广的目标。

步骤 2：汇总小组成员意向选择的搜索引擎网站，完成表 5-3-1。

表 5-3-1　相关的搜索引擎网站

意向网站	选择理由	推广时间安排	费用情况

步骤 3：汇总小组成员选择的关键词，完成表 5-3-2。

表 5-3-2　关键词选择

关键词	选择理由

步骤 4：推广效果跟踪。

____

步骤 5：下一步推广意见、改进意见。

____

____

视野拓展

淘宝 SEO 标题优化方法汇总

活动二　编写软文进行推广

知识窗

一、软文的概念

软文是相对于硬性广告而言，由企业的市场策划人员或广告公司的文案人员负责撰写的“文字广告”。与硬广告相比，软文之所以称为软文，精妙之处就在于一个“软”

字，好似绵里藏针，收而不露，克敌于无形。等到读者发现这是一篇软文的时候，读者已经不经意间掉入了被精心设计过的“软文广告”陷阱。软文追求的是一种春风化雨、润物无声的传播效果。如果说硬广告是外家的少林功夫；那么，软文则是绵里藏针、以柔克刚的武当拳法，软硬兼施、内外兼修。软文营销才是最有力的营销手段，如图 5－3－3 所示。

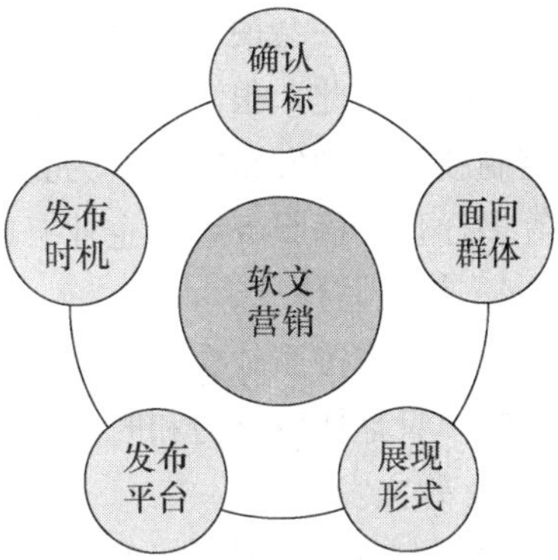

图 5－3－3　软文营销

二、软文推广的优点

（1）可以通过各大网站软文发布平台进行发布。

（2）当消费者想了解相关信息时，可以去各大搜索引擎搜索相关的信息，企业通过各大门户网站的报道能够有效地提升形象和可信度。

（3）可以把发布到门户网站的软文链接到企业的网站上，起到好的品牌烘托作用。

（4）软文不像广告那样需要长期和大量金钱投入，软文只要发布一次，就可以长久运用。

（5）当人们去搜索相关行业产品时，发布在门户网站的推广软文将会优先显示出来。

（6）企业网站还可以把门户媒体的宣传报道截图，放在印刷品或者是宣传册上给客户看，增加企业权威性和品牌度。

（7）软文比短期的投放广告更为有效，能够促进销售并达到宣传的效果。

（8）软文广告比电视广告和杂志广告更省钱，更为实用和方便。

三、软文营销的实施步骤

软文营销是网络时代最重要的营销方式之一，也是企业必选的营销方式之一，可是软文营销要求实施者具备综合型的素质，一般新人难以发挥软文营销的内在魅力。可能不止一家电商企业在软文营销的路上遇到问题，那么软文营销应该如何实施呢？

1. 市场背景分析

软文营销是营销行为，故做市场分析是十分必要的。了解电商企业面对的用户特点，才能准确策划软文话题，选择正确的媒体策略。就电商企业而言，有各自擅长的领域，如母婴类商城面对的是育龄女性，体育用品商城面对的是爱好健身的人群，所以电子商务企业也是行业各异，不同企业可能在营销的需求方面差异很大。

2. 软文话题策划

软文话题的策划要准确把握用户群的特点，并根据营销的导向性来策划话题。如果是电商企业运营起始，应该注重用户信任的建立；如果是成熟的电子商务企业，应该侧重活动和特色产品的推广，用以直接带动销售；如果是品牌推广，文章话题应侧重企业的公关传播，突出企业的社会责任感。总之，软文话题是可以包罗万象，多写多想便能策划出好的软文，其中的奥妙可意会而难以言传。

3. 软文媒体策划

软文媒体策划，就是软文传播的媒体策略，即媒体选择。但是企业往往是重发布轻策划，最后往往会说软文营销的效果看不出来，责怪软文发布商不给力，其实这不是问题的根源。因此，很多专业服务商应运而生，它们通过分析企业的发稿需求，为企业量身定制新闻营销发布方案，为企业提供新闻源套餐、外链套餐、新闻门户套餐、行业套餐等多样化发稿服务，让企业有的放矢，精准命中目标客户。

4. 软文写作

软文写作按照软文策划案编撰软文文案即可，对于稍微有点软文写作经验的人来讲并不难，只是耗费脑力和时间，要用心去琢磨。具体的软文写作方法在此不赘述。

5. 软文发布

软文发布是将编撰好的文稿发布到策划好的目标媒体上，需注意的是，很多公司专门经营这个业务，打着门户媒体的旗号招揽业务，但软文发布上去之后与实际新闻媒体发布的效果大相径庭。

6. 软文效果评估

软文营销的效果是企业最关心的问题，但是如何评价软文营销的效果呢？企业应该综合品牌和销售情况、网站流量、电话咨询来评估。一般来讲，以发布几天后网站的销售和流量提升考核不是合理的，软文自身的优势在于网络口碑与推广的持续性。

活动实施

林巧巧所在的公司主营某品牌休闲服，在秋季推出了新款牛仔服，要求林巧巧的团队创作一篇软文，既要结合网店的特质，又要凸显商品的特色，并将创作出的软文在“十一”国庆节来临之际进行论坛投放。

步骤 1：分析该网店所处的营销环境。

步骤 2：找出营销的受众，找到营销的突破口。

步骤 3：设计好标题、关键词。

步骤 4：打开 Office 软件，编辑软文。

步骤 5：对软文进行标题优化、关键词优化。

步骤 6：在淘宝论坛上注册账号，选择适当的版块进行软文投放。

步骤 7：周期性地对软文进行“增删改查”，并反复投放。

活动三　掌握网络广告推广

知识窗

一、网络广告的定义

网络广告就是利用互联网在网络上做的广告，借助网站上的广告横幅、文本链接、多媒体等，在互联网上刊登或发布广告，是通过网络传递给互联网用户的一种高科技广告运作方式。与传统的四大传播媒体广告（报纸、杂志、电视、广播）及近来备受垂青的户外广告相比，网络广告具有得天独厚的优势，是实施现代营销媒体战略的重要部分。互联网是一个全新的广告媒体，速度最快且效果理想，是中小企业扩展壮大的有效途径，对于广泛开展国际业务的公司更是如此。

二、网络广告的形式

网络广告的形式多种多样，具体见表 5－3－3。

表 5－3－3　　网络广告的形式和特点

网络广告的形式	特点
横幅广告	通栏广告、全横幅广告、半横幅广告、垂直旗舰广告
按钮广告	尺寸为 120×90、120×60、125×125、88×31
文本链接广告	以一排文字作为一个广告，点击就可以进入相应的广告页面
电子邮件广告	利用免费的电子邮箱网站，向个人邮箱里直接发送电子广告
关键字广告	用户搜索关键字时，界面会出现相关的广告内容
弹出式广告	访客在请求登录网页时强制插入一个广告页面或弹出广告窗口
赞助式广告	如 TCL 赞助搜狐世界杯频道
浮动广告	随着鼠标的移动而移动的图标广告形式
网页广告	企业通过自己的官网发布网页广告，如可口可乐
全屏广告	在用户打开浏览页面时，该广告将以全屏方式出现，3～5 秒后逐渐收缩成顶部横幅/按钮或消失不见的广告形式
画中画广告	发布在新闻文本中，面积较大，表现内容较为丰富
摩天大楼广告	普通尺寸为 120×600；宽幅尺寸为 160×600
对联广告	出现在主页面两侧的竖幅广告
播客广告	在播客视频放映前后出现在画面上的广告/放置在播客上的各种广告
富媒体广告	流媒体广告，指能达到 2D 及 3D 的 Video、Audio、JAVA 等具有复杂视觉效果和交互功能效果的网络广告形式，包括浮层类、视频类等
背投广告	尺寸大于传统的弹出式广告，在浏览网页的下方，当关闭浏览网页时会看到
BBS 广告	一般采取写文章、发帖子和参与讨论的方式发布广告信息
聊天工具广告	放置在即时聊天工具，如 QQ 聊天对话框上的链接广告
其他广告	巨幅连播广告、翻页广告、祝贺广告

活动实施

茵美服饰服务有限公司为了提高服饰的销量和品牌知名度，决定采用投放广告的形式进行推广。在广告形式上选择了网络广告形式。

步骤 1：确定网络广告的目标（见表 5－3－4）。

表 5-3-4　　网络广告的目标

主要目的	
时间安排	
预计销售额	
预计会员注册量	
预计推广量	

步骤 2：网络广告预算（见表 5-3-5）。

表 5-3-5　　网络广告预算

投放要求	投放安排	预计费用

步骤 3：投放媒体资源选择（见表 5-3-6）。

表 5-3-6　　网络广告投放的媒体资源

媒介资源	形式	投放时间	优势

步骤 4：制作广告信息（见表 5-3-7）。

表 5-3-7　　网络广告制作要求

广告文字要求	
广告图片要求	
广告语	
广告创意	
广告形式	

步骤 5：网络广告的数据检测（见表 5-3-8）。

表 5-3-8　　网络广告的数据

<table>
<tr><td rowspan="2">基本数据</td><td>曝光次数</td><td>单击次数</td><td>页面停留时间</td><td>评估</td></tr>
<tr><td></td><td></td><td></td><td></td></tr>
<tr><td>广告 IP 数</td><td colspan="4"></td></tr>
<tr><td>销售数量</td><td colspan="4"></td></tr>
<tr><td rowspan="2">转化率</td><td>点击率</td><td>咨询率</td><td>成交率</td><td>注册率</td></tr>
<tr><td></td><td></td><td></td><td></td></tr>
</table>

活动四　利用微信推广

知识窗

一、微信营销

微信营销主要体现在以安卓系统、苹果系统的手机或者平板电脑中的移动客户端进行的区域定位营销。商家通过微信公众平台，结合微信会员营销系统展示商家微官网、微会员、微推送、微支付、微活动，已经形成了一种主流的线上线下微信互动营销方式。

微信营销是网络经济时代企业营销模式的一种创新，是伴随着微信的火热而兴起的一种网络营销方式。微信不存在距离的限制，用户注册微信后，可与周围同样注册的“朋友”形成一种联系，用户订阅自己所需的信息，商家通过提供用户需要的信息，推广自己的产品，从而实现点对点的营销。

二、微信营销的推广方式

1. 通过微信公众平台账号营销

使用微信公众账号，平台方可以向用户推送新闻资讯、产品信息、最新活动等信息，除此之外，还能够完成用户咨询、客户服务等功能，这相当于企业的客户关系管理系统。

2. 开放平台 + 朋友圈

微信允许商家在开放平台上接入自己的应用并推广，以开放平台最早的合作者美丽说为例，用户通过微信把美丽说上的商品逐个传播，扩大产品知名度。朋友圈的分享功能从传播学的角度来讲是一种人际传播，给用户提供了分享自我情感的机会，其中更可以渗透商家的广告信息。

3. 二维码设计

宣传二维码是腾讯公司研发配合微信使用的查找和添加好友的新方式。微信客户可以设计自己的二维码名片，通过识别二维码身份添加好友。在互联网日益发达的今天，二维码就是企业在互联网上的名片。借助微信“扫一扫”的功能，用户只需用手机扫描商家的二维码，就能获得一张存储于微信中的电子会员卡，即可享受商家提供的会员折扣和服务。可见，二维码是线上用户转化为线下用户的关键。

4. 利用漂流瓶传递信息

微信里有一个应用是用户可以选择“扔瓶子”或者“捡瓶子”，瓶子里面装载语音或者文字，借此拓宽客户网。例如，招商银行策划实施的“爱心漂流瓶”。微信用户捡到招商银行的漂流瓶并进行简单互动，招商银行就会通过“小积分，微慈善”平台为自闭症儿童提供帮助。此举一是可以吸引大量潜在的客户群，二是可以增加招商银行的知名度。

5. LBS的营销

LBS（Location Based Services）又称定位服务，指通过移动终端和移动网络的配合，确定移动用户的实际地理位置，从而提供用户所需要的与位置相关的服务信息的一种移动通信与导航融合的服务形式。用户通过点击“附近的人”，可以搜索到附近的微信用户，借此宣传自己的产品信息。

活动实施

随着社交平台的爆发式增长，微信成为人们获取信息的重要平台。林巧巧天天都会登录微信，她将网络推广的目光瞄准了微信平台，认为微信推广是企业推广的必备方式。

步骤1：微信营销策划。

(1) 明确实施原因、实施目的和目标受众。

(2) 根据微信的营销目的和受众群体进行微信营销策划，确定微信营销的相关主题、内容和表现形式，完成表5-3-9。

表5-3-9　　微信营销

微信营销策划	说明	具体分析
营销目的	实施微信营销的目的	
实施原因	实施微信营销的原因	
目标受众群体	营销针对人群	
微信资料	功能说明等资料	
内容类型	所发布的内容类型	

步骤2：微信公众平台选择。

(1) 比较微信订阅号和服务号的区别。

(2) 选择公众平台类型。

(3) 设置名字、简介、头像、微信号等。

步骤3：微信内容编辑。

(1) 根据微信营销主题确定内容主题。

(2) 选择与国庆节相关的话题编写微信内容，注意排版格式。

(3) 转载与国庆节相关的微信内容。

步骤4：效果监控与分析。

(1) 查看微信的粉丝量、微信的转发量和订阅量。

(2) 查看微信营销带来的订阅量、转发数。

(3) 分析微信营销的总体效果。

(4) 以小组为单位相互查看，并进行微信营销的效果互评。

视野拓展

1. 微信营销的优势和模式

2. 企业如何利用微信营销做好推广

3. 做微信营销必须知道的八个技巧

活动五　利用微博推广

知识窗

一、微博营销概述

微博营销是指通过微博平台为商家、个人等创造价值的一种营销方式，也是指商家或个人通过微博平台发现并满足用户的各类需求的商业行为方式。微博营销以微博作为营销平台，每一个听众（粉丝）都是潜在的营销对象，企业利用更新自己的微型博客向网友传播企业信息、产品信息，树立良好的企业形象和产品形象。每天更新内容就可以与网友交流互动，或者发布网友感兴趣的话题，由此达到营销的目的，这样的方式就是互联网中的微博营销。

二、微博推广途径

（1）企业官方微博：以发布企业官方信息为目的，重在宣传企业技术动态、新产品与服务等。

（2）公司所属或关联机构微博：企业可通过关联公司、下属部门的官方微博，与消费者形成互动。

（3）品牌或产品微博：如果企业属于多品牌或多产品系列的公司，每个品牌或者每个产品都可以开设独立的微博账号与客户形成互动。

（4）由公司运营但不直接包含公司信息的微博：如专门发布某行业动态的微博，一定程度上具有行业社会化媒体的属性。如图 5－3－4 所示的“三只松鼠”就是企业利用行业动态的微博，关注用户对“松鼠吃货”的需求变化。

（5）公司/品牌＋个人名字的微博：通常为公司主要负责人，可以依靠个人影响力传播信息。

（6）员工个人微博：全员网络营销时代，每个员工都是网络传播的力量，在微博上尤其如此，企业要充分运用本企业员工的力量。

图 5－3－4　三只松鼠的微博

（7）以公司品牌/产品名称＋代理商命名的微博：这种微博对企业品牌和产品具有传播效果，可以扩大企业信息的可见度。

活动实施

任师傅告诉林巧巧，微博营销与微信营销一样，已经成为时下热门的营销方式。任师傅拿着林巧巧的手机，下载了微博，然后耐心地告诉林巧巧怎样关注企业微博，以及如何进行微博营销。

步骤 1：策划微博营销方案。

(1) 明确实施原因、实施目的和目标受众群体。

(2) 根据微博营销目的和受众群体进行微博营销策划，确定微博营销的相关主题、内容和表现形式，同时确定合适的微博营销平台，完成表 5-3-10。

表 5-3-10　　微博营销

微博营销策划	说明	具体分析
营销目的	实施微博营销的目的	
实施原因	实施微博营销的原因	
实施步骤	具体实施方法	
微博营销方式	选择的微博营销方式	
微博内容编写	营销微博内容的策划	
微博发布	发布内容与发布方式	

步骤 2：开通微博。

(1) 开通微博账号。

(2) 微博装修。

(3) 微博认证。

步骤 3：微博内容编辑。

(1) 根据微博营销主题确定内容主题。

(2) 选择与国庆节相关的话题编写微博内容，提高微博访问量。

(3) 转载国庆节相关的微博内容，提高微博访问量。微博内容编辑过程中应注意语句精练顺畅，避免语法错误、错别字等。

(4) 将编辑修改完成的微博话题进行发布。

(5) 将自己转发量较多和评论较多的微博发至自己所加入的微群。

(6) 转发评论其他人的微博，增加与他人的互动，进行自身微博的推广。

步骤 4：效果监控与分析。

(1) 查看微博的粉丝量、转发量和订阅量。

(2) 查看微博营销带来的订阅量、转发数。

(3) 分析微博营销的总体效果。

(4) 以小组为单位相互查看，并进行微博营销的效果互评。

视野拓展

1. 淘宝商家微博营销七大技巧

2. 如何做好微博营销?

3. 微博营销如何能达到企业预期?

项目总结

企业展开网络营销不受规模和场地的限制，能够更方便地采集顾客信息，对顾客信息进行现代化管理，从根本上提高企业的竞争力。本项目讲解了网络营销的基本概念、网络营销的调研，以及网络营销推广的方法，其中贯穿了网络营销的技能。掌握了网络营销的技能就等于拥有了在商场上制胜的又一法宝。

随着中国网络营销的发展壮大，中国企业对网络营销人才的需求不断加大。网络营销相关岗位的需求与日俱增，随之带来巨大的从业机会，因此网络营销技能对学生的就业和创业有着深远的影响。

项目检测

一、单选题

1. (　　) 是为了解决一组用户通过电子邮件互相通信的要求而发展起来的，是一种通过电子邮件进行专题信息交流的网络服务。

A. 电子邮件　　B. 邮件列表　　C. 邮箱　　D. 微信

2. 邮件列表一般是按照 (　　) 组织的，目的是为从事同样工作或有共同志趣的人提供信息、开展讨论、相互交流或寻求帮助。

A. 专题　　B. 兴趣　　C. 爱好　　D. 内容

3. (　　)(On-line Marketing 或 E-Marketing) 就是以国际互联网络为基础，利用数字化的信息和网络媒体的交互性来辅助营销目标实现的一种新型的市场营销方式。

A. 客服营销　　B. 电子营销

C. 市场营销　　D. 网络营销

4. (　　) 是指以手机为主要传播平台，在强大的数据库支持下，直接向目标客户定向和精确地传递个性化即时信息，达到“一对一”的互动营销目的。

A. 博客　　B. 移动营销

C. 数据库营销　　D. 第三方平台营销

5. （　　）就是企业依托第三方电子商务平台开展电子商务营销。

A. 博客　　B. 移动营销

C. 软文营销　　D. 第三方平台营销

6. （　　）就是以短信的方式发送信息到手机的一种达到营销目的的营销手段。

A. 博客　　B. 移动营销

C. 短信营销　　D. 软文营销

7. 网络推广是指通过互联网把企业的产品或信息推广给（　　），是以互联网为主要载体开展的营销活动之一。

A. 目标客户　　B. 自己的客户

C. 供应商客户　　D. 制造商客户

8. 关键词是指为了方便客户快速找到商品或服务而设定的（　　）。

A. 相关图片　　B. 相关视频　　C. 相关动画　　D. 相关文字

二、多选题

1. 电子邮件营销是在用户事先许可的前提下，通过电子邮件的方式向目标用户传递价值信息的一种网络营销手段。电子邮件营销的三个基本因素是（　　）。

A. 用户许可　　B. 电子邮件传递信息

C. 信息对用户有价值　　D. 邮箱

2. 短信营销的特点是（　　）。

A. 群发　　B. 定时发送　　C. 交互　　D. 回执

3. 营销短信可以分为（　　）。

A. 通知类　　B. 祝福类　　C. 促销类　　D. 广告类

4. 网络市场调研的程序包括（　　）和撰写调研报告。

A. 确定目标　　B. 设计调研方案

C. 搜集信息　　D. 信息整理和分析

5. 调查问卷可以是（　　）和表格式。

A. 图片式　　B. 卡片式　　C. 问答式　　D. 簿记式

6. 与传统的推广手段相比，网络推广的优势有（　　）。

A. 竞争优势　　B. 便于决策　　C. 成本优势　　D. 良好的沟通

三、判断题

1. 电子邮件营销是利用电子邮件与受众客户进行商业交流的一种间接营销方式。（　　）

2. 网络市场调研是基于互联网系统地进行营销信息的搜集、整理、分析和研究的过程，以及利用各种搜索引擎寻找竞争环境信息、客户信息、供求信息的行为，其具有及时性、共享性、准确性、交互性、经济性、可控制性和无时空限制的特点。（　　）

3. 调查问卷又称调查表、询问表，是以问答的形式系统地记载调查内容的一种文件。（　　）

4. 完美的问卷必须具备两个功能，即能将问题传达给被问的人和使被问者乐于回答。（　　）

5. 电子商务邮件推广的基本方式就是自己的信息。(　　)

四、简述题

1. 网络市场调研包括哪些内容?

2. 网络营销推广的方法有哪些?

五、趣味挑战

在互联网上找出2013年、2014年、2015年、2016年和2017年电子商务营销的经典案例，并进行比较，从中获取启示。

项目六
服务电子商务客户

情境导入

在职业院校学习了两年电子商务的小王计划在第三年到校外实习，他通过互联网搜索与电子商务相关的实习工作，搜索到很多与电子商务客服相关的招聘信息，如“急聘网络客服”“诚聘客服专员”“诚招淘宝客服”等。小王觉得自己的专业基础并不扎实，而电子商务客服岗位的需求量这么大，如果自己能通过做客服接触到更多的电子商务实践，对自己的未来发展会有很多帮助。于是小王定下目标要找一份网络客服的实习工作，并开始主动复习电子商务客服的岗位要求，以及与客户沟通的技巧和方法。

在同校已毕业的师姐的引荐下，小王找到了一份淘宝网店客服的实习工作。他决定在这里安心实习，积累足够的实习经验。

项目目标

知识目标

- 了解网店客服的具体工作内容和流程。
- 掌握与客户沟通的方式方法。
- 掌握网络销售的技巧。
- 掌握商品销售的流程。

技能目标

- 能够熟练回答客户的问题。
- 能够熟练掌握销售技巧。
- 能够熟练掌握商品售前售后的流程。

情感目标

- 培养积极进取、细致周到的职业素养。
- 培养创新意识、责任意识和服务意识。
- 培养应变能力、挫折承受力、自我调节能力。

任务一 客户服务话术体验

【任务描述】

经过短期的培训后，小王正式上岗了，他被分配到公司的淘宝专营店做客服工作。小王非常努力，取得了一些业绩，但是过了一段时间以后，他发现自己的工作业绩总也比不上老员工，即便是付出了同样甚至更多的工作时间和精力。经过公司平台的业务数据对比，小王发现自己服务的40多个客户的总订单数竟然少于只有20多个咨询量的老员工，而且客户对老员工的评价成绩也比自己高，这让初出茅庐、十分努力的小王特别疑惑和不平。如何提高咨询客户的成交率，以及提升自己的客户评价成为小王头痛的问题。他打算分两个活动进行：了解客户服务常见标准用语、掌握解决客户疑义的技巧。

活动一 了解客户服务常见标准用语

知识窗

一、网络客服的定义

网络客服（Customer Service）是基于互联网的一种客户服务工作，是网络购物发展到一定程度后细分出来的一个工种，跟传统商店售货员的工作类似，分为售前客服、售中服务、售后服务、销售客服、技术客服和中评差评客服等，工作内容主要包括引导客户购物、解答客户问题、提供技术支持、消除客户不满情绪等。

二、网络客服的要求

一般要求网络客服打字速度达到60字/分钟以上，熟悉网店（淘宝）操作流程和交易规则，熟悉电脑基础操作，熟练使用Word、Excel等办公软件，会使用聊天工具，掌握网络购物的流程，同时要求工作者具有良好的沟通协调及语言表达能力、热情主动、耐心细致、普通话标准（部分需要和顾客通电话）、思维敏捷、认真负责、能承受较大工作压力、服务意识强和应变能力强等素质。

活动实施

客服是网店销售环节中很重要的一环，网店客户通常有一些常见的问题，如何巧妙应对这些问题，让客户打消顾虑提高满意度会直接关系到产品的销售。小王请教前辈、网上查询，再结合自己的客服工作经历，总结了一些基本的但很重要的话术。

步骤1：欢迎语。

基本问候式：您好！欢迎光临××店，很高兴为您服务，有什么可以为您效劳的？

自我介绍式：您好，欢迎光临××店，我是客服小王，很高兴为您服务。

专业问候式：您好，欢迎光临××店，这里是专业顾问，您可以叫我小王。很高兴为您服务，请问有什么可以帮您？

客服给客户的第一印象就是要热情、专业。这是最基本的也是最重要的，每个客户都喜欢态度良好的客服，没有客户喜欢态度差的客服。另外，用“您”而不用“你”，客服对客户讲解商品时都用“您”，这是对客户最基本的尊重。

欢迎语可以直接设置为自动回复。

步骤 2：解释低价销售。

模拟情况 A：亲，您好。我们现在正在冲量期间，所有的产品都是低价销售赚信誉的，您看中的这款是我们现在限时折扣销售的。

模拟情况 B：亲，您这个问题问得非常好，我们以前也有许多老客户有这样的顾虑。不过这一点我可以负责任地告诉您，不管是正价还是促销的产品，其实质量完全是一样的，比如这款特价的，质量保证都是一样的，而价格却要低很多，所以现在买这款产品真的非常划算。您完全可以放心选购。

淘宝店铺在做活动的时候常会进行低价销售，有的客户会以为低价销售的商品有质量问题。所以客服人员就必须和客户解释低价的原因。

步骤 3：解释邮费高低。

模拟情况：亲，到您那只需要××元的运费就可以了，快递是按照重量收费的，这款产品是加厚版的，所以比较重，在××左右，已经给您优惠了，您看下。

对于许多不包邮的产品客户可能会质疑或抱怨怎么运费这么贵，这时候必须给予耐心的解释。

步骤 4：解释质量问题。

模拟情况：亲，产品质量问题您完全可以放心哦，我们不但参加了消费者保障计划，还参加了 7 天无理由退款，只要有质量问题，完全可以退货的哦！

质量是客户最为重视的一个问题，毕竟是要自己用的，有问题怎么办？这个时候满怀信心的回答会直接影响客户做出最终决定。

步骤 5：色差问题。

模拟情况：亲，衣服颜色和图片差距不大，我们都是实物拍摄的，但是由于受显示器显色程度，每个人对颜色的感知不同，所以有轻微的“色差”是难免的，如果亲对颜色要求非常苛刻，请谨慎选购。

目前互联网上的网购毕竟不是现实场景，人们无法亲自看到货品，只能通过网络图片和客服的描述来判断。

步骤 6：议价问题。

模拟情况 A：亲，同样的产品也有质量区别的，最主要的就是材质的问题，材质的不同会直接影响到价格的差异，也会因为品牌、进货渠道等因素而有区别。您说的价位我们实在给不了！

模拟情况 B：亲，如果您觉得您说的价位很合适的话，那我只能说声抱歉了，您说的这个价格在整个市场都买不到的。您还可以多比较比较，如果需要的话，欢迎您随时光临小店来购买哦！

模拟情况 C：实在抱歉。您经常网购您也知道网店利润很薄的，这个价格我们真的给不了，但是您开口了，要是我还抱着这个价格不放，感觉有点死板，您看，我帮您跟主管申请件礼品吧，好吗？

模拟情况 D：亲，我们店内的宝贝都是正价销售，谢绝还价哦！如果给您私下低价，那样对别的客户不公平，如果下次有活动我们会第一时间通知您，希望您能理解。您看这样好不，我帮您和主管申请下送您份礼品，好吗？

客户最关注的还是价格问题和质量问题，客服跟客户的沟通应留有回旋的余地，始终保持礼貌和耐心的服务态度。

步骤 7：客户拒绝购买。

模拟情况：您可以再多看几家，觉得我们最合适的话欢迎您再回来，我们随时为您服务。

客户拒绝购买时，不管是因为产品还是因为服务态度，客服都应该耐心跟客户做出交流跟回应。

步骤 8：催付款。

模拟情况：温馨提示，亲，您在本店拍下的宝贝已确认，折扣仅限“双 11”期间，为了您拍下的宝贝不因无货而取消，请及时完成付款，如有问题请及时联系客服。

当客户拍下商品或提交订单后没有付款，不管是客户忘记付款了，还是一时冲动拍下的，这时客服就应热情地询问，尽快促成交易。

步骤 9：售后问题。

模拟情况 A：您认为瑕疵影响不大可以接受，我们会对商品给您一个适当的折扣，将剩余款直接汇款到您的支付宝账户，但需要您为这个商品做好评。

模拟情况 B：您认为瑕疵不可以接受，要求退换货服务，那么我们在接到您退回来的货以后会按要求给您邮寄过去所要退换的商品。但是两次的邮费需要您支付哦。

模拟情况 C：您认为瑕疵不可以接受，需要我们退款，我们会根据照片的情况通知您是否将不满意的产品退回。这件事情给您添麻烦了，请接受我们的道歉。

当客户收到货后感觉不太满意，要求退货或换货，此时客服要根据退换货条款详尽地跟客户解释，尽量争取客户的好评。

步骤 10：结束语。

模拟情况 A（成交）：谢谢亲的选择和支持，在您收到宝贝后有任何问题记得联系我们，相信我们的售后会给您满意的答复，请不要轻易给中差评伤害彼此的缘分，祝亲生活愉快！

模拟情况 B（未成交）：很抱歉小店没能让您购买到满意的商品，您可以收藏本店铺，及时关注我们的更新，买到满意的产品。

活动二 掌握解决客户疑义的技巧

知识窗

1. 使用礼貌有活力的沟通语言

态度是个非常有力的武器，当客服真诚地、确实地把客户的最佳利益放在心上时，客户自然会以积极的购买决定来回应客服的行动和态度。良好的沟通能力是非常重要的。沟通过程中其实最关键的不是客服说的话，而是客服如何说话。

2. 遇到问题多检讨自己少责怪对方

遇到问题的时候，先想想自己有什么做得不到位的地方，诚恳地向客户检讨自己的不足，不要先指责客户。例如，商品有些功能明明写了但客户没有看到，这个时候不要指责客户不好好看商品说明，而是应该反省没有及时提醒客户。

3. 多换位思考有利于理解客户的意愿

当客服遇到不理解客户想法的时候，不妨多问问客户是怎么想的，然后把自己放在顾客的角度去体会他的心境。

4. 多用敬语

少用"我"字，多使用"您"或者"咱们"这样的字眼，让客户感觉我们在全心为他考虑问题。

5. 表达不同意见时尊重对方立场

当客户表达不同的意见时，客服要力求体谅和理解客户，表现出"我理解您现在的心情，目前……"或者"我也是这么想的，不过……"来表达，这样客户能觉得客服在体会他的想法，能够站在他的角度思考问题，同样，他也会试图站在客服的角度来考虑。

6. 认真倾听，先了解客户的情况和想法，再做判断和推荐

有的时候客户常常会用一个没头没尾的问题来开头，比如"我送朋友哪个好"，或者"这个好不好"，不要着急去回复他的问题，而是先问问客户是什么情况、需要什么样的东西。如果他自己也不是很清楚，就需要客服来帮他分析情况，然后站在他的角度来帮他推荐。

7. 保持相同的谈话方式

对不同的客户，客服应该尽量用与他们相同的谈话方式来交谈。如果对方是个年轻的妈妈给孩子选商品，客服应该站在母亲的立场，考虑孩子的需要，用比较成熟的语气来表述，这样更能得到客户的信赖。如果客服自己表现得更像孩子，客户会对客服的推荐表示怀疑。

8. 经常对客户表示感谢

当客户及时完成付款或者很痛快地达成交易时，客服应该衷心地对客户表示感谢，谢谢他这么配合自己的工作，谢谢他为自己节约了时间，谢谢他给商家一个愉快的交易过程。

9. 坚持自己的原则

在销售过程中，客服会经常遇到讨价还价的客户，这个时候客服应当坚持自己的原则。

如果作为商家在制定价格的时候已经决定不再议价，那么就应该向要求议价的客户明确表示这个原则。

活动实施

小王结合自己的经验和网络的资源，将经常遇到的客户提出的关键问题的对策进行了总结归纳。

步骤 1："我要考虑一下。"

对策：时间就是金钱。机不可失，失不再来。

(1) 询问法：通常在这种情况下，顾客对产品感兴趣，但可能是还没有弄清楚客服的介绍（如某一细节），或者有难言之隐（如没有钱）不拍板，再就是推托之词。所以要利用询问法将原因弄清楚，再对症下药。例如，"先生，我刚才是哪里没有解释清楚，所以您说您要考虑一下？"

(2) 假设法：假如马上成交，顾客可以得到什么好处（或快乐）；假如不马上成交，有可能会失去一些到手的利益（将痛苦），利用人的这一心理迅速促成交易。例如，"某某先生，您一定是对我们的产品确实很感兴趣。假设您现在购买，可以获得××（外加礼品）。我们一个月才有一次促销活动，现在有许多人都想购买这款产品，假如您不及时决定，可能会错过这次难得的机会"。

步骤 2："太贵了！"

对策：一分钱一分货，其实一点也不贵。

(1) 比较法：一是与同类产品进行比较。例如，"市场××牌子的××钱，这个产品比××牌子便宜多啦，质量还比××牌子的好。"二是与同价值的其他物品进行比较。例如，"××钱现在可以买 A、B、C 等几样东西，而这种产品是您目前最需要的，现在买一点儿都不贵"。

(2) 拆散法：将产品的几个组成部件拆开来，一部分一部分来解说。重点是每一部分都不贵，合起来就更加便宜了。

(3) 平均法：将产品价格分摊到每月、每周、每天，尤其对一些高档服装销售最有效。买一般服装只能穿多少天，而买名牌可以穿多少天，平均到每一天的比较，买贵的名牌显然划算。例如，"这个产品你可以用多少年呢？按××年计算，××月××星期，实际每天的投资是多少，你每天花××钱，就可获得这个产品，值！"

(4) 赞美法：通过赞美让顾客不得不为面子而掏腰包。例如，"先生，一看您，就知道平时很注重××（如仪表、生活品位等）的啦，不会舍不得买这种产品或服务的"。

步骤 3："能不能便宜点？"

对策：价格是价值的体现，便宜无好货。

(1) 得失法：交易就是一种投资，有得必有失。单纯以价格来进行购买决策是不全面的，只看价格，会忽略品质、服务、产品附加值等，这对购买者来说是个遗憾。例如，“您认为某一项产品投资过多吗？但是投资过少也有它的问题，投资太少，所付出的就更多了，因为您购买的产品无法达到预期的满足（无法享受产品的一些附加功能）”。

（2）底牌法：这个价位是产品目前在全国最低的价位，已经到底了，您要想再低一些，我们实在办不到。通过亮出底牌（其实并不是底牌，离底牌还有距离），让顾客觉得这种价格在情理之中，买得不亏。

（3）老实法：在这个世界上很少有机会花很少钱买到最高品质的产品，这是一个真理，告诉顾客不要存有这种侥幸心理。例如，“假如您确实需要低价格的，我们这里没有，据我们了解其他地方也没有，但有稍贵一些的××产品，您可以看一下”。

步骤 4：“别的地方更便宜。”

对策：服务有价。现在假货泛滥。

（1）分析法：大部分的人在做购买决策的时候，通常会了解三方面的事：第一是产品的品质；第二是产品的价格；第三是产品的售后服务。在这三个方面轮换着进行分析，打消顾客心中的顾虑与疑问，让其“单恋一枝花”。例如，“××先生，那可能是真的，毕竟每个人都想以最少的钱买最高品质的商品。但我们这里的服务好，可以帮忙进行××，可以提供××，您在别的地方购买，没有这么多服务项目，您还得自己花钱请人来做××，这样又耽误您的时间，又没有节省钱，还是我们这里比较恰当”。

（2）转向法：不说自己的优势，转向客观公正地说别的地方的弱势，并反复不停地说，摧毁顾客心理防线。例如，“我从未发现：那家公司（别的地方的）可以以最低的价格提供最高品质的产品，又提供最优的售后服务。我××（亲戚或朋友）上周在他们那里买了××，没用几天就坏了，又没有人进行维修，找过去态度不好……”

（3）提醒法：提醒顾客现在假货泛滥，不要贪图便宜而得不偿失。例如，“为了您的幸福，品质与价格两方面您会选哪一项呢？您愿意牺牲产品的品质只求便宜吗？假如买了假货怎样办？您愿意不要我们公司良好的售后服务吗？××先生，有时候我们多投资一点，来获得我们真正要的产品，这也是蛮值得的，您说对吗？”

视野拓展

1. 淘宝客服常用话术技巧大全

2. 淘宝网的中差评处理话术

合作实训：两名同学一组，角色扮演，分别模拟客户和客服，分析在遇到以下问题时该如何应对和回复。

1. 若是多次合作的买家，再一次询问商品时，你将如何回复？

你的回复A：______

______

你的回复B：______

______

2. 客户："从店铺资料看到你们的信誉度很低，有点担心你们的产品质量。"

你的回复A：______

______

你的回复B：______

______

3. 客户："同样的宝贝在那家××店很便宜，你怎么卖那么贵，别人比你便宜多了。"

你的回复A：______

______

你的回复B：______

______

4. 客户："同样的宝贝，你怎么比别人便宜那么多！质量是不是也差很多？"

你的回复A：______

______

你的回复B：______

______

5. 客户："我看到你们的信誉度挺高的，这件产品卖得也很火，上千件了。但是为什么评价里指出很多毛病呢，比如物流很慢呀、质量一般呀、不值这个价格呀、服务态度一般呀，我想买一件，但是下不了手。"

你的回复A：______

______

你的回复B：______

______

任务二 客户服务案例展示

【任务描述】

经过了一年实习的小王，做出了不错的业绩，成为公司实习客服里的第一名，得到了公司的认可，也得到了公司提供的一份正式合同。公司邀请小王与新来的员工进行交流，分享客户服务的经验，特别是分享一些客户服务的案例。他总结了三个经验：售前准备要充分、售中接待要细致、售后处理要耐心。

活动一　售前准备要充分

知识窗

一、售前服务的内容

网店客服的售前工作主要是一种引导性的服务，当买家对产品抱有疑虑时，即需要客服人员提供售前服务，从买家进店到付款的整个过程都属于售前服务的范畴。售前服务主要包括客户咨询、客服应答、达成订单、确认订单并引导买家付款、引导买家收藏店铺、感谢买家光顾等内容。

在售前沟通的过程中，作为网店的客服人员，需要掌握的主要客服知识通常为商品的详细信息、产品推荐、与不同类型的买家沟通等。

二、售前服务的意义

1. 售前服务是网店制定经营策略与经营决策的基础

如果没有售前服务，网店就会缺乏消费者信息，造成市场信息不完全，网店制定的经营决策也就不够理想，甚至走上相左的路线。通过售前服务，网店可以了解消费者和竞争对手的情况，从而设计出符合消费者的产品、制定出适当的促销策略，这样就会有事半功倍的效果。

2. 售前服务是决定产品销售与网店效益的最基本因素

现在的市场是买方市场，产品供大于求，消费者有充分的选择余地。如果网店的售前服务没有做好，消费者根本就不会理会该店的产品；如果没有好的售前服务——高质量的产品，消费者在使用产品时就会麻烦不断，再好的售后服务也不能从根本上解决问题，从而导致人们不会购买该产品。总之，一切问题都应该解决在产品销售之前。因此，优质的售前服务是产品销售的前提和基础，是提高网店经济效益的关键。

3. 加强售前服务可以扩大产品销路，提高网店的竞争能力

网店通过开展售前服务，加强双方的了解，为消费者创造购买产品的条件，消费者也就信任该网店和产品，从而愿意购买。赢得消费者的支持，赢得市场，也就是提高了网店的竞争能力。

活动实施

售前指的是售前导购。顾客进店，对店内某些商品有初步意向后，根据店内客服的具体介绍，达成购买意愿，完成付款。售前服务是否到位直接影响了客户对店铺的直观看法。

步骤 1：糊涂回复惹人恼。

（A：顾客；B：客服；模拟产品：Y；沟通工具：阿里旺旺）

A：老板，在吗，我想买 Y 产品，有货吗？

B：您喜欢可以直接拍下来，我们最快速度给您发货哦～～～

A：那快点哈，我着急用呢！

B：好的，您放心，两到三天就到您那里。

A：嗯，好的。

几天后……

A：当时让我拍单了，还说给我发货，我当天一起买的其他货都到家了，怎么你家的还没发出来？已经 72 小时了！！

B：抱歉……当时货已经卖空了，现在正在补货，所以没有给您及时发出……

A：我申请退款了！给我退款。

B：亲，看您申请上填的是无货退款，麻烦您修改成其他原因退款好吗？

A：不行，你给我赔偿，否则我就投诉你！！

B：我这边与老板商量一下……帮您退款……

步骤 2：认真仔细得好感。

（A：顾客；B：客服；模拟产品：Y；沟通工具：阿里旺旺）

A：老板，在吗，我想买你们产品。

B：嗯，好的亲，您先拍下来。我这边给您看看商品的库存。

A：嗯，已经拍了。

B：看到您所选购的商品了，现在库存充足，可以当天帮您发出。但因为商品是粉末状的，我们无法帮您……

A：哦，知道了。

B：我们会以最快速度帮您发货，估计四到五天到您那里，麻烦您耐心等待哈。

A：好的。

B：在您确认收货前，有什么需要帮忙的，您可以随时联系我哦。

几天后……

A：我拍的商品怎么还没到货？

B：我帮您查看了一下物流，您的商品已经到您所在市区，这两天就会到您那里了，请您再耐心等待一下。

A：前两天我一起拍的商品都到了，你家的怎么还没到？

B：呵呵，咱家的商品只能走路运，所以时间较晚，还望您海涵。

A：哦，这样，那好吧。

B：您收货前请进行检查，有问题就拒签。然后联系我们，我们帮您处理，一定要注意哦。

A：嗯，谢谢您的提醒。

B：不客气，应该的，有需要帮忙的您可以随时联系我哦。

活动二　售中接待要细致

知识窗

一、售中服务的主要内容

售中服务是指商品交易过程中为买家提供的服务，主要集中在顾客付款到订单签收这个阶段，包括客户付款、订单处理、客服解答、物流配送、销售报表备份、订单跟踪等内容。

二、售中服务的目标

售中服务的目标是为客户提供性价比最优的解决方案。针对客户的售中服务，主要体现为销售过程管理和销售管理。销售过程是以销售机会为主线，围绕着销售机会的产生、销售机会的销售控制和跟踪、合同签订、价值交付等一个完整销售周期而展开的，既是满足客户购买商品欲望的服务行为，又是不断满足客户心理需要的服务行为。

优秀的售中服务将为客户提供享受感，从而可以增强客户的购买决心，融洽而自然的销售服务还可以有效地消除客户与企业销售、市场和客户关怀人员之间的隔阂，在买卖双方之间形成一种相互信任的气氛。销售、市场和客户关怀人员的服务质量是决定客户是否购买的重要因素，因此对于售中服务来说，提高服务质量尤为重要。

活动实施

接待客户时要热情礼貌，通过阿里旺旺观察、全面了解客户。主动询问，让顾客告诉你答案。积极推荐，建立良好的客户关系。应变灵活，微笑收尾。

步骤 1：心情不好，别惹我。

（A：顾客；B：客服；沟通工具：阿里旺旺）

A：在吗？

B：在的。

A：你们家这款精油多少钱？

B：十元。

A：能优惠吗？

B：不议价的。

A：你是机器人吗？

B：精油用着不错，你可以想想。

A：……

B：没什么事你先自己看吧，有事留言。

步骤 2：礼貌热情，快速反应。

（A：顾客；B：客服；沟通工具：阿里旺旺）

A：在吗？

B：您好，在的，请问有什么可以帮您的？

A：我想买你们家精油，多少钱？

B：这瓶精油现在是十元，您可以试试看。

A：哦，能优惠吗？

B：咱家这款精油都是最优惠的啦～已经打特价了，实在无法帮您优惠处理，实在不好意思，希望您可以理解，小店经营不容易……

A：哦，那我买瓶试试。

B：咱家这款精油真是不错的呢，您可以选购一瓶试试看，效果好了再来买哦。

B：您在使用期间有什么需要帮忙的，您可以随时联系我，我们的团队会帮您解决。

A：嗯，我去拍了。

B：好的。

B：如果有什么需要帮忙的，您可以随时联系我哟。

步骤3：礼貌热情，服务周到。

（A：顾客；B：客服；沟通工具：阿里旺旺）

A：你们家的瘦身精油怎么样？

B：呵呵，咱家的瘦身精油是店铺的热销商品，许多顾客使用后效果都非常好，相信您使用后会得到一个惊喜哟！

A：我看十元一瓶，能好用吗？

B：这个您可以放心，咱家是××官方旗舰店，都保证正品的，您可以看看评价，都是不错的。

A：哦，这样，那我第一次用会不会过敏啊？

B：咱家的这款精油是纯植物提取的复方精油，可以直接涂于身上，适用于各种肤质。如果您担心，那我建议您先买两瓶做个皮试，看看是否适应咱家的这款精油。

A：皮试？什么意思？

B：呵呵，您收到货以后，取一小部分涂在手腕内侧，过两天看看是否有红肿痒的过敏反应，如果没有，就证明您可以放心使用的。

A：哦，那我万一过敏了怎么办啊？

B：这个您可以放心啦，在皮试的时候涂的是少量，您如果出现过敏情况就立即停用，那对您是没有任何伤害的。

A：好，那我先买两瓶试试看。

B：好的，期待咱家的这款“镇店之宝”可以给您带来惊喜。

步骤4：灵活应对，借力打力。

（A：顾客；B：客服；沟通工具：阿里旺旺）

A：你家商品太贵了，能不能优惠点啊？

B：真是不好意思，咱家的商品都是最低的价位了，实在没有办法帮您优惠。

A：一个指甲刀298元？你逗我玩儿呢？给我便宜点，我还可以考虑考虑，给我把邮费包了。

B：咱家这是从德国代购过来的，包含很多运费呢，利润都是很薄的，实在无法帮您包邮了。

A：你不给我优惠，我就投诉你，到时看谁吃亏。

B：顾客是上帝，这是我们遵守的原则和看法，但我们也知道，上帝也有犯错的时候，不过我们会原谅的，因为上帝支持我们的小店儿呢。

A：看你家评价倒不错，东西太贵了，我去别人家看才一百多，到你家翻了两倍，我还是买别人家的东西吧。

B：呵呵，买卖不成情意在嘛，淘宝这么多家，其他家的商品我们从不轻易去对比说明，谁都知道王婆卖瓜，自卖自夸的道理嘛，不过咱家您可以看评价，群众的眼睛那是相当亮了。

A：嗯，那倒是，我先看看别家再说吧。

B：没问题，货比三家，我买东西也是这样，您可以好好比较比较，好货不怕比，在选购的时候如果有什么需要帮忙的，您可以随时联系我哈。

活动三　售后处理要耐心

知识窗

一、售后服务的主要内容

售后服务是指买家在签收商品后，客服针对商品的使用、维护等进行的服务。售后服务的质量是店铺服务质量中很重要的一个方面，好的售后服务不仅可以提高店铺的动态评分，还能吸引更多新顾客，留住更多老顾客。

网店售后服务所包含的内容非常多，主要包括商品使用解答、商品维护解答、退换货处理、中差评处理等内容。此外，完善的售后服务还包括主动问询买家的使用情况、根据买家反馈信息及时调整、引导买家好评、好评回复、引导买家收藏店铺等。

二、售后服务要点

1. 耐心聆听

对顾客所说的话要从头到尾耐心地听。一般人如果听到对方重复话题，不免都想阻止对方，于是就说“我知道了”，不想让对方再说下去。但是客服一定要把顾客这些反复的话当作重要的环节来耐心地听完。

2. 听出真意

在与顾客交流的过程中或者是了解、商讨对策的过程中，客服要注意认真地去听，听出顾客真正的用意在哪里，看他们有什么不满或者抱怨的情形。如果客服遇到的顾客表述能力不是特别好，那么一定要有耐心，让顾客把他的问题表达出来，听出真意。请顾客说出不便说或不敢说的话才是重要的。

3. 引导顾客出对策

如果问题实在没有办法解决，也可以让顾客想出对策。当客服用心去为顾客服务，用心地关心顾客，顾客会表示感谢，还可能做出更大、更好的回馈，为客服想出最好的解决烦恼的对策。

4. 通过服务树立网店形象

在产品同质化日益严重的今天，售后服务作为市场营销的一部分已经成为众商家争夺消费者心智的重要领地，良好的售后服务是下一次销售前最好的促销，是提升消费者满意度和忠诚度的主要方式，是树立网店口碑和传播网店形象的重要途径。

5. 提升顾客满意度

售后服务作为顾客提出来的要求，商家做的好坏程度将与顾客的满意程度呈正相关关系。售后服务做得好，若能达到顾客提出的要求，顾客的满意度自然会不断提高；反之，售后服务工作做得不好或者没有去做，顾客的满意度就会下降，甚至产生极端的不满意。

活动实施

卖出的商品因为各方面的原因可能会存在一些让顾客不满意的地方，如物流的速度跟质量、自身产品或服务不好等。当顾客反映问题时，客服要耐心回答，妥善解决是最好的办法。

步骤1：龟速快递惹人怒。

（A：顾客；B：客服；沟通工具：阿里旺旺）

A：我的货怎么还没有收到？我当时在其他家买的货都收到了，你们家怎么这么慢??我要退货!

B：亲，理解您的心情，您先别着急，我帮您看一下您的货现在发到哪里了。

A：用你看啊？我天天去查物流。

B：看到您在×日选购的××商品，现在货已经发到××位置了。咱家默认的快递是××，一般都在您下单的72小时内发货，我这边也帮您向店主反馈了您的情况，这边会催促物流公司，让您尽快收到商品。

A：你们能不能行啊？在你们家买货，让我等这么长时间？

B：给您带来不便实在不好意思，任何一个交易都是买卖双方真诚的体现，您购买我们的商品，让您有良好的购物体验是我们应尽的责任，您说是吧？请您再耐心等待等待，我这边也替您着急呢。希望您海涵。

A：好吧，我再等等。

B：非常感谢您的理解与支持，在您确认收货之前，有任何问题您可以随时联系我，这边我们也会催促物流，跟进您商品的物流情况，让您早日收到货物。

A：嗯，好吧。

步骤2：真诚道歉得原谅。

（A：顾客；B：客服；沟通工具：阿里旺旺）

A：在吗？收到你们家的衣服了，有严重的质量问题!！我要退货。

B：您好，在的，麻烦您提供一下衣服质量有问题处的照片，可以吗？

A：给你发过来了，自己看。

B：您指的是衣服上出现的洞洞，对吧？

A：对，怎么发的货？你们发货的人长没长眼睛？

B：实在不好意思，每天发货的件数非常多，出现失误。这是我们的问题，希望您可以谅解，您的照片我这边已经保存，对于您出现的问题我这边已经进行记录，您是要退货对吧？

A：对，给我退了。

B：好的，这边需要与店主反馈一下您的情况，希望您耐心等待一下。因为我们工作的失误，给您购物带来不便，希望您可以谅解，我代表我的团队向您表示真诚的歉意。

A：好吧，希望可以快点。

B：这个您放心，我这边有消息会第一时间通知您的。希望您将这件商品外包装等保持完好无损，这边帮您记录反馈，麻烦您了。

A：嗯，好的。

视野拓展

1. 阿芙，三只松鼠，成功淘品牌的客户服务

2. 淘宝客服该如何巧妙地给客户推荐产品

合作实训：以小组为单位，分享一下你在网购过程中曾经遇到的沟通好或不好的经历，如果你是当时的客服，你会怎么做？

项目总结

网店客服在网店推广、产品销售和售后的客户维护方面具有极其重要的作用。本项目通过客服话术体验和案例展示，让学生能够掌握客服的沟通技巧。客服优良的话术有

利于塑造店铺的良好形象，提高产品的成交率和客户的回头率，也能更好地服务客户。

对电脑有基本认识、熟悉 Windows 操作系统、掌握 Office 办公软件中的 Word 和 Excel、熟悉上网搜索、能熟练使用一种输入法、反应快、能同时和多人聊天、有耐心，具备这些素质就符合了从事网店客服的基本要求。挫折打击的承受能力、情绪自我调节能力、积极进取的良好心态则是对网店客服心理素质的需求。目前，网店客服就业门槛不高，待遇较好，是非常适合职业院校学生的一种职业。

项目检测

一、单选题

1. 买家办理退货后，客服的处理是（　　）。

A. 提醒顾客在网上填发货单　　B. 收到货后检查登记并办理退款

C. 收到货后联系顾客推荐新款　　D. 以上处理方法都可以

2. 买家收到货后觉得衣服颜色不喜欢，要求退货，客服此时的处理是（卖家有参加 7 天无理由退换货）（　　）。

A. 以无质量问题回绝顾客

B. 要求顾客承担寄出运费

C. 要求顾客承担寄回运费

D. 告知顾客需保证产品不影响二次销售才能办理退货

3. 一般店铺对老客户的定义是（　　）。

A. 购买 1 次以上的买家　　B. 购买 2 次以上的买家

C. 购买 3 次以上的买家　　D. 购买 4 次以上的买家

4. 在处理售后纠纷时，话术技巧是很重要的，在与顾客交流时，客服不能说的话有（　　）。

A. 这个不属于我们的问题，我们不能负责

B. 亲的货被快递公司遗失了，请找快递公司索赔

C. 退的货你没填单号，导致退款速度慢，这不是我们的错

D. 以上全部都是

二、多选题

1. 做活动时，顾客关注的问题包括（　　）。

A. 产品情况　　B. 物流情况

C. 售后情况　　D. 纠纷情况

2. 产品手册内容包括（　　）。

A. 品牌、款式　　B. 图片、价格

C. 尺码、颜色　　D. 数量、材质面料

3. 常见的老客户营销有（　　）。

A. 微博　　B. 微信

C. 直通车　　D. 钻展

三、判断题

1. 打折是让顾客回头的唯一方式。(　　)

2. 物流因素不受商家控制，所以商家无法避免商品的物流纠纷。(　　)

3. 客服不需要事先了解仓储物流，顾客买了以后再说。(　　)

4. 对于半夜拍下未付款的顾客，应该第二天一上班就马上催单。(　　)

5. 客服必须做到不可以直接拒绝买家的各种要求，只能用婉转的方式说明拒绝的理由。(　　)

四、简述题

1. 客户最关注的是质量和价格，如遇客户议价，可以采取哪些方式回复？

2. 售后服务是客服特别要注意的环节，请列举客服应该在售后服务中注意的地方。

五、趣味挑战

小张参加了天猫D店铺“双11”活动，买了两件的衣服。D店铺承诺15天内发货，但20多天过去了，小张迟迟未收到衣服。小张和D店铺客服沟通，客服回复说衣服订单量太大，备的货都发光了，要现做，但这一批工厂发来的面料不好，他们没有用，换面料耽误时间了。经过一个月小张收到了衣服，但是他很不开心。

如果你是这家店的客服，若预期承诺15天内发货而不能及时发货，你会怎么做？顾客前来咨询货物迟迟未发出的理由，你应该怎么回复？

项目七
初试网上开店

情境导入

广州美源化妆品公司是一家经营化妆品的线下企业，随着企业的不断壮大和互联网的迅猛发展，企业在 2018 年年初制定了开拓电子商务平台的策略，以此拓展企业产品销路，从而推动企业快速发展。企业部门经理安排电子商务专业毕业的小李对公司将要开展的网上店铺业务进行前期筹备，小李决定首先对企业的商品进行深入了解并提取卖点信息，然后进行网上店铺的整体筹备与策划。小李在对公司的产品初步了解后得知，公司之前主要依托线下的年轻人群作为产品的主要销售渠道。“双 11”等电子商务活动显现出来的巨大商机，促使企业决定开拓电子商务平台，扩大产品销售渠道。

小李积极请教已经有开网店经验的范经理，逐步学到了网店开店前的筹备工作、网店定位分析、网店注册与设置、商品发布，以及店铺上线后如何运营等。由于工作出色，小李得到了公司领导的夸奖，这更增强了他在电商行业坚持下去的自信心。

项目目标

知识目标

- 了解网上开店前的初步定位方法。
- 了解网上开店的基本流程。

技能目标

- 掌握企业开设网店前期筹备的注意事项。
- 掌握分析与确定网店平台的能力。
- 掌握申请与开通网上店铺的能力。

情感目标

- 培养学生团体合作精神和协调能力。
- 塑造学生良好的工作意识。
- 提高学生处理问题的能力。

➢ 培养与人沟通的能力。

➢ 培养高效执行力。

任务一　网上店铺开设

【任务描述】

随着互联网和电子商务的发展，线上交易已成为流行的购物方式。公司现有的线下销售策略已经落后，因此公司制定开拓电子商务平台的策略。企业部门经理安排电子商务专业毕业的小李组建团队，对公司将要开展的网上店铺业务进行规划，并实现网店运营。小李经常在网上购物，但从来没有在淘宝网上开过店。他打算分三个活动进行：网店定位分析、网店注册与设置、商品发布。

活动一　网店定位分析

知识窗

定位是一个寻找的过程，寻找目标市场，寻找竞争对手，寻找目标客户。因此，定位是为了寻找目标市场和客户群体，舍弃不符合消费需求的产品，通过快速占领顾客心智从而快速占领市场。网店定位的好处是有目的地备货、稳定消费群体、扩大消费群体、品牌养成。

一、网店定位步骤

网店定位的步骤分为细分市场和产品定位。

1. 细分市场

（1）细分市场的流程如图 7－1－1 所示。

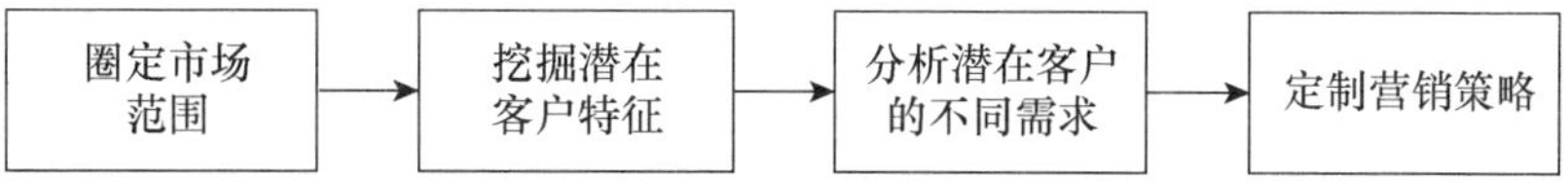

图 7－1－1　细分市场流程

（2）细分市场的优势。

有利于挖掘“优势”市场，开拓新市场；有利于集中人力、物力投入目标市场；有利于制定和调整针对性的营销策略。

2. 产品定位

产品定位策略包括差异化策略、成本策略、提高客户黏性策略。

（1）差异化策略。突出店铺差异点，赢得买家。操作成本相对低，容易被模仿。

（2）成本策略。货源、生产技术、团队管理、推广、合理控制成本，赢得更高的市场占有率。团队要求高，需健康发展。

（3）提高客户黏性策略。集中注意力在市场的某一特定部分，提升客户黏性。成本大，消费群体单一。

二、网店定位遵循的原则

1. 生产成本

生产成本是企业生产过程中支出的全部生产费用。当企业具有适当的规模时，产品的成本最小。但不同的商品在不同的条件下，各有自己理想的批量限度，若超过了这个规模和限度，成本反而要增加。

2. 机会成本

机会成本是卖家在商品成交后所获得的收入用于其他投资可能会获得的额外收益。机会成本越大，卖家的收益就越高。

3. 销售成本

销售成本是商品流通领域中的广告、推销费用。在市场经济体制下，广告推销等都是商品实现其价值的重要手段，用于广告、推销的费用在商品成本中所占的比重也日益增加。因此，在确定商品的营销价格时必须考虑销售成本这一因素。

4. 储运成本

储运成本是商品从生产者手中到卖家手中所必需的运输和储存费用。商品畅销时，储运成本较少；商品滞销时，储运成本增加。不管发货的物流费用由谁负担，储运成本最终都包含在商品的综合总价里面。

活动实施

广州美源化妆品公司在确定了公司的网店上线规划方案后，部门经理安排小李对公司将要开设的网上店铺进行定位和分析。小李首先选择平台，其次为店铺选择销售产品类型，再次分析进货渠道，最后制定产品价格。

步骤1：网店平台选择。

小李及其团队经过多次调研和考察，决定选取公司的经营模式为C2C模式。淘宝网、易趣网、拍拍网这类C2C电子商务平台就是为买卖双方提供在线交易的平台，小李他们首先要对各个平台进行分析比较，完成表7-1-1。

表7-1-1　网店平台对比

对比项	淘宝网	易趣网	拍拍网
支付模式			
物流环节			
营销策略			
盈利模式			

步骤 2：商品选择。

随着电子商务时代的到来，在互联网上开店的人越来越多，商品选择至关重要。小李及其团队经过调研竞争对手和自身情况定位，确定在互联网上销售的商品类型，完成表 7-1-2 和表 7-1-3。

表 7-1-2　竞争对手调研

调研项	彩妆系列	基础护肤	美发产品
相关店铺			
商品数量			
商品分类			
竞争对手			
调查结论			

表 7-1-3　自身情况定位

做该商品自身的优势（S）	外部环境机会（O）
做该商品自身的劣势（W）	外部环境威胁（T）

步骤 3：进货渠道选择。

调研进货渠道，完成表 7-1-4。

表 7-1-4　进货渠道

货源市场	供应商情况	销售方式	商品批量和价格	对该商品评价
线下				
线下				
线上				
线上				
阿里巴巴				
供销平台				

步骤 4：价格定位、消费人群和营销策略。

明确价格、消费人群和营销策略，完成表 7-1-5。

表 7-1-5　产品营销

产品营销	彩妆系列	基础护肤	美发产品
价格定位			
消费人群			
营销策略			

活动二　网店注册与设置

知识窗

一、开店步骤

淘宝网是阿里巴巴集团在 2003 年 5 月成立的一家 C2C 网站，目前是亚太地区较大的网络零售商。与其他平台不同，淘宝网允许个人免费开设网店，这种网店在淘宝网上就是淘宝个人店铺。个人店铺开店步骤如图 7－1－2 所示。

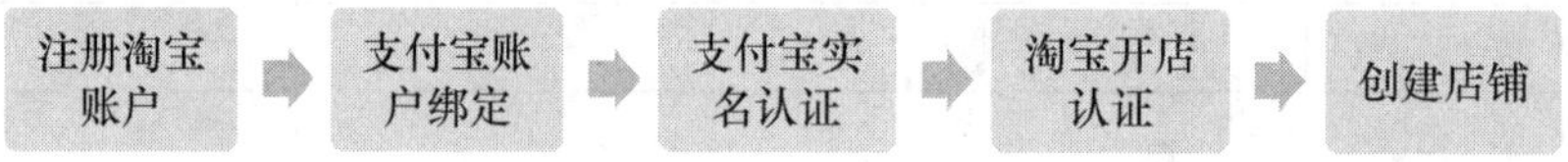

图 7－1－2　开店步骤

二、开店资格条件判断

（1）阿里巴巴工作人员无法创建淘宝店铺。

（2）一个身份证只能创建一个淘宝店铺。

（3）同账户如创建过 U 站或其他站点则无法创建淘宝店铺，可更换账户开店。

（4）同账户如创建过天猫店铺则无法创建淘宝店铺，可更换账户开店。

（5）同账户如在 1688 有过经营行为（发过供应产品信息、下单订购诚信通服务、卖家发起订单、报价、下单订购实地认证、开通旺铺、企业账户注册入口注册的企业账户）则无法创建淘宝店铺，可更换账户开店。

（6）淘宝账户如果违规被淘宝处罚永久禁止创建店铺，则无法创建淘宝店铺。

（7）经淘宝排查认证，申请者实际控制的其他淘宝账户被淘宝处以特定严重违规行为处罚或发生过严重危机交易安全的情形，则无法创建淘宝店铺。

（8）企业店铺负责人关联的企业店铺数不能超过 5 家；企业店铺负责人包含但不限于该企业的法人、股东、淘宝店铺的运营人等。

三、店铺创建成功后会出现的三种店铺异常规则

（1）出售中的宝贝数量连续 3 周为 0 件，系统会发送旺旺及邮件提醒经营者“宝贝数量连续 3 周为 0 件，必须发布宝贝，否则您的店铺将有可能暂时释放”。

（2）出售中的宝贝数量连续 4 周为 0 件，店铺会暂时释放，此时单击“查看我的店铺”时店铺不能正常显示；系统会发送旺旺及邮件告诉经营者“店铺已经暂时释放，但是我们将为您的店铺名保留一周，请任意发布一件闲置宝贝或上架仓库中的宝贝，24 小时后，店铺即可恢复之前开店状态”，店铺激活后店铺信誉、装修、订购的服务等都不受影响。

（3）出售中的宝贝数量连续 5 周为 0 件，店铺会彻底释放，店铺会被删除。系统会发送旺旺及邮件告诉经营者“店铺已经彻底释放，任何人都可以申请并使用您的店铺名

称”。经营者需要登录卖家中心操作激活店铺，按照提示完成指定操作，店铺就可重新开张。店铺激活后店铺信誉、装修、订购的服务等都不受影响。

活动实施

小李在淘宝网上查看了帮助信息，了解了开店流程，他开始亲自实践。

步骤 1：注册淘宝账户。

（1）登录淘宝网，在淘宝网首页单击“免费注册”，如图 7－1－3 所示。

图 7－1－3　淘宝网首页

（2）申请注册流程前，用户需审慎阅读、充分理解注册协议，仔细阅读后，单击“同意协议”，如图 7－1－4 所示。

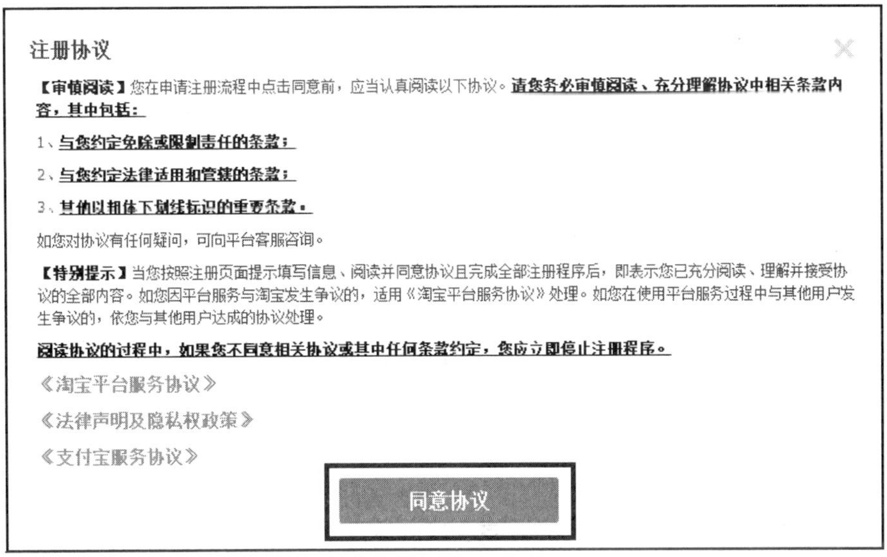

图 7－1－4　注册协议

（3）新用户注册，输入手机号码进行注册，然后按住滑块，拖动验证，单击“下一步”，如图 7－1－5 所示。

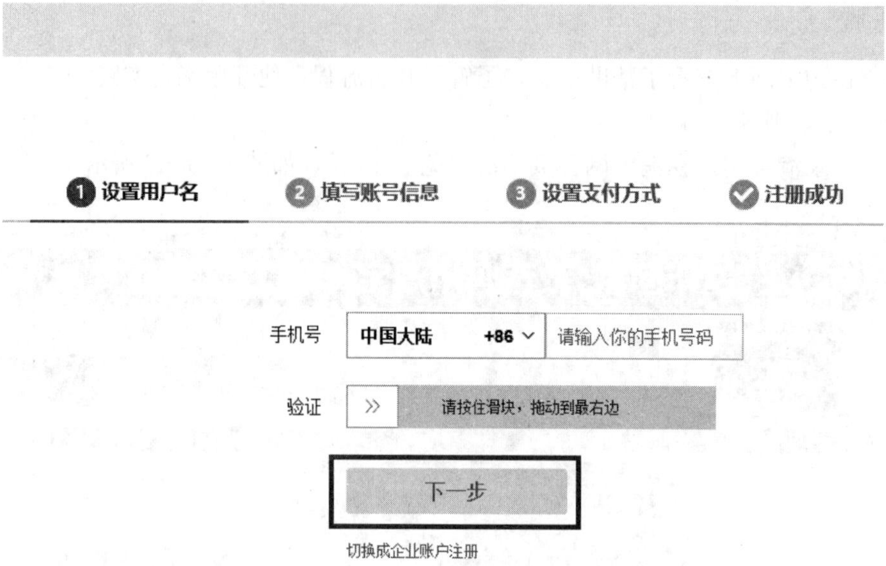

图 7－1－5 设置用户名

（4）输入手机校验码，进行手机验证，单击“确认”，如图 7－1－6 所示。

图 7－1－6 填写验证码

（5）设置登录密码和会员名，输入完成后，单击“提交”，如图 7－1－7 所示。

（6）设置支付方式。填写银行卡号、持卡人姓名、证件号码、手机号码并获取校验码，单击“同意协议并确定”，如图 7－1－8 所示。该步骤也可跳过，直接到下一步。

图 7-1-7　填写账号信息

图 7-1-8　设置支付方式

（7）注册成功，如图 7-1-9 所示。

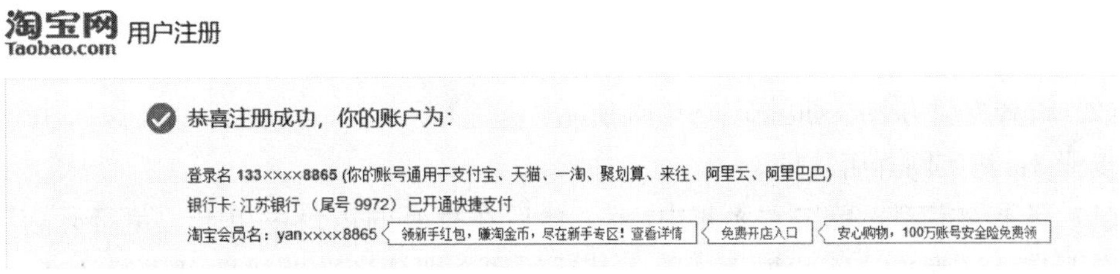

图 7-1-9　完成注册

步骤 2：支付宝认证。

(1) 完成淘宝账号注册后，如果需要开店，要进行支付宝认证，需要完善、补全个人信息。首先设置身份信息，如图 7－1－10 和图 7－1－11 所示。

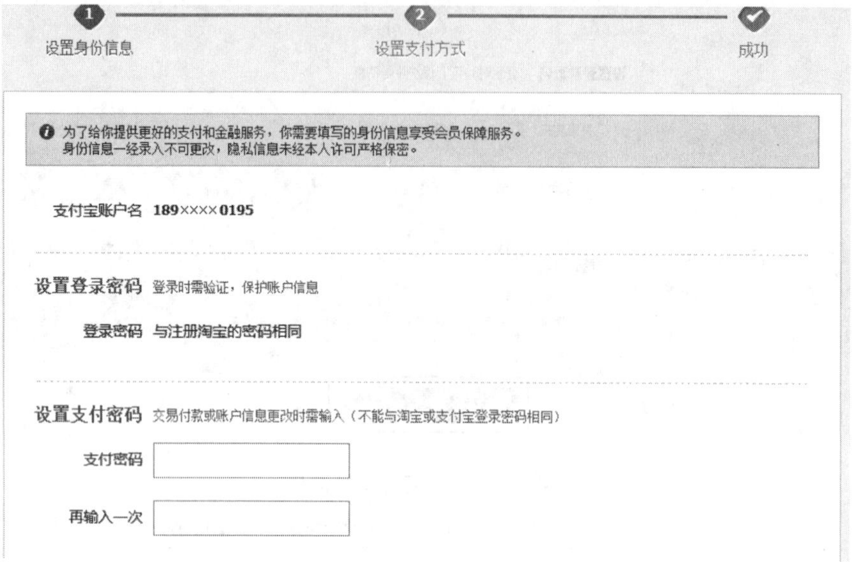

图 7－1－10　设置身份信息（1）

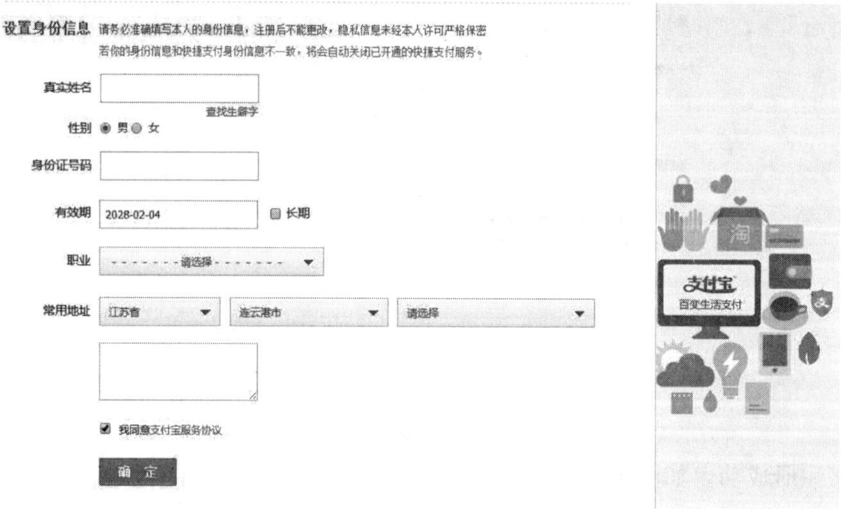

图 7－1－11　设置身份信息（2）

(2) 设置支付方式。如图 7－1－12 所示。

步骤 3：淘宝网开店认证。

(1) 登录淘宝网，单击“卖家中心”，然后在打开的窗口中单击“免费开店”，会有淘宝开店认证尚未认证的提示，单击其后的“立即认证”链接即可进行认证，如图 7－1－13 所示。

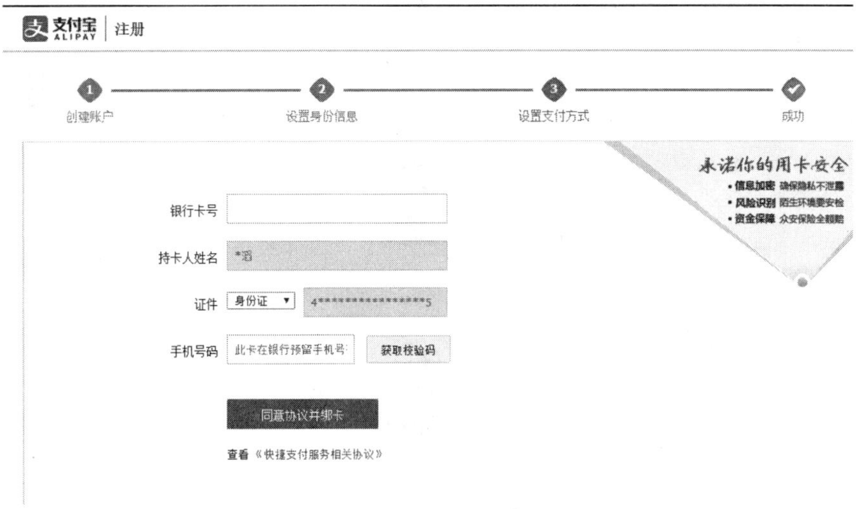

图 7-1-12　设置支付方式

图 7-1-13　开店条件检测

（2）在个人开店认证页面，正确填写身份证号码（号码必须与支付宝实名信息一致），上传手持身份证头部照和个人半身照（照片必须清晰，证件号码不被遮挡，照片格式支持 jpg、jpeg、bmp，最大不超过 5M），如图 7-1-14 所示。

步骤 4：创建店铺。

（1）当申请者账户的“支付宝实名认证”与“淘宝开店认证”均审核通过后，进入淘宝开店页面单击“免费开店”按钮，进行创建店铺的操作，单击“创建店铺”，如图 7-1-15 所示。

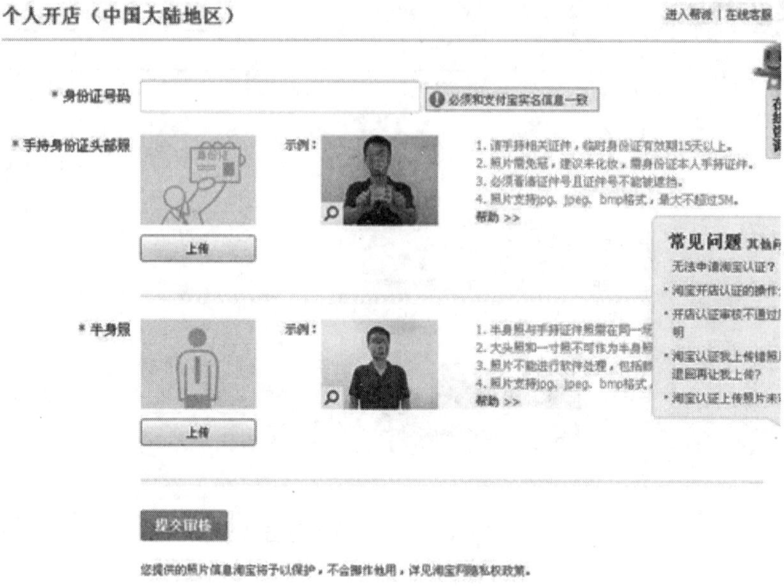

图 7-1-14　淘宝网开店认证

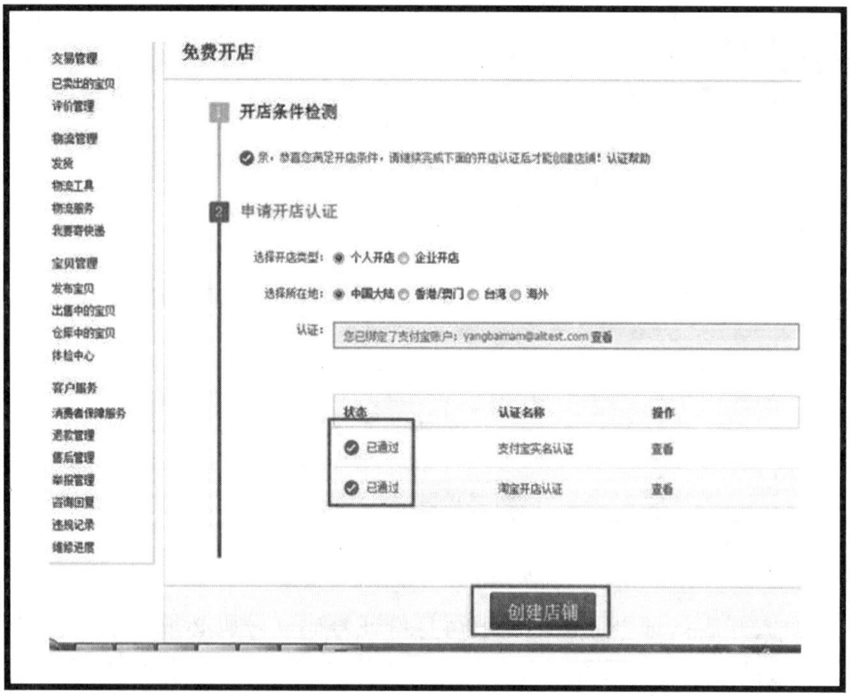

图 7-1-15　创建店铺

（2）单击“创建店铺”后，先“阅读开店协议”，单击“同意”，再按页面提示进行操作，如图 7-1-16 所示。

（3）店铺创建成功了，申请者可以继续完善店铺的其他信息，如图 7-1-17 所示。

图 7－1－16　创建店铺协议

图 7－1－17　创建店铺成功

步骤 5：补全店铺信息。

通过淘宝开店认证后，就可以开店了。登录淘宝网，单击“卖家中心”，在打开的窗口中单击“免费开店”，再单击“填写店铺信息”，开始设置店铺名称、店铺标志、店铺简介、经营地址、主要货源、店铺介绍等基本信息，如图 7－1－18 所示。

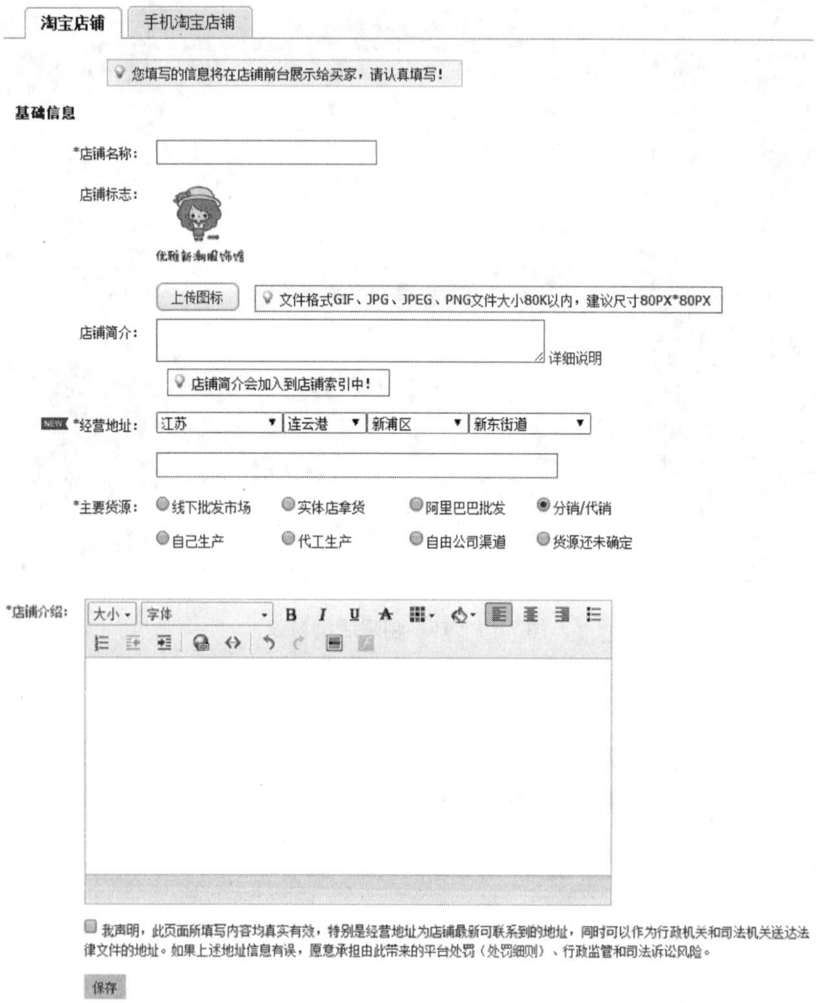

图 7-1-18　店铺基本信息设置

活动三　商品发布

知识窗

一、商品发布流程

网店商品可以直接在淘宝网上进行编辑、上传与发布，也可以通过淘宝助理对商品进行快速编辑、上传与发布，商品发布流程如图 7-1-19 所示。

商品分类就是淘宝网为卖家设计的专柜陈列区，合理的商品分类可以使店铺的商品更清晰有序，方便卖家和买家快速浏览与查找自己想要的宝贝。如果店铺发布的商品数目众多，那么合理地分类就显得尤为重要，将会大大方便买家有针对性地浏览和查询。

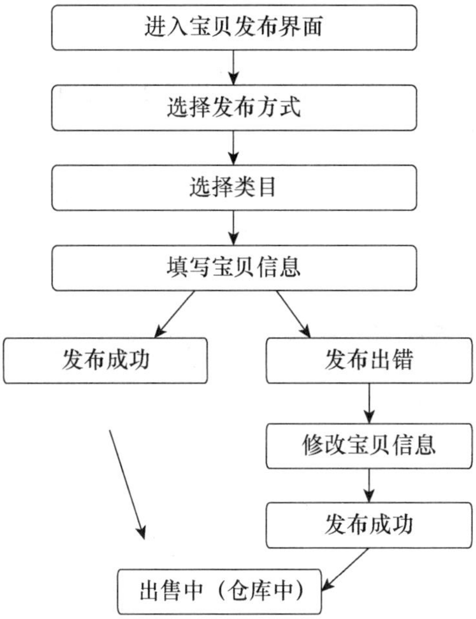

图 7－1－19　商品发布流程

二、商品发布的要素与注意事项

发布商品的时候，如果违反淘宝发布商品的规则，那么商品有可能被扣分，严重的话还有可能被下架，会造成不必要的损失。

1. 商品类目选择要正确

选择正确的商品类目避免违规发布。如果怕发布错误，可以通过“类目搜索”找到正确的商品类目。

2. 宝贝属性要与商品相匹配

宝贝属性的各个要素一定要与商品相匹配，避免属性错误导致商品发布违规。

3. 宝贝标题要优化

宝贝标题既要充分利用 30 个字的空间，又要与商品的图片、属性等描述相一致，并要注意可阅读性。

4. 宝贝数量要正确

宝贝的数量要根据真实库存如实填写，并及时按规定时间发货，避免因库存的原因引起发货纠纷。

5. 宝贝描述要真实

宝贝描述要真实合理，要与宝贝本身相符合。宝贝图片尽可能自己拍摄，避免因盗用他人图片而产生纠纷。

6. 宝贝物流信息要合理

为宝贝设置运费时要合理，比如从上海发往浙江、江苏或者上海本市，基本都是 6 元起重，超过 1 千克的以 2 元/千克计算，如果设置成 20 元/千克就不合理了。

活动实施

小李选定即将在互联网上出售的商品，他找来了同事小赵帮忙拍照，并用图片处理软件对商品照片进行了处理。

步骤1：登录淘宝网，在淘宝卖家中心页面上单击“发布宝贝”，进入商品发布页面，如图7－1－20所示。

图7－1－20　店铺卖家中心

步骤2：单击“一口价”，选择商品类目，单击“我已阅读以下规则，现在发布宝贝”按钮，如图7－1－21所示。

图7－1－21　商品发布页面

步骤3：填写宝贝基本信息。在页面中根据提示在对话框中填入相应的宝贝基本信息，如宝贝类型、宝贝标题、宝贝卖点、宝贝属性等，如图7－1－22所示。

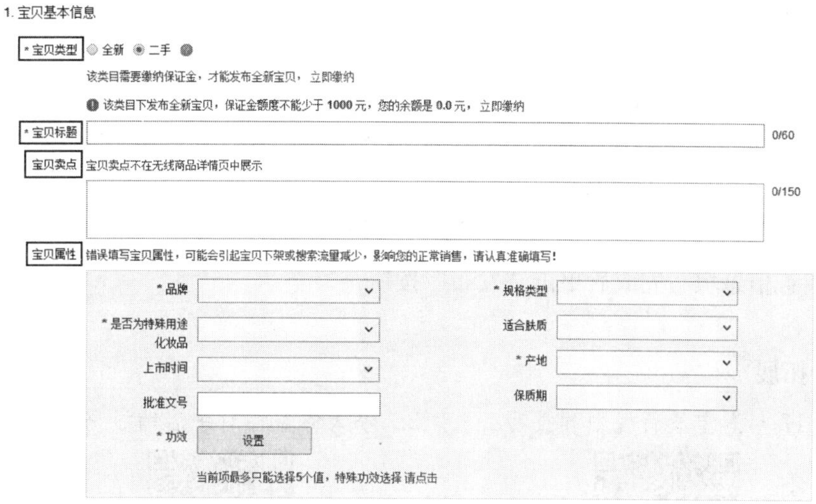

图 7-1-22　宝贝基本信息

步骤 4：填写宝贝物流信息。在页面上选择宝贝的物流信息，在选择宝贝物流信息之前可以先行设置运费模板，如图 7-1-23 所示。

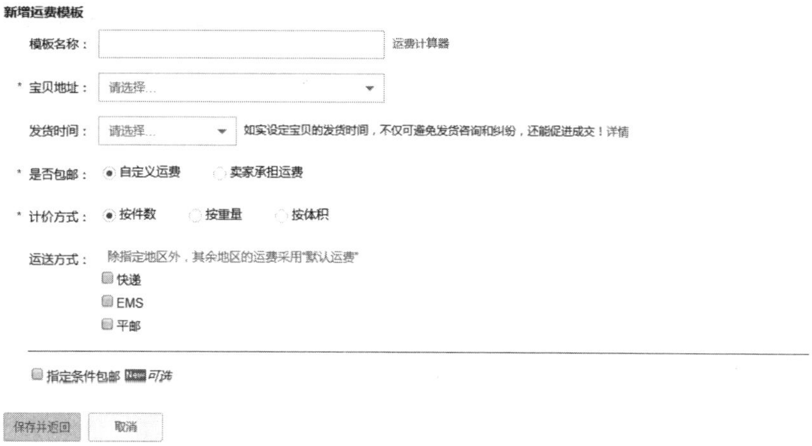

图 7-1-23　物流运费模版设置

步骤 5：填写售后保障信息。售后保障信息中包含是否提供发票、是否有保修服务、退换货承诺、服务保障和售后说明等信息，如图 7-1-24 所示。

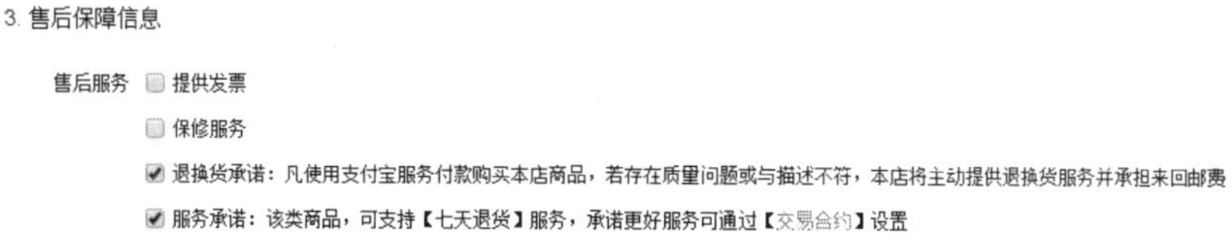

图 7-1-24　售后保障信息填写页面

步骤 6：填写其他信息。其他信息中包含库存计数、上架时间、是否橱窗推荐等，如图 7-1-25 所示。

图 7-1-25　其他信息填写页面

步骤 7：信息填写完成后单击“发布”按钮。

视野拓展

1. 2017 年淘宝最新规则和技巧

2. 今天你监控对手店铺了吗？

合作实训：全班分成 4 组，每组为 1 个单位，选择合适的类目，在易趣网上完成店铺开设任务。

任务二　网上店铺维护

【任务描述】

广州美源化妆品公司的淘宝店铺正式开通了，小李将淘宝网址发给公司领导，领导对他们团队的评价很高，夸奖他们工作态度好、积极主动、效率高。但领导也提出了疑问，店铺看起来还不错，但装修风格和公司的 VI（视觉识别）风格还有一定的差距，希望小李联系公司美工人员重新修改店铺的装修，于是他们开始探索网店装修与维护工作。小李打算分两个活动进行：网店装修、商品管理。

活动一　网店装修

知识窗

一、淘宝店铺装修的内容与步骤

1. 网店装修的主要内容

（1）店铺招牌。

（2）宝贝分类。

（3）公告栏。

（4）促销区。

（5）宝贝描述。

（6）广告牌。

2. 网店装修的基本步骤

（1）搜集网店设计素材。

（2）定位网店风格与布局。

（3）创建相关店铺属性图片。

（4）设计网店标题和分类导航栏。

（5）处理优先推荐商品。

（6）设计商品展示区。

（7）裁剪并保存图像为网页元素。

（8）复制粘贴，上传到店铺中实现效果。

二、网店装修的重要性

成功的网店经营是离不开店铺美化与装修的。店铺通过装修，可以突出整体的风格，更方便消费者了解店铺所售商品的性质，从而吸引更多的消费者。网络店铺作为一个网络销售平台，网店的页面就像是依附店主灵魂的销售员，其装修与美化与实体店铺的装修本质上是一样的。让买家从视觉和心理上感受到店主对店铺的用心，能够最大限度地提升店铺在买家心中的形象，有利于网店品牌的形成，提高浏览量。与此同时，店铺的装修还可以更好地延长顾客在店铺的停留时间。

活动实施

网店的装修往往是买家看到店铺的“第一印象”，专业、美观的店铺页面能为商品加分，还能增加买家的网购信任度，更甚者让买家一进店里就有购物的冲动。

步骤1：登录卖家中心，单击左侧菜单栏中的“店铺管理”—“店铺装修”，如图7-2-1所示。

步骤2：进入装修页面后，单击“页面管理”—“电脑端页面”，增加或者删减自己需要的页面。

单击“保存”。如果是设置手机端的页面，就选择“手机端页面”，如图7-2-2所示。

步骤3：对店铺进行模块设置、配色设置、页头设置、页面设置，主要有导航、招牌（一个店铺最显眼的位置，很重要）、页面、背景颜色等，设置后，单击“保存”，如图7-2-3～图7-2-6所示。

图 7-2-1　店铺装修设置

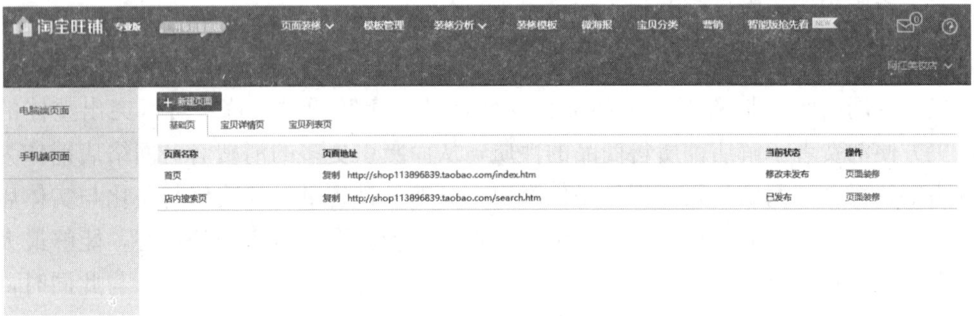

图 7-2-2　页面管理页面

图 7-2-3　模块设置

图 7-2-4　配色设置

图 7-2-5　页头设置

图 7-2-6　页面设置

步骤 4：如果想操作简单，可直接套用淘宝网官方模板，官方提供三个免费模板，如图 7－2－7 所示。如果想要个性点，可以去淘宝装修市场（http://zxn.taobao.com/homePage.htm）购买模板，有的可以免费试用。

图 7－2－7　装修模版

视野拓展

1. 淘宝店铺装修 11 个技巧

2. 如何让客户多停留 20%的时间？

活动二　商品管理

知识窗

一、淘宝助理介绍

淘宝助理是一款提供给淘宝卖家使用的免费且功能强大的客户端工具软件，它可以使卖家不登录淘宝网就能直接编辑宝贝信息，快捷批量上传宝贝。其强大的批处理功能将省去大量卖家上传和修改商品等信息的时间，大大提高开店效率，从而使卖家有更多的时间关注经营和其他工作，如图 7－2－8 所示。

二、淘宝助理功能

淘宝助理主要分为五大功能模块：我的助理、宝贝管理、交易管理、图片空间和应用中心。

图 7-2-8　淘宝助理

1. 我的助理

淘宝助理门户包含宝贝概况、宝贝体检中心、常见问题、帮助教程、助理公告、淘宝信息中心等，如图 7-2-9 所示。

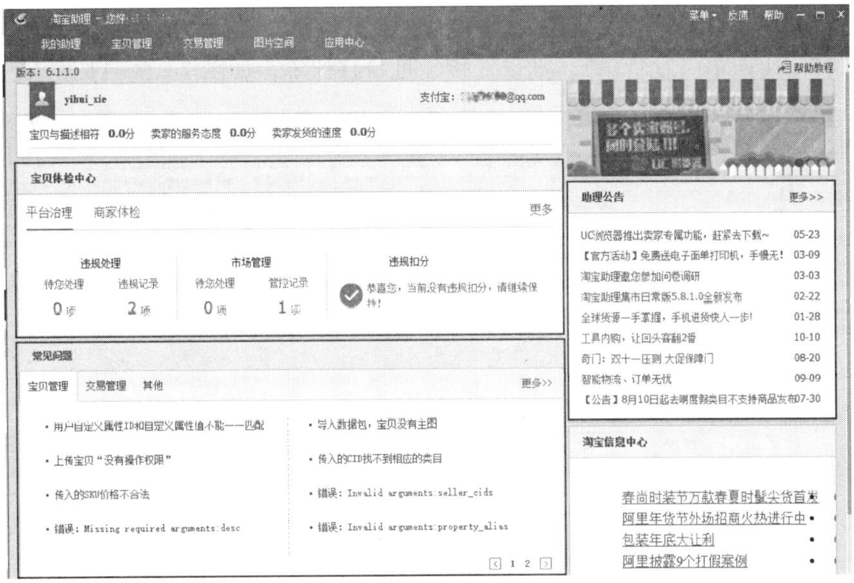

图 7-2-9　宝贝概况

2. 宝贝管理

宝贝管理包含本地库存宝贝、出售中的宝贝、线上仓库中的宝贝、回收站等。主要功能有商品发布、商品编辑更新、批量编辑、导入导出 CSV、图片搬家及宝贝违规验证等，如图 7-2-10 所示。

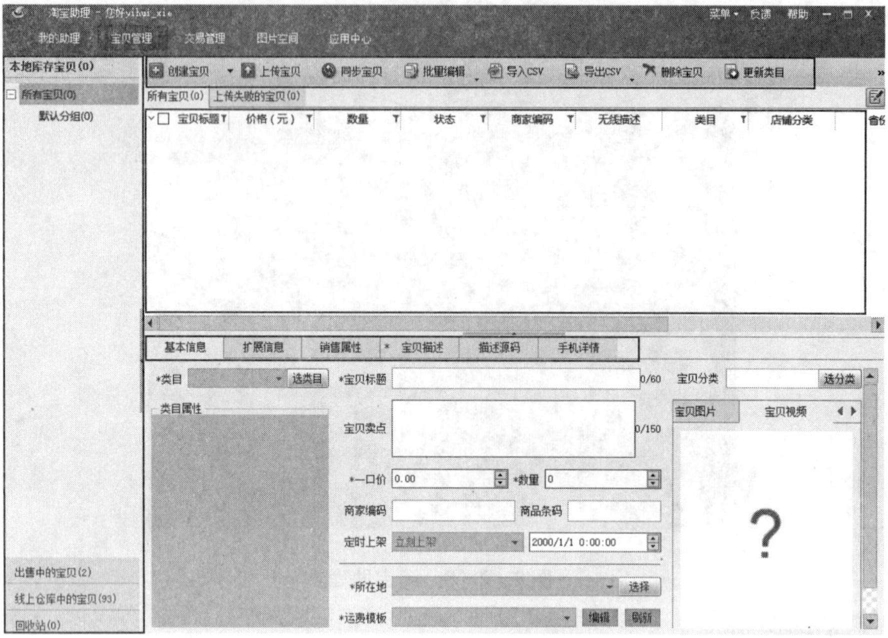

图 7-2-10　宝贝管理

3. 交易管理

交易管理包含订单管理、联系人管理、模板管理等。主要功能有下载订单、批量编辑交易、打印快递单（发货单）、批量发货、批量好评等，如图 7-2-11 所示。

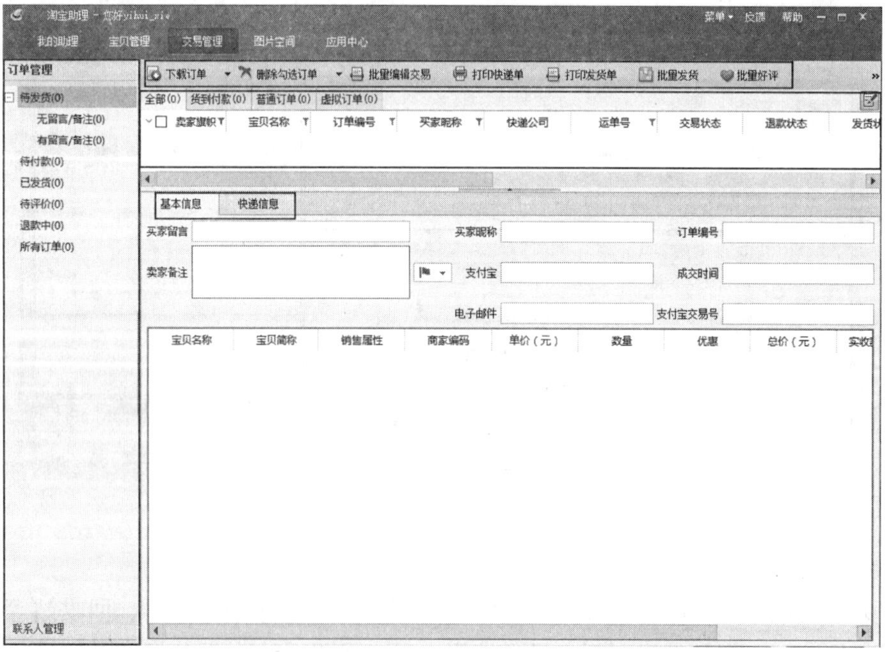

图 7-2-11　交易管理

4. 图片空间

图片空间用于管理图片信息，如图 7－2－12 所示。

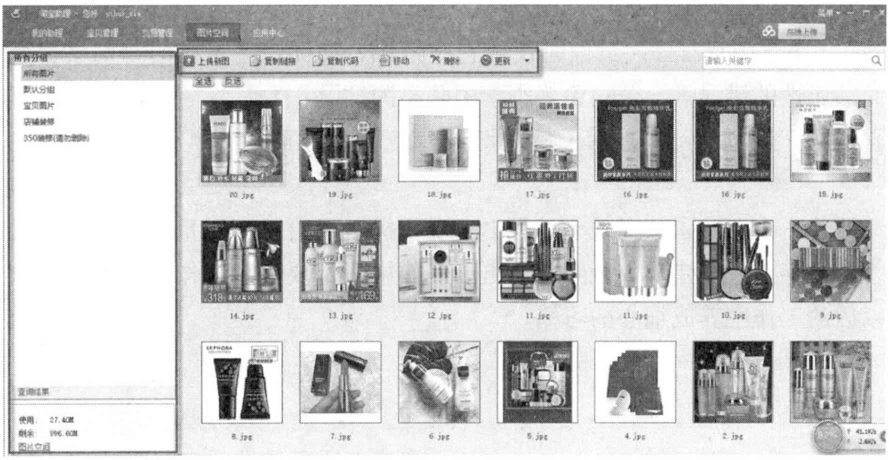

图 7－2－12　图片空间

5. 应用中心

应用中心包含常用服务、推荐应用等，如图 7－2－13 所示。

图 7－2－13　应用中心

活动实施

随着店铺的运营，小李发现自己需要发布的商品越来越多，这时再到店铺中逐个发布商品就比较麻烦，而且商品多了以后还需要对商品进行管理。淘宝网为此提供了淘宝助理工具，卖家可以使用该工具直接批量编辑、发布商品，以及对商品进行各种管理。

步骤 1：小李下载了淘宝助理，学习了使用方法，主要是批量上传商品、批量编辑商品、交易管理批量编辑、商品数据的备份和回复。

步骤 2：按照公司的要求上传部分商品，修改相应的设置。截至目前，一个完整而美观的淘宝店已经装修完毕。

步骤 3：小李在查看公司页面时发现一些错误，如促销广告中的错别字、超链接的错误、商品属性的错误等，公司希望小李团队多测试。

步骤 4：小李及团队又进行了多次测试，使店铺页面更完美，最终获得了客户的好评。

活动评价：小李及团队在整个过程中表现积极，但由于工作量大，在商品发布和管理的过程中也存在一些错误。范经理提出了工作中一定要注意工作质量的新要求，希望他们在以后的工作中养成细心的习惯。

视野拓展

1. 定时上架，掌握先机

2. 淘宝助理怎样进行交易管理?

合作实训： 学生五人一组，以小组为单位在易趣网上开设 C2C 网店。以书面形式提交实验报告，字数 2 000 字左右。实验报告主要内容为在易趣网上开设个性化网店的过程。

项目总结

网上开店是网上创业的必由之路，淘宝网是国内最大的 C2C 电子商务平台。本项目以开设淘宝网店为主线，在淘宝网上进行会员注册、开设与设置店铺。创建好淘宝店铺后，后续所有学习的内容就有了实践和实战的阵地，同学们就可以围绕自己的淘宝店铺开展学习和实训相关操作。比如店铺装修，在了解店铺装修的相关知识后可进行店铺装修；发布淘宝商品以及通过淘宝助理批量发布商品，用淘宝助理进行交易管理。学生通过“做中学”“学中做”，了解真实的工作情景，接触真实的工作项目，能最大限度地唤醒学生对淘宝店铺的认知，启发学生的学习兴趣，从而提高学生在淘宝网开店方面的综合技能，增强其自主创新意识和创业的激情。

项目检测

一、单选题

1. 以下不属于开店前期的准备工作的是（　　）。

A. 分析产品市场需求　　　　B. 优化商品详情页

C. 定位消费人群　　D. 搜索同品类店铺销量排名靠前的商品

2. 以下关于淘宝网正确的说法是（　　）。

A. 目前淘宝店铺分为企业店铺与个人店铺

B. 一个身份证可以开多个淘宝个人店铺

C. 可以用邮箱注册淘宝个人账户

D. 一个店铺可以有多个店铺名称

3. 目前在淘宝网开店不需要的步骤是（　　）。

A. 开店考试　　B. 淘宝开店个人身份认证

C. 支付宝账户绑定　　D. 注册淘宝账号

4. 以个人买家的身份可以入驻的电商平台是（　　）。

A. 淘宝　　B. 天猫　　C. 京东　　D. 唯品会

5. 以下软件可以帮助卖家发布与编辑商品信息的是（　　）。

A. 生意参谋　　B. 淘宝助理　　C. 旺店宝　　D. 超级店长

6. 在店铺装修的淘图片设计中，最重要的是（　　）。

A. 美观　　B. 创意　　C. 传达　　D. 视觉特效

7. 淘宝商品的上下架周期是（　　）。

A. 3　　B. 7　　C. 10　　D. 14

8. 以下不属于店铺中的页面管理的是（　　）。

A. 店铺基础页　　B. 店铺标签页

C. 宝贝列表页　　D. 宝贝详情页

9. 以下可以在淘宝网发布的正确的商品标题是（　　）。

A. 自家茶山特产安吉白茶铁观音大红袍 500g 包邮

B. Prada 高仿 A 货时尚简约春夏新款手提笑脸包

C. 全网最低价时尚春夏款雪纺蝙蝠袖连衣裙

D. 秋装新款文艺复古刺绣蕾丝吊带长裙

10. 以下网站不是提供网店装修模板的是（　　）。

A. 派代网　　B. 三角梨　　C. 鱼摆摆　　D. 刚哥哥

二、多选题

1. 为淘宝网店铺起名应注意的事项有（　　）。

A. 名称应与店铺主营产品相关

B. 使用吉祥的繁体字，体现中国传统文化，如木材生意用“懋”，农副产品用“豊”

C. 应尽量简短易记，易于传播

D. 名字一定要高大上，多用生僻字眼体现店铺风格

2. 对网店商品定价需要考虑的因素有（　　）。

A. 生产成本　　B. 机会成本

C. 销售成本　　D. 储运成本

3. 网店的进货渠道有（　　）。

A. 阿里巴巴　　B. 当地菜市场
C. 义乌小商品商城　　D. 正规途径代购

4. 完整的商品详情页应包括（　　）。

A. 商品细节　　B. 快递包装
C. 使用场景　　D. 卖点海报

三、判断题

1. 当前企业参与电子商务活动的首要任务是判断产品交易机会。（　　）

2. 与实体店相比，网店最大特点是虚拟性。（　　）

3. 通常情况下，店铺的商品图片都不会少于 200 张。（　　）

4. 淘宝商品标题优化的时候可以参考竞争对手或者同类目店铺的商品标题，必要的时候可以直接粘贴复制。（　　）

5. 网上开店就是指在淘宝网上开店。（　　）

四、简述题

1. 网店市场定位有哪些步骤？

2. 淘宝网店创建的过程中需要哪些软件和工具？

五、趣味挑战题

网店商品的搜索排名比较靠后，通过哪些方法可以提高排名？

项目八 新型电子商务模式

情境导入

传统的电子商务模式包括 B2C、B2B、C2C、O2O、G2B。电子商务在中国发展十几年，随着计算机技术的发展和电子商务的发展，人们的消费模式和生活习惯都有着翻天覆地的改变，同时，也改变着其他各业的发展模式。

手机 App 的诞生，加快了移动电商的发展。移动电商的发展迅速，使其逐渐成为购物的主要方式；为了开拓更大的市场，电商巨头将发展方向定为广大的农村地区，想尽办法抢占农村电商市场，农村电商市场出现了好兆头；传统的外贸也向电商要利益、要效率，跨境电商在短短几年内发展得风风火火；传统的金融也受到电子商务的冲击，电商巨头纷纷进入互联网金融行业，并且经营得有声有色，深受人们的喜欢；为了帮助人们筹集资金，解决资金决口，还出现大众团购预购的众筹模式。

移动电子商务、农村电子商务、跨境电子商务、互联网金融、众筹都是新型电商模式，它们是对传统电商的补充，有着自己的优势和发展空间。

项目目标

知识目标

- 理解移动电子商务的含义、特点。
- 熟悉移动电子商务的支付方式。
- 掌握农村电子商务的含义和种类。
- 理解跨境电子商务的含义和特点。
- 掌握互联网金融的概念和形式。
- 掌握众筹的含义。

➢ 理解众筹的运作模式和盈利方式。

技能目标

➢ 会在移动设备上购物及开微店。
➢ 能区分农村淘宝和京东农村电商模式的不同点。
➢ 能够在跨境平台上开店和计算商品的价格。
➢ 会用余额宝或京东白条进行购物。
➢ 能编写众筹方案及发布众筹方案。

情感目标

➢ 培养学生团体合作精神和协调能力。
➢ 塑造学生良好的工作意识。
➢ 提高自身处理问题的能力。
➢ 培养与人沟通的能力。
➢ 培养高效执行力。

任务一　移动电子商务

【任务描述】

三只小兔食品有限公司是一家主营农产品的电子商务公司，该公司拥有天猫店铺，销售业绩不断攀升。去年“双 11”，无线成交的销售业绩耀眼。三只小兔食品有限公司看到了移动电子商务的发展势头和商机，决定全面转战移动电子商务。

陈庆玲在职业院校还没有毕业，便被招进三只小兔食品有限公司的运营部实习，跟着张师傅做移动电商。陈庆玲通过学习熟悉了移动电商的基本理论、体验了各大电商平台手机 App 购物与办事的优势和便利、区分了移动支付的种类、完成了微信开店的工作。她共进行了两个活动：体验移动电子商务、开微店。

活动一　体验移动电子商务

知识窗

移动电子商务就是利用手机、iPad 及掌上电脑等无线终端进行的 B2B、B2C、C2C 或 O2O 的电子商务。它将互联网、移动通信技术、短距离通信技术及其他信息处理技术完美地结合，使人们可以在任何时间、任何地点进行各种商贸活动，实现随时随地、线上线下的购物与交易、在线电子支付，以及各种交易活动、商务活动、金融活动和相关的综合服务活动等。

一、移动电商的特点

移动电商受到很多人的青睐，成为电子商务的主要潮流。它有着与众不同的特点，见表 8-1-1。

表 8-1-1　移动电商的特点

特点	分析
识别	利用移动设备与差异化的个体进行“一对一”的沟通，可以识别不同消费者之间的个性需求，以及同一消费者在不同地点、不同时段的特定需求
即时	及时与目标消费者进行沟通
互动	通过移动设备“一对一”的无线互动营销，与消费者形成一种互动、互求、互需的关系
个性化	移动设备不仅功能强大，还因使用者的不同而具有个性化的特点

二、移动支付

移动支付又称为手机支付，就是允许用户使用其移动终端（通常是手机）对所消费的商品或服务进行账务支付的一种服务方式。

单位或个人通过移动设备、互联网或者近距离传感器直接或间接向银行金融机构发送支付指令产生货币支付与资金转移行为，从而实现移动支付功能。移动支付将终端设备、互联网、应用提供商和金融机构相融合，为用户提供货币支付、缴纳等金融业务。

活动实施

陈庆玲对移动电商有了初步了解后，进一步去移动电商平台体验移动电商购物的便利和快捷。

步骤 1：下载淘宝 App 并注册淘宝账户。

(1) 下载淘宝 App，登录页面如图 8-1-1 所示。

(2) 在淘宝 App 上注册账号，如图 8-1-2 所示。

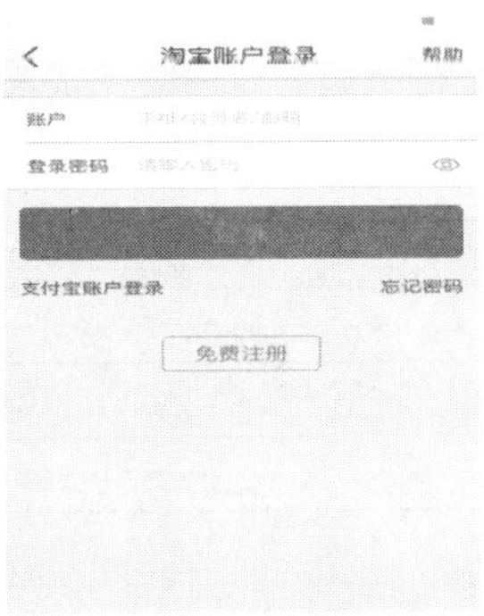

图 8-1-1　淘宝 App 登录页面

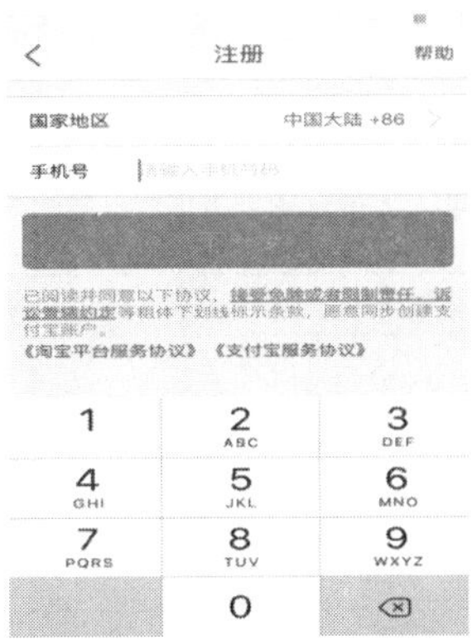

图 8-1-2　淘宝 App 注册页面

步骤 2：登录淘宝 App，完成下单购物。

(1) 登录账号，如图 8-1-3 所示。在淘宝网首页搜索商品，如图 8-1-4 所示。

图 8-1-3　淘宝 App 登录页面

图 8-1-4　淘宝搜索商品页面

(2) 选择合适的商品，如图 8-1-5 所示，然后提交订单。

(3) 核对订单信息，如图 8-1-6 所示，确认订单信息无误后，支付订单。

图 8-1-5　选择合适的商品

图 8-1-6　核对订单信息

做一做：上网搜索移动支付平台的种类，填写各移动支付平台的特点，完成表 8-1-2。

表 8-1-2　　移动支付平台比较分析

种类	特点
NFC 支付	
短信支付	
二维码支付	
指纹支付	
声波支付	
光子支付	
人脸识别支付	

想一想：为什么微信支付能够成为最受欢迎的移动支付平台？

做一做：对支付宝和微信支付进行比较，完成表 8－1－3。

表 8－1－3　支付宝和微信支付对比

区别＼支付平台	支付宝	微信支付
诞生时间		
所属公司		
功能		
支付方式		
提现手续费		
开通接口的银行		
安全保障		

活动二　开微店

知识窗

微店作为新型的创业平台，有着自身的独特性。只有充分了解微店平台的特点，才能“因地制宜”地制定经营方针，取得更好的经营效果。微店的发展，主要取决于电商的发展。电商提高了人们对互联网新鲜事物的接受度，使人们不会轻易地排斥微店。除此以外，微店本身的特色也是促进其发展的因素之一。

微店是指让微商在手机上入驻平台，主要利用 HTML5 技术生成店铺页面，使运营更加轻便。商家可以直接装修店铺、上传商品信息，还可通过自主分发链接的方式与社交结合进行引流，完成交易。

微店的盈利模式主要分为三种：一是帮别人卖产品，赚取佣金，即注册一家微店就相当于有了一个网上商城，从设置的佣金比例中盈利；二是介绍别人开店，自己发展的分销商越多，佣金就越多；三是申请见习认证员，分销商发展到 30 个以后便有资格申请见习认证员，进而招揽供应商入驻，从中抽取提成。

想一想：微店是哪个公司开发的?

做一做：上网了解北京口袋购物有限公司的发展和文化。

活动实施

陈庆玲熟悉了公司产品、学习了移动电商的知识和移动支付相关知识后，开始在微店 App 上开微店。

步骤 1：下载微店 App，注册微店。

（1）下载微店 App 并安装，打开 App，如图 8－1－7 所示。

（2）在微店 App 上注册，需要输入手机号码，设置密码，填写真实姓名、身份证号码等信息，如图 8－1－8～图 8－1－11 所示。

步骤 2：创建自己的微店，装修微店。

（1）创建微店，打开个人微店首页，如图 8－1－12 所示。

（2）对创建的微店按照提示进行装修。

图 8－1－7　微店首页

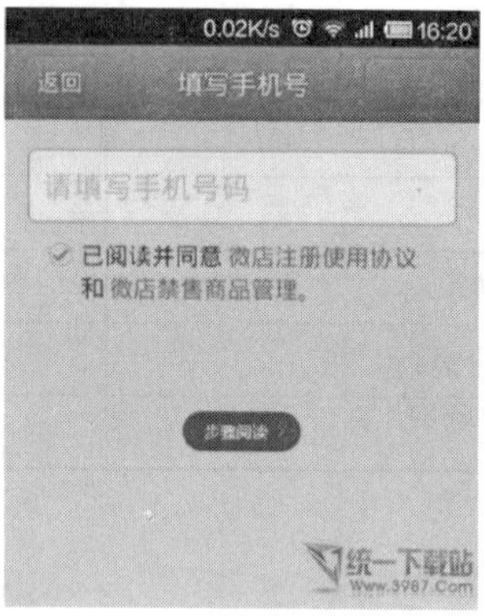

图 8－1－8　微店注册（1）

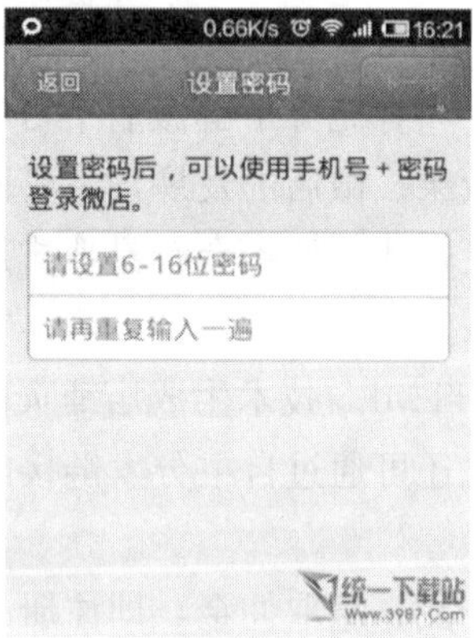

图 8－1－9　微店注册（2）

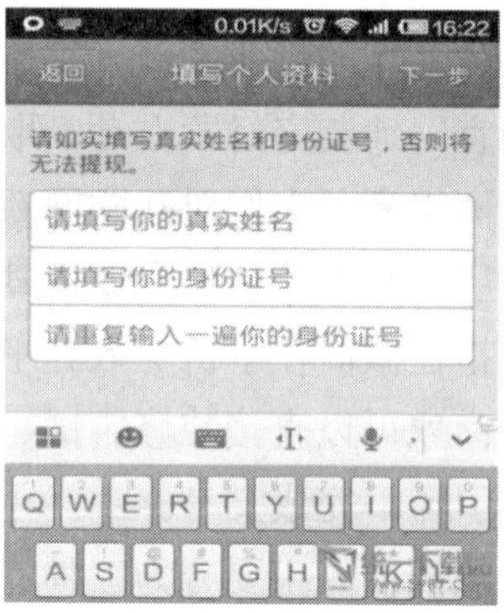

图 8－1－10　微店注册（3）

图 8－1－11　微店注册成功

图 8－1－12　个人微店首页

视野拓展

1. 从汽车之家的突围看移动电商　　2. 云集微店：月销破 5 亿元　移动电商黑马

合作实训： 下载微店 App，在手机上开店创业。

将全班同学分组，6 人一组，选出组长。组长负责统筹、安排工作，组织组员共同在手机上开微店。组员分别担任摄影、美工、软文、技术、策划等工作。

任务二　农村电子商务

【任务描述】

李美美是电子商务专业的学生，理论学习即将结束，按照学校计划她该参加顶岗实习了，她的父亲正好此时打电话说在村里的农村淘宝服务站帮她找到了实习工作。李美美对农村淘宝不熟悉，但她听说农村电商发展虽然时间短却劲头十足。尽管她在学校学习到的关于农村电商的知识不多，但是现在可以回家实习，既是自己所学的专业，又是自己喜欢的工作，于是，她高兴地答应了爸爸。她打算先了解成为农村淘宝合伙人的流程。

活动　了解成为农村淘宝合伙人的流程

知识窗

一、了解农村电子商务

农村电子商务通过网络平台嫁接各种服务于农村的资源，农产品可借助地域特色找出差异化，拓展农村信息服务业务、服务领域。

农村电子商务平台配合密集的乡村连锁网点，以数字化、信息化的手段，通过集约化管理、市场化运作、成体系的跨区域跨行业联合，构筑紧凑而有序的商业联合体，降低农村商业成本，扩大农村商业领域，使农民成为平台的最大获利者，使商家获得新的利润增长。

二、农村电子商务的种类

农村电子商务服务包含网上农贸市场、特色旅游、特色经济、数字农家乐和招商引资等，见表8-2-1。

表8-2-1　　农村电子商务的种类

种类	内容
网上农贸市场	迅速传递农林渔牧业供求信息，帮助属地外商出入属地市场，并与属地农民开拓国内市场、走向国际市场，进行农产品市场行情和动态快递、商业机会撮合、产品信息发布等
特色旅游	依托当地旅游资源，通过宣传推介来扩大对外知名度和影响力，从而全方位介绍属地旅游线路和旅游特色产品及企业等信息，发展属地旅游经济
特色经济	通过宣传、介绍各个地区的特色经济、特色产业和相关的名优企业、产品等，扩大产品销售通路，加快地区特色经济、名优企业的迅猛发展
数字农家乐	为属地的农家乐（有地方风情的各种餐饮娱乐设施）提供网上展示和宣传的渠道。通过运用地理信息系统技术，制作全市农家乐分布情况的电子地图，采用数字农家乐的方式，使其风景、饮食、娱乐等各方面的特色尽在其中，一目了然。既方便城市百姓的出行，又让农家乐获得广泛的客源，实现城市与农村的互动，促进当地农民增收
招商引资	搭建各级政府部门招商引资平台，介绍政府规划发展的开发区、生产基地、投资环境和招商信息，更好地吸引投资者到各地区进行投资生产经营活动

三、农村淘宝

农村淘宝是阿里巴巴集团的战略项目，通过与各地政府深度合作，以电子商务平台为基础，搭建县、村两级服务网络，充分发挥电子商务优势，突破物流、信息流的瓶颈，以及人才和意识的短板，实现“网货下乡”和“农产品进城”的双向流通功能。

为了服务农民，创新农业，让农村生活更美好，阿里巴巴计划在三至五年内投资100亿元，建立1 000个县级服务中心和10万个村级服务站，至少覆盖全国1/3的县及1/6的农村地区。

阿里巴巴专门成立农村电商团队，深入农村，以运营、指导、培训为主线，让村民可以直接从厂家采购生产资料，降低成本，也可以让农民足不出户地把农产品卖到全世界。各村级服务站统一放置配套设施，并实行相应的激励机制，阿里巴巴集团还会定期对人员进行培训。

目前村级服务站主要为村民提供网上代买、网上代卖、服务民生等。农村淘宝可以用“五个一”来概括：一个村庄中心点、一条专用网线、一台电脑、一个超大屏幕、一群经过培训的技术人员。

四、京东农村电商模式

（1）京东县级服务中心采用公司自营的模式，房源租赁、房屋装修、家具采买、办公设备和中心人员都由公司负责，服务中心的负责人为乡村主管。乡村主管可以根据业务量自行分工，乡村主管对其负责区县的业绩负责。

（2）“京东帮”服务店。京东除了县级服务中心，力撑电商下乡的就是“京东帮”

模式。与县级服务中心的自营方式不同的是，“京东帮”服务店的加盟方式可以解决电商下乡“最后一公里”问题。

具体来看，京东县级服务中心是京东针对县以下的4～6级市场打造的市场营销、物流配送、客户体验和产品展示四位一体的京东服务旗舰店，为客户提供代下单、配送、展示等服务。一个县级服务中心将管理该区域所有乡镇的合作点，通过招募乡村推广员、扩建京东物流渠道等，使京东自营配送覆盖至更广阔的农村区域。

京东县级服务中心和“京东帮”服务店击中的是农村电商服务的痛点。

活动实施

李美美在前辈的指导下，先自学专业知识，然后去各大网站搜索农村电商的信息。她对农村淘宝和京东农村电商很感兴趣，特别是农村淘宝合伙人制度。

步骤1：上网了解农村淘宝。

（1）登录农村淘宝首页。

（2）在农村淘宝首页右上角单击“合伙人招募”。

步骤2：了解成为农村淘宝合伙人的流程。

（1）熟悉农村淘宝合伙人招募的条件，如图8－2－1所示。

图8－2－1　农村淘宝合伙人招募条件

（2）熟悉农村淘宝合伙人申请的流程，如图8－2－2所示。

图8－2－2　农村淘宝合伙人申请流程

步骤3：了解农村淘宝合伙人获得的支持。

（1）技术支持：专属的账号操作相关技术支持。

（2）业务培训：阿里巴巴提供完善的系列培训，包括操作说明、经营技巧、促销手法等，简单易懂上手快。

（3）运营支持：菜鸟网络全程跟进，物流支持高效便利。

(4) 宣传支持：广播、电视、报纸等各类宣传手段不定期全面覆盖，迅速打造当地知名度。

比一比，学一学：你能区分农村淘宝和京东农村电商吗?

做一做：电商巨头进驻农村电商有着自己的手法和措施，请搜集 3 个相关案例。

视野拓展

1. 发展农村电商　助力精准扶贫

2. 习大大 4·19 讲话为农村电商发展积攒更多动能

3. 盘点：中央一号文件传递农村电商发展的 5 大信号

合作实训：将全班同学分组，3 人一组，选出组长。组长负责统筹、安排工作，组织组员在农村淘宝和京东农村网站上购买商品，体验农村的魅力和发展前景。

任务三　跨境电子商务

【任务描述】

张明是大专三年级的学生，他在美翻了跨境电商公司实习。美翻了跨境电商公司是一家经营时间不长的公司，公司员工比较年轻，大家都很积极上进，对张明也很友善。于东是张明的指导老师，经过沟通，于东知道张明好学上进，但缺乏跨境电商的专业知识，也缺乏实战经验，于是，他将手上有关跨境电商的书借给张明学习，还把一些本企业的跨境电商案例分享给了张明。于东给张明安排任务，让他完成两个活动：了解跨境电商平台、计算跨境商品的销售价格。

活动一　了解跨境电商平台

知识窗

一、了解跨境电子商务

跨境电子商务是指分属不同关境的交易主体，通过电子商务平台达成交易、进行支付结算，并通过跨境物流送达商品、完成交易的一种国际商业活动。跨境电子商务产生资金流、信息流和物流，如图 8-3-1 所示。

图 8-3-1　跨境电商示意图

二、跨境电商的特点

跨境电商的特点见表 8-3-1。

表 8-3-1　　跨境电商的特点

特点	内容
缩短贸易流程、加快资金周转	帮助供应商直接对接海外批发商、零售商，压缩中间环节，即“出口商—进口商—批发商”
	全在线交易，节省交易时间，加速资金周转
规避贸易风险	完善的第三方支付担保系统，确保资金安全
	控制风险，杜绝欺诈交易与知识产权风险
及时准确把握目标市场信息	直接面向海外终端用户，帮助供应商及时、准确地把握海外目标市场的潮流变化、价格动向
	加强企业的竞争力和议价能力
降低货运成本、多样化物流方式	提供平邮、快递、海运等多种物流选择，满足用户多样化的货运需求
	与 EMS、UPS、DHL 等国际一流物流公司合作，提供高效低廉的物流服务，最低 3 元人民币发往全球

三、跨境电商的主要模式

1. 行业模式

B2B 模式是指企业运用电子商务以广告和信息发布为主，成交和通关流程基本在线下完成，本质上仍属传统贸易，已纳入海关一般贸易统计。

B2C 模式是指我国企业直接面对国外消费者，以销售个人消费品为主，物流方面主要采用航空小包、邮寄、快递等方式，其报关主体是邮政或快递公司，目前大多未纳入海关登记。

2. 行业分类

跨境电商分为跨境出口外国和从国外组织货源跨境进口两类。

活动实施

张明熟悉了跨境的专业知识后，对各大跨境电商平台进行了解，打算在敦煌网开店。敦煌网开店的程序是怎样的？

步骤 1：登录敦煌网（http://seller. dhgate. com）。

（1）单击“免费注册”，如图 8－3－2 所示。

图 8－3－2　敦煌网网店免费注册

（2）填写商户信息，如图 8－3－3 所示。

图 8－3－3　填写商户信息

步骤 2：激活账号，可以选择手机号码或者邮箱激活账户，如图 8－3－4 所示。

图 8-3-4　激活账户

步骤 3：上传身份证照片。店主手持身份证正面和背面拍照后上传，网站审核通过后，店主可开店。

步骤 4：开启赚美金之旅。

做一做：以下哪些电商平台是国际 B2C 跨境电商平台？哪些是进口跨境电商平台？哪些是本土化跨境电商平台？

洋码头、全球速卖通、顺丰海淘、沃尔玛、ipros、天猫国际、Wish、DHgate、美国新蛋网、兰亭集势、美兰卡巴西、苏宁云商海外购、Flipkart、Trade Me、eBay、亚马逊、网易考拉海购、ali。

（1）国际 B2C 跨境电商平台：

____

____

（2）进口跨境电商平台：

____

____

(3) 本土化跨境电商平台：

____

____

知识链接

全球速卖通（AliExpress）正式上线于2010年4月，是阿里巴巴旗下唯一面向全球市场打造的在线交易平台，被广大卖家称为“国际版淘宝”。全球速卖通面向海外买家，通过支付宝国际账户进行担保交易，并使用国际快递发货，是全球第三大英文在线购物网站，如图8-3-5所示。

图8-3-5　全球速卖通

活动二　计算跨境商品的销售价格

知识窗

一、跨境电商商品税收

财关税〔2016〕18号规定，跨境电子商务零售进口商品的单次交易限值为人民币2 000元，个人年度交易限值为人民币20 000元。在限值以内进口的跨境电子商务零售进口商品，关税税率暂设为0%；进口环节增值税、消费税取消免征税额，暂按法定应纳税额的70%征收。超过单次限值、累加后超过个人年度限值的单次交易，以及完税价格超过2 000元限值的单个不可分割商品，均按照一般贸易方式全额征税。如图8-3-6所示。

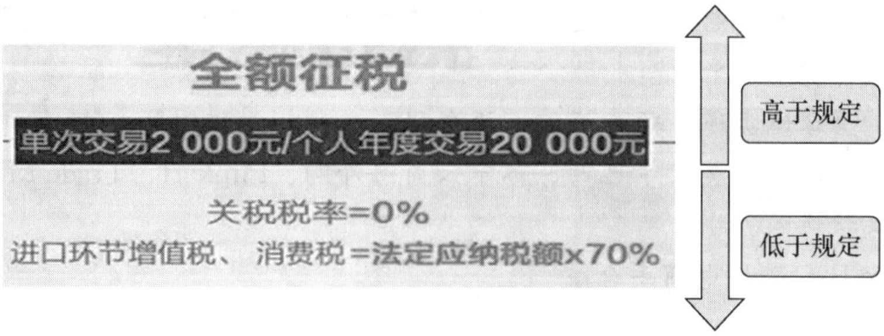

图8-3-6　跨境电商税收规定

二、跨境商品行邮税

根据《国务院关税税则委员会关于调整进境物品进口税有关问题的通知》（税委会

〔2016〕2 号），海关总署决定对 2012 年第 15 号公告公布的《中华人民共和国进境物品归类表》和《中华人民共和国进境物品完税价格表》的归类和税率进行相应调整，归类原则和完税价格确定原则不变，自 2016 年 4 月 8 日起执行。商品的行邮税如图 8－3－7 所示。

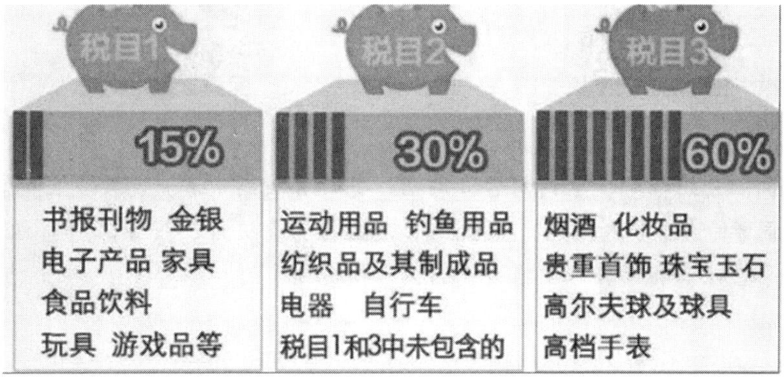

图 8－3－7　跨境电商商品行邮税

活动实施

为了熟悉各商品的价格，张明阅读并熟悉了《国务院关税税则委员会关于调整进境物品进口税有关问题的通知》（税委会〔2016〕2 号）的文件，并根据自己网店的商品——玩具，计算商品的价格。

步骤 1：登录网店，选择商品。

（1）单击商品玩具公仔，公仔标价 28 美元。

（2）中国的客户 A 第一次购买跨境商品，他购买了一个公仔。

步骤 2：计算客户需要支付商品的价格和税费。

（1）计算客户需要支付的费用。

汇率 1 美元＝6.776 0 元

商品价格：28×6.776＝189.7（元）

（2）客户 A 购买商品的价格为 189.7 元，低于 2 000 元，商品的关税为 0 元。

（3）增值税、消费税为法定应纳税额的 70%，增值税、消费税＝189.7×17%×70%＝22.6（元）。

（4）玩具的行邮税是商品价格的 15%，公仔的行邮税＝189.7×15%＝28.5（元）。

步骤 3：计算客户需要支付的总费用。

公仔总价格：

商品价格＋免税额＋增值税、消费税＋行邮费

＝189.7＋0＋22.6＋28.5

＝240.8（元）

视野拓展

1. 一图看懂跨境电商税收新政

2. 跨境电商抢滩布局线下自提店

合作实训：分组在跨境电商平台开网店，并计算案例中客户需要支付的实际费用。

将全班同学分组，3人一组，选出组长。组长负责统筹、安排工作，组织组员分工在跨境电商平台开店和计算客户需要支付的实际费用。

任务四　互联网金融

【任务描述】

陈庆玲在运营部工作了一段时间后，指导老师张师傅告诉她，现在电子商务行业中很流行互联网金融。陈庆玲对互联网金融不熟悉，在指导师傅的指引下，她购买了相关的书开始学习，知道了互联网金融的概念、主要形式和特点。她对淘宝网的余额宝和京东白条有较大的兴趣，打算分两个活动进行：使用淘宝余额宝学会理财、利用京东白条购买手机。

活动一　学会理财——淘宝余额宝

知识窗

一、互联网金融

互联网金融是互联网时代金融的新生态。

以互联网为代表的现代信息科技，特别是移动支付、云计算、社交网络和搜索引擎等，对人类金融模式产生了根本影响。不久的将来可能形成一个既不同于商业银行间接融资，也不同于资本市场直接融资的第三种金融运行机制，可称之为“互联网直接融资市场”或“互联网金融模式”。

互联网金融是传统金融行业与互联网精神相结合的新兴领域。互联网“开放、平等、协作、分享”的精神向传统金融业态渗透，对人类金融模式产生了根本影响。从广义上讲，具备互联网精神的金融业态统称为互联网金融。

二、互联网金融的主要形式

互联网金融的主要形式包括第三方支付、P2P 网贷、数字货币、大数据金融、信息化金融机构和金融门户，见表 8－4－1。

表 8－4－1 互联网金融的主要形式

主要形式	简介
第三方支付	第三方支付（Third-Party Payment）狭义上是指具备一定实力和信誉保障的非银行机构，借助通信、计算机和信息安全技术，采用与各大银行签约的方式，在用户与银行支付结算系统间建立连接的电子支付模式
P2P 网贷	P2P（Peer-to-Peerlending），即点对点信贷。P2P 网贷是指通过第三方互联网平台进行资金借、贷双方的匹配，需要借贷的人群可以通过网站平台寻找到有出借能力并且愿意基于一定条件出借的人群，能帮助贷款人通过和其他贷款人一起分担一笔借款额度来分散风险，也帮助借款人在充分比较的信息中选择有吸引力的利率条件
数字货币	以比特币等数字货币为代表的互联网货币爆发，从某种意义上来说，比其他任何互联网金融形式都更具颠覆性
大数据金融	大数据金融是指集合海量非结构化数据，通过实时分析，可以为互联网金融机构提供客户全方位信息，通过分析和挖掘客户的交易和消费信息掌握客户的消费习惯，并准确预测客户行为，使金融机构和金融服务平台在营销和风险控制方面有的放矢
信息化金融机构	信息化金融机构是指通过采用信息技术，对传统运营流程进行改造或重构，实现经营、管理全面电子化的银行、证券和保险等金融机构
金融门户	金融门户是利用互联网进行金融产品的销售以及为金融产品销售提供第三方服务的平台。它的核心是“搜索比价”的模式，采用金融产品垂直比价的方式，将各家金融机构的产品放在平台上，用户通过对比挑选合适的金融产品

三、互联网金融的特点

在互联网金融模式下，互联网金融与传统金融的区别不仅仅在于金融业务所采用的媒介不同，更重要的是在于金融参与者深谙互联网“开放、平等、协作、分享”的精髓，通过互联网、移动互联网等工具操作。互联网金融有着自己的特点。

（1）支付便捷，搜索引擎和社交网络降低信息处理成本。

（2）资金供需双方直接交易。

（3）互联网金融业务主要由计算机处理，操作流程完全标准化，客户不需要排队等候，效率高。

（4）互联网金融模式下，客户能够突破时间和地域的约束，在互联网上寻找需要的金融资源，金融服务更直接，客户基础更广泛。

（5）依托于大数据和电子商务的发展，互联网金融得到了快速增长。

（6）互联网金融还没有接入人民银行征信系统，不存在信用信息共享机制，不具备类似银行的风控、合规和清收机制，容易发生各类风险问题，也没有监管和法律约束，缺乏准入门槛和行业规范，整个行业面临诸多政策和法律风险。

（7）信用风险大。现阶段中国信用体系尚不完善，互联网金融的相关法律还有待配套，互联网金融违约成本较低，容易诱发恶意骗贷、卷款跑路等风险问题。

（8）网络安全风险大。中国互联网安全问题突出，网络金融犯罪问题不容忽视。一旦遭遇黑客攻击，互联网金融的正常运作会受到影响，危及消费者的资金安全和个人信息安全。

活动实施

陈庆玲请教了指导师傅和同事后，对互联网金融有了初步了解，她登录支付宝账户体验余额宝的操作过程。

步骤 1：登录支付宝账户（www. alipay. com）—“我的支付宝”—“转入”，如图 8-4-1所示。

图 8-4-1　余额宝首页

步骤 2：首次转入需要确认个人身份信息，单击“确认信息”，如图 8-4-2 所示。

图 8-4-2　余额宝确认身份信息

步骤 3：输入转入金额，单击“下一步”，如图 8-4-3 所示。

图 8-4-3　输入转入金额

步骤 4：选择支付方式进行支付，支持“支付宝账户余额及储蓄卡快捷支付（含卡通）支付”，如图 8-4-4 所示。

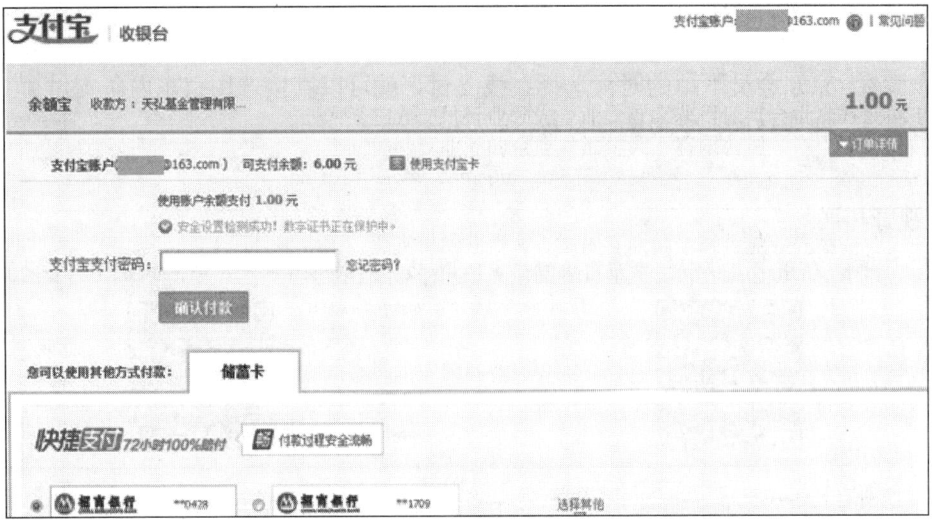

图 8-4-4　选择支付方式

步骤 5：转入成功后，返回“账户管理”—“账户资产”中查看余额宝的余额。

活动二　体验第三方支付：京东白条——先消费后付款

知识窗

京东白条是一项面向个人消费者的消费金融业务，以京东会员的信用体系为依据。用户在京东消费时，享受“先消费、后付款”的信用赊购服务。

京东白条指消费者在京东购物便可申请最高 1.75 万元的个人贷款支付，并在 3～24

个月内分期还款。这是一款面向个人用户的信用支付产品，京东将在线实时评估客户信用，白条用户可选择最长30天延期付款，或者3～24个月分期付款等两种不同消费付款方式，最高可获得15 000元信用额度。

具体费率方面，如果不分期，可以30天后延期付款，不会产生费率。分期付款的手续费为每期0.5%。即3期手续费为0.5%×3=1.5%，6期为3%，12期手续费为6%。与京东合作的招商银行分期付款其3期、6期、12期的手续费分别是3%、4.2%和6%。不过，京东白条在推广期间手续费打6折为0.3%。

逾期未还的用户将向京东支付违约金，费率在每日0.03%，京东会以短信、电话等方式适当提醒用户。

活动实施

因资金不足，又不想增加父母的经济负担，陈庆玲决定在京东白条上购买自己喜欢的苹果8手机。

步骤1：进入京东首页，登录“我的京东”，在左侧菜单栏里可以看到“京东白条”。如果没有开通京东白条，第一次就会要求用户开通京东白条，也可以进入京东金融（http://www.baitiao.com），单击“白条”进行开通。

步骤2：京东会员下单的时候选择在线支付，就可以直接选用京东白条支付。

步骤3：确认订单，完成购物过程。

视野拓展

1. 评测：信用卡、花呗、京东白条哪个更实用 2. 余额宝启示录：中国的互联网金融的序幕

合作实训： 将全班同学分组，3人一组，选出组长。

组长负责统筹、安排工作，组织组员在“京东金融”—“校园特权”购买商品。组员分工完成在“京东金融”—“校园特权”注册账号和购买商品。

任务五　众筹

【任务描述】

三只小兔食品有限公司计划主推当地农产品挂绿荔枝，需要筹集资金，公司领导决

定采取众筹的方式筹集资金。陈庆玲的师傅张国力得到重用，公司将筹资的任务交给了他，陈庆玲成为筹资小组的一员。有机会学习到新的知识，陈庆玲很高兴。

张师傅让陈庆玲分两个活动进行：了解众筹方案、发布众筹项目。首先编制众筹的流程，接着为公司的项目准备资料和方案，然后在淘宝网上筹集资金。陈庆玲经过自身的努力，在张师傅的带领下，与同事充分合作，制定了众筹的流程图，编写了众筹方案，并在淘宝众筹上发布了众筹。陈庆玲感受到自己的成长，她坚信自己可以创一番事业。

活动一 了解众筹方案

知识窗

一、众筹

众筹（Crowdfunding）是指大众筹资或群众筹资，由发起人、投资人、众筹平台三者构成。众筹具有低门槛、多样性、依靠大众力量、注重创意的特征，是指一种向群众募资，以支持发起的个人或者组织的行为。

二、众筹的运作模式

众筹的运作模式比较丰富，奖励模式、捐赠模式、股权模式和债权模式是众筹的主流模式，见表8－5－1。

表8－5－1　众筹的主流模式

模式	特点
奖励模式	项目完成后给予投资人一定形式的馈赠品或者纪念品
捐赠模式	单纯的赠予行为，投资者考虑投资项目带来的心理满足感
股权模式	投资者得到项目的股份
债权模式	双方为借贷关系，投资者收回投资的本金、利息

三、众筹平台盈利方式

众筹平台盈利方式多种多样，根据众筹的类型不同，主要有四种较为常见的盈利方式，包括佣金、会员、股权和高额服务费，每种盈利方式都有着自己的特征，具体特征见表8－5－2。

表8－5－2　众筹的主流模式

盈利方式	特征
佣金	众筹成功，众筹平台按照3%～10%的比例收取佣金，有时甚至高达30%
会员	众筹的会员预先支付一笔会员费，众筹项目不管是否成功，不再额外交费
股权	按照协议获取项目一定的股权
高额服务费	提供额外的收费服务，如网站的咨询服务、材料评估、视频制作

四、众筹方案

众筹方案的内容包括以下几点：

（1）必须挖掘创业项目的闪光点（讲故事）。

（2）给项目一个合理的估值。

（3）在估值的基础上确定融资金额。

（4）根据估值确定出让股权比例或者回赠的礼物。

（5）投资人资格要求。

（6）设定众筹的期限。

活动实施

三只小兔食品有限公司发展迅速，为了更好地发展，公司计划采取众筹的方式发展农产品项目。对于刚接触众筹的陈庆玲来说，既是挑战又是机遇。在张师傅的指导和带领下，她开始编制众筹流程图和撰写众筹方案。

步骤 1：编制众筹流程图。

（1）陈庆玲深入学习众筹的知识，编制了众筹流程图。

（2）向同事分享编制的流程图。

（3）吸收师傅、同事的经验和意见，确定众筹流程图，如图 8－5－1 所示。

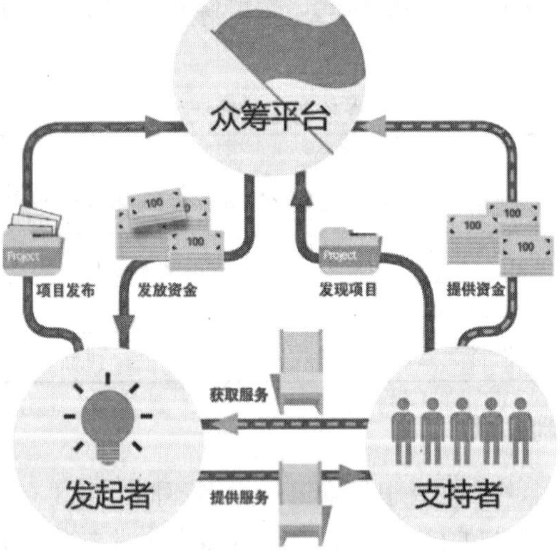

图 8－5－1　众筹流程图

步骤 2：撰写众筹方案。

（1）挖掘创业项目的闪光点（讲故事）。挂绿荔枝是增城最名贵的荔枝品种，因果身中间有一道绿痕而得名。清代乾隆、嘉庆之后，挂绿荔枝已名扬中外，但因产量稀少而价格奇高。“增城挂绿”外壳红中带绿，四分微绿六分红，每个荔枝都环绕有一圈绿线，果肉洁白晶莹，清甜爽口，挂齿留香，风味独特。屈大均在《广东新语》中说：“挂绿爽脆如梨，浆液不见，去壳怀之，三日不变。”品质极优，是荔枝佳品之一。项目老板“增城大哥”已经在600亩的果园辛苦耕耘3年，他利用天然的地理优势、优质的树种、科学的健康种植方式，让挂绿荔枝树苗壮成长。

（2）在估值的基础上确定融资金额。荔枝众筹项目600亩，果树第二年挂果，投资回报期为5年，融资金额为1 000万元。

（3）根据估值确定出让股权比例或者回赠的礼物。项目估值年收入3 000万元，股权为1 800万元，现在筹资1 000万元，共2 000股，每股5 000元，不限制股权人购买股数；购买股权可以按照出资比例获得10%的利润。

（4）投资人资格要求。在中国的自然人，年满18周岁，身心健康即可。

（5）设定众筹的期限。自项目发布起内30天。

步骤3：公司确定众筹方案。

（1）上交众筹方案给予公司领导审核。

（2）公司确定众筹方案。

想一想：如果众筹方案由你的团队负责，你们会怎么策划呢？

做一做：上网搜索国内知名众筹平台，完成表8-5-3。

表8-5-3　国内众筹平台信息

众筹平台	上线时间	所属公司	众筹范围	盈利方式
众筹网				
淘宝众筹				
京东众筹				
乐童音乐				
追梦筹				

活动二　发布众筹项目

知识窗

众筹利用互联网和SNS传播的特性，让许多有梦想的人可以向公众展示自己的创意，发起项目争取别人的支持与帮助，进而获得所需要的援助，支持者则会获得实物、服务等不同形式的回报。淘宝众筹是阿里巴巴旗下唯一众筹平台，是由卖家发起，将具有创新创意的未面市新品，或正在设计中且有能力有资质成功的项目方案，通过众筹的方式面向全互联网消费者筹资，完成项目方案的最终落地，并以商品回报的方式回馈筹资者的众筹平台。

淘宝众筹是一个协助发起人完成创意、梦想的平台，不论是淘宝卖家、买家，还是学生、白领、艺术家、明星，如果有一个想完成的计划，如电影、音乐、动漫、设计、公益等，发起人都可以在淘宝众筹里发起众筹项目向人们展示计划，并邀请喜欢众筹者计划的人以资金的形式进行支持。或者如果喜欢众筹项目的人愿意帮助发起人，支持发起人的梦想，参与众筹的人可以在淘宝众筹选择喜欢的项目计划，与发起人成为合伙人，一起见证项目成功后，获得发起人给予的回报。

活动实施

三只小兔食品有限公司已经制定了众筹流程图和撰写了众筹方案，接下来就是众筹的最后一个环节，发布众筹项目。

步骤 1：发布众筹方案。

（1）登录淘宝众筹平台，单击“新手帮助”，如图 8－5－2 所示，在发起之前首先了解一下规则，如图 8－5－3 所示。

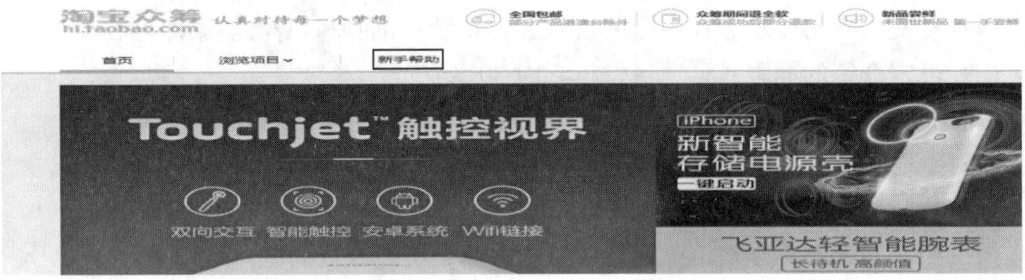

图 8－5－2　淘宝众筹平台首页

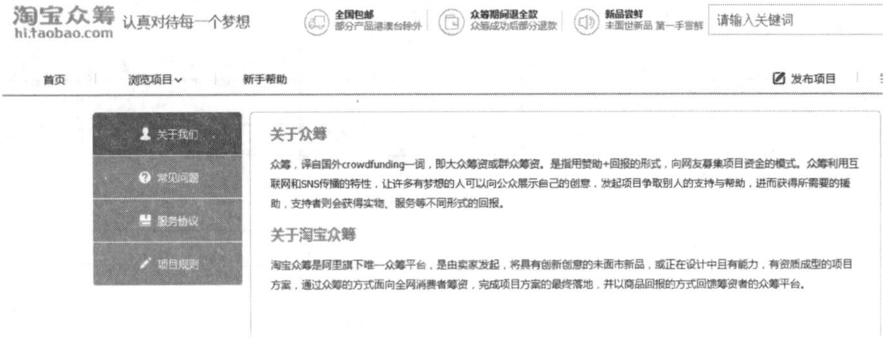

图 8－5－3　新手帮助

（2）已有淘宝网店或者天猫网店，可以查看店铺的情况是否符合发起项目的条件，如图 8－5－4 所示，项目发起人的店铺符合条件才可以发起项目，不符合的话就不能发起项目。

你的资质	资质名称	活动要求	操作
符合	未因虚假交易被限制参加营销活动	你的店铺未因虚假交易被限制参加营销活动;	查看
符合	未因出售假冒商品被限制参加日常营销活动	店铺未因出售假冒商品被限制参加营销活动;	查看
符合	要求店铺未因为违禁或品控B类6分严重违规处罚被限制参加本年度营销活动	要求卖家店铺未因为违禁或品控B类6分严重违规处罚被限制参加本年度营销活动;	查看
符合	未因严重违规行为处罚满12分被限制参加本年度营销活动	未因严重违规行为处罚满12分被限制参加本年度营销活动;	查看
符合	未因出售假冒商品被限制参加大型营销活动	要求店铺未涉及出售假货违规处罚;	查看
符合	未因严重违规行为被限制参加营销活动	店铺未因严重违规行为被限制参加营销活动;	查看
符合	开店时长	店铺开店时长需在30天及以上;	-
符合	未因一般违规行为被限制参加营销活动	店铺未因一般违规行为被限制参加营销活动;	查看
符合	不在搜索全店屏蔽处罚期	不在搜索全店屏蔽处罚期;	查看

图 8－5－4　发起人店铺资质情况

（3）资质达标的情况下，单击“发起项目”填写相应的信息，根据提示操作可完成发起项目过程，如图 8－5－5、图 8－5－6、图 8－5－7 所示。

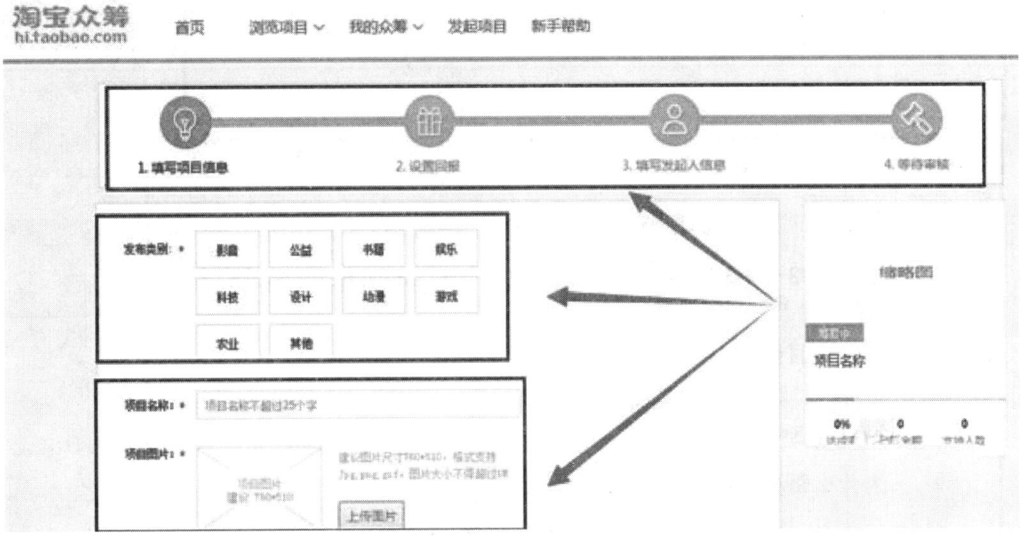

图 8－5－5　发起项目过程（1）

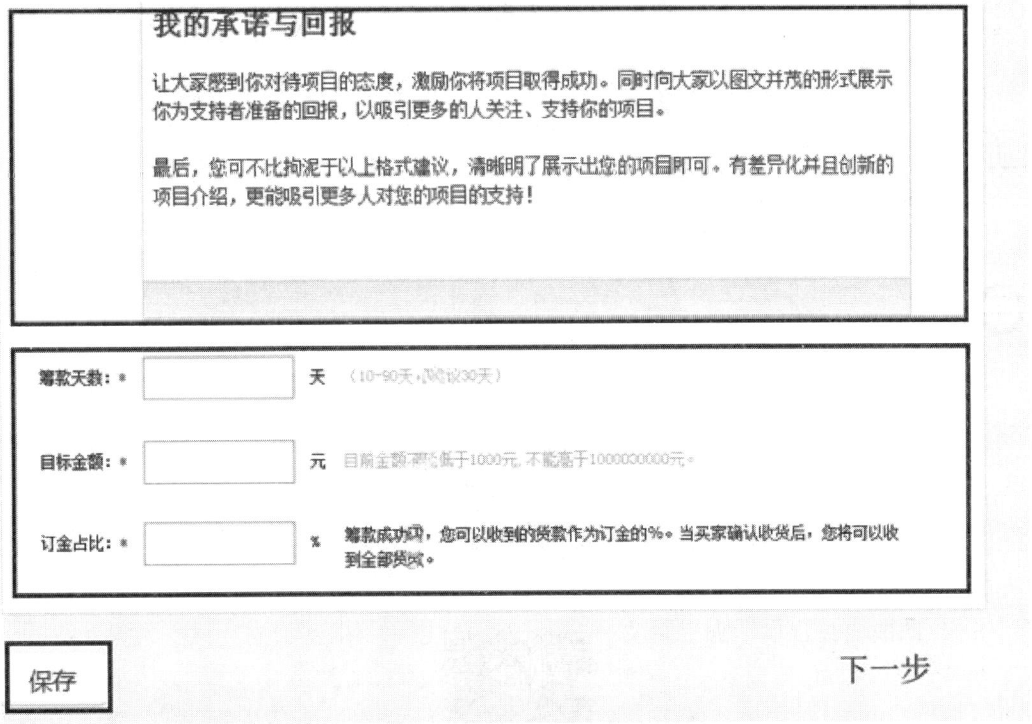

图 8－5－6　发起项目过程（2）

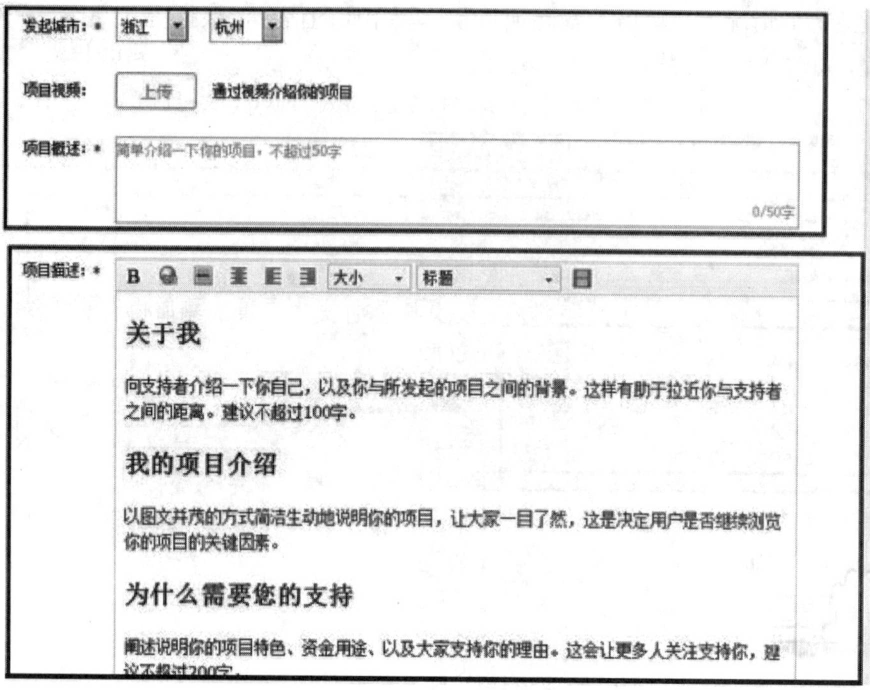

图 8-5-7　发起项目过程（3）

（4）淘宝众筹平台审核通过项目。

（5）有兴趣的投资人出资项目。

步骤 2：众筹项目成功。

（1）在规定的众筹时间内筹集达到规定的资金。

（2）众筹项目成功。

视野拓展

1. 淘宝众筹大数据揭秘：过去一年都在众筹些什么？

2. 京东众筹四大体系助力双创企业　累计融资超 40 亿元

合作实训： 1. 体验众筹：登录京东众筹、淘宝众筹、众筹网平台浏览众筹项目。

2. 在微信朋友圈发布众筹项目，完成众筹过程。

3. 将全班同学分组，3 人一组，选出组长。组长负责统筹、安排工作，组织组员共同完成众筹。

项目总结

电子商务的发展日新月异，现阶段，电子商务有着新型的发展模式，这些模式主要包括移动电商、农村电商、跨境电商、互联网金融和众筹五个方面的内容。本项目分别讲述了运用移动设备进行购物和开微店、农村电商的模式、在跨境平台开店和为客户计算商品的销售价格、使用余额宝和京东白条购物、编写众筹方案和发布众筹等，掌握了新型电商发展模式的这些知识，有助于学生更好地适合行业发展的要求，增加就业的机会。

项目检测

一、单选题

1.“及时地与目标消费者进行沟通”是移动电商的（　　）特点。

A. 个性化　　B. 即时　　C. 互动　　D. 识别

2. 所谓（　　），是让微商在手机上入驻平台，主要利用 HTML5 技术生成店铺页面。商家可以直接装修店铺、上传商品信息，还可以通过自主分发链接的方式与微信、微博等社交应用结合进行引流，完成交易。

A. 微信　　B. 微博　　C. 博客　　D. 微店

3. 农村淘宝合伙人必须年满（　　）周岁，具备完全民事责任能力。

A. 16　　B. 18　　C. 20　　D. 25

4. 农村电子商务平台配合密集的乡村连锁网点，以数字化、信息化的手段，通过集约化管理、市场化运作、成体系的跨区域跨行业联合，构筑紧凑而有序的商业联合体，降低农村商业成本，扩大农村商业领域，使（　　）成为平台的最大获利者，使商家获得新的利润增长。

A. 商家　　B. 商家和农民　　C. 农民　　D. 中间商

5.（　　）是指分属不同关境的交易主体，通过电子商务平台达成交易、进行支付结算，并通过跨境物流送达商品、完成交易的一种国际商业活动。

A. 国内电子商务　　B. 国际电子商务

C. 跨境电子商务　　D. 以上都是

6. 跨境电子商务零售进口商品的单次交易限值为人民币（　　）元，个人年度交易限值为人民币 20 000 元。

A. 1 000　　B. 2 000　　C. 5 000　　D. 1 000

7. 跨境电商的行业模式包括 B2B 模式和（　　）模式。

A. O2O　　B. G2O　　C. C2C　　D. B2C

8. 京东白条是一款面向个人用户的信用支付产品，规则是：如果不分期，可以

（　　）天后延期付款，不会产生费率。分期的费率标准是 0.5%，如果用户选择分 3 期费率将是 1.5%，如果 12 期则会是 6%。如果京东多次提醒用户到期未还款，违约金则会是每日 0.03%。

A. 10　　B. 20　　C. 30　　D. 60

9. 众筹成功，众筹平台按照 3%～10%的比例收取佣金，有时甚至高达 30%，是属于众筹盈利方式的（　　）。

A. 佣金　　B. 会员　　C. 股权　　D. 高额服务费

二、多选题

1. 移动电商的特点包括（　　）。

A. 识别　　B. 即时　　C. 互动　　D. 个性化

2. 移动支付主要分为（　　）两种。

A. 近场支付　　B. 中程支付

C. 远程支付　　D. 超远程支付

3. 移动电子商务就是利用手机、iPad 及掌上电脑等无线终端进行的（　　）的电子商务。

A. B2B　　B. B2C　　C. C2C　　D. O2O

4. 农村电子商务通过网络平台嫁接各种服务于农村的资源，农产品可借助地域特色找出差异化，拓展农村信息服务业务、服务领域，使农村电商平台成为遍布（　　）的三农信息服务站。

A. 市　　B. 乡　　C. 镇　　D. 村

5. 京东农村电商模式的主要模式有（　　）。

A. “京东帮”服务店　　B. 京东站服务店

C. 京东市级服务中心　　D. 京东县级服务中心

6. 跨境电商商品征收税费包括（　　）。

A. 关税　　B. 增值税

C. 消费税　　D. 行邮税

7. 互联网金融形式包括（　　）、大数据金融、信息化金融机构、金融门户。

A. 第三方支付　　B. 众筹

C. P2P 网贷　　D. 数字货币

8. 众筹是指大众筹资或群众筹资，由（　　）三者构成。

A. 发起人　　B. 投资人

C. 众筹平台　　D. 众筹老板

9. 众筹的运作模式包括（　　）。

A. 奖励模式　　B. 捐赠模式

C. 股权模式　　D. 债权模式

三、判断题

1. 移动电子商务就是利用手机、iPad 及掌上电脑等无线终端进行的 B2B、B2C、

C2C 或 O2O 的电子商务。(　　)

2. 近场支付是指通过具有近距离无线通信的移动终端实现信息交互、进行货币资金转移的方式。(　　)

3. “微店”App 操作简单方便，它具有“1 分钟简单操作就能开启属于你的微店”“开店完全免费，所有交易不收取任何手续费”“支持微信支付、支付宝、信用卡、储蓄卡等多种支付方式，安全快捷”“随时随地添加商品、查看订单，并可一键分享到微信、微博、QQ 空间等多个平台”等特点。(　　)

4. 农村淘宝是一群借助阿里巴巴完善的电商生态产品改善农民生活形态和生活方式的人，他们是有理想、有抱负，为了建设美丽新农村而努力的群体。(　　)

5. 敦煌网开店的程序包括注册、上产品、出单和收款。(　　)

6. 跨境电商包括资金流和物流。(　　)

7. 跨境电商行业分类包括跨境出口外国和从国外组织货源跨境进口两类。(　　)

8. 跨境电子商务在限值以内进口的跨境电子商务零售进口商品，关税税率暂设为 0%；进口环节增值税、消费税取消免征税额，暂按法定应纳税额的 80%征收。(　　)

9. 互联网金融是互联网时代金融的新生态。(　　)

10. 众筹主要包括筹备众筹方案和发布众筹项目。(　　)

四、简述题

1. 简述淘宝 App 购物的流程。

2. 简述开微店的步骤。

3. 跨境电商的主要模式有哪些？

4. 什么是众筹？策划一个众筹方案，相关内容自定。

五、趣味挑战

1. 人脸支付是移动支付的近场支付，请说出下面三个图分别是移动支付的哪一类。

图 1 是＿＿＿＿＿＿＿＿＿＿＿＿。

图 2 是＿＿＿＿＿＿＿＿＿＿＿＿。

图 3 是＿＿＿＿＿＿＿＿＿＿＿＿。

图 1

图 2

图 3

2．上网了解进口关税、增值税、消费税的有关知识，在班级举行税费知识竞赛。

参考文献

[1] 李建军. 电子商务运营与管理实训［M］. 北京：科学出版社，2012.

[2] 秦树文. 网上支付与结算［M］. 北京：清华大学出版社，2012.

[3] 唐四薪. 电子商务安全［M］. 北京：清华大学出版社，2013.

[4] 宋文官. 电子商务概论［M］. 北京：高等教育出版社，2013.

[5] 屈冠银. 电子商务物流管理［M］. 3 版. 北京：机械工业出版社，2014.

[6] 邵贵平. 电子商务物流管理［M］. 2 版. 北京：人民邮电出版社，2014.

[7] 陈晴光. 电子商务基础与应用［M］. 2 版. 北京：清华大学出版社，2015.

[8] 朱海静，王一海. 电子商务基础与实践［M］. 南京：东南大学出版社，2015.

[9] 刘春青. 电子商务技能实训教程［M］. 北京：科学出版社，2015.

[10] 商玮，段建. 网络营销［M］. 北京：清华大学出版社，2015.

[11] 程越敏. 电子商务基础［M］. 北京：高等教育出版社，2015.

[12] 张国文，马涛. 移动电商：商业分析＋模式案例＋应用实战［M］. 北京：人民邮电出版社，2015.

[13] 海天理财. 一本书玩转移动支付［M］. 北京：清华大学出版社，2015.

[14] 杨东，黄超达，刘思宇. 赢在众筹：实战·技巧·风险［M］. 北京：中国经济出版社，2015.

[15] 刘春青. 网络营销实务［M］. 北京：外语教学与研究出版社，2016.

[16] 白东蕊，岳云康. 电子商务概论［M］. 3 版. 北京：人民邮电出版社，2016.

[17] 刘春青，梁海波 . 网络营销［M］. 北京：清华大学出版社，2016.

[18] 海天电商金融研究中心. 一本书读懂移动电商［M］. 北京：清华大学出版社，2016.

[19] 曹龙伟 . 移动电商：手机淘宝运营技巧、策略与案例［M］. 北京：电子工业出版社，2016.

[20] 雷颖晖. 电子商务物流［M］. 重庆：重庆大学出版社，2016.

[21] 支付百科. 移动支付这么玩就对了［M］. 北京：人民邮电出版社，2016.

[22] 李孜. 农村电商崛起：从县域电商服务到在线城镇化［M］. 北京：电子工业

出版社，2016.

［23］严行方. 跨境电商业务一本通［M］. 北京：人民邮电出版社，2016.

［24］何丽敏，洪方仁. 跨境电商理论与实务［M］. 北京：中国海关出版社，2016.

［25］阿里巴巴（中国）网络技术有限公司. 从 0 开始：跨境电商实训教程［M］. 北京：电子工业出版社，2016.

［26］孙诚德. 玩转互联网金融［M］. 北京：北京联合出版公司，2015.

［27］张万才. 商业模式之众筹为王［M］. 北京：中国铁道出版社，2016.

［28］盛佳，等. 众筹之巅：互联网浪潮下的创业和金融［M］. 北京：中国铁道出版社，2016.

［29］胡令，毛宁. 电子商务理论与实务［M］. 2 版. 北京：人民邮电出版社，2017.

［30］刘春青. 电子商务实务［M］. 北京：科学出版社，2017.

［31］周炳文. 恩平 37 间农村淘宝服务站开业　当天交易额达 45 万［N/OL］. 南方都市报，2015-10-20［2018-07-03］. http://gd.sina.com.cn/jm/ms/2015-10-20/city-jm-ifxivsce6951749.shtml.